北京法治发展论丛

（2019）

马一德　主编

知识产权出版社
全国百佳图书出版单位
—北京—

图书在版编目（CIP）数据

北京法治发展论丛. 2019/马一德主编. —北京：知识产权出版社，2022. 6
ISBN 978-7-5130-8166-5

Ⅰ. ①北…　Ⅱ. ①马…　Ⅲ. ①社会主义法制—北京—2019—文集　Ⅳ. ①D927. 1-53

中国版本图书馆CIP数据核字(2022)第079437号

责任编辑：赵　军　　责任校对：潘凤越
封面设计：纵横华文　　责任印制：孙婷婷

北京法治发展论丛（2019）
主　编　马一德

出版发行：	知识产权出版社有限责任公司	网　　址：	http://www.ipph.cn
社　　址：	北京市海淀区气象路50号院	邮　　编：	100081
责编电话：	010-82000860转8127	责编邮箱：	zhaojun99668@126.com
发行电话：	010-82000860转8101/8102	发行传真：	010-82000893/82005070/82000270
印　　刷：	北京九州迅驰传媒文化有限公司	经　　销：	新华书店、各大网上书店及相关专业书店
开　　本：	787mm×1092mm　1/16	印　　张：	21.5
版　　次：	2022年6月第1版	印　　次：	2022年6月第1次印刷
字　　数：	341千字	定　　价：	88.00元

ISBN 978-7-5130-8166-5

前 言

2018年中央全面依法治国委员会成立，这是中华人民共和国法治发展史上的重大事件。2018年3月，中共中央印发《深化党和国家机构改革方案》，决定组建中央全面依法治国委员会，其主要职责是统筹协调全面依法治国工作，坚持依法治国、依法执政、依法行政共同推进，坚持法治国家、法治政府、法治社会一体建设，研究全面依法治国重大事项、重大问题，统筹推进科学立法、严格执法、公正司法、全民守法，协调推进中国特色社会主义法治体系和社会主义法治国家建设等。

2018年8月24日，习近平总书记在中央全面依法治国委员会第一次会议上的讲话中指出，党中央决定成立中央全面依法治国委员会是贯彻落实党的十九大精神、加强党对全面依法治国集中统一领导的需要，是研究解决依法治国重大事项重大问题，协调推进中国特色社会主义法治体系和社会主义法治国家建设的需要，是推动实现“两个一百年”奋斗目标、为中华民族伟大复兴中国梦提供法治保障的需要。2019年2月25日，习近平总书记在中央全面依法治国委员会第二次会议上强调：“改革开放40年的经验告诉我们，做好改革发展稳定各项工作离不开法治，改革开放越深入越要强调法治。要完善法治建设规划，提高立法工作质量和效率，保障和服务改革发展，营造和谐稳定社会环境，加强涉外法治建设，为推进改革发展稳定工作营造良好法治环境。”中央全面依法治国委员会的成立，加强了党对全面依法治国的集中统一领导，提升了统筹协调中国特色社会主义法治建设的力度，标志着贯彻落实全面依法治国战略进入一个新阶段。

2018年12月，北京市委全面依法治市委员会第一次会议召开，北京市委书记蔡奇同志在会议上强调，组建市委全面依法治市委员会是加强市委对法治工作领导的重要举措。要统筹抓好依法治市各项工作，努力为首都经济社会发展营造更加公正高效的法治环境。加强市委对立法工作的领导，全面实施北京市五年立法规划，加强重点领域立法，建立健全适应首都城市战略定位的法治保障体系。加强法治政府建设，健全依法决策机制，深化“放管服”和行政执法体制改革，探索深化“街乡吹哨、部门报到”改革，严格规范公正文明执法。深化司法体制改革，探索建立执法司法全流程规范化体系，切实提高司法公信力。全面推进法治社会建设，抓好宪法学习宣传和贯彻实施，改进法治宣传教育工作，形成共建共治共享的基层社会治理新格局。畅通各类法治人才交流渠道，培养造就高素质法治人才和后备力量。这一会议对全市进一步贯彻落实全面依法治国方略、推动法治中国首善之区建设迈上新台阶做出了全面部署，标志着北京市的法治建设进入一个全面统筹发展的新阶段。

北京市推进“法治中国首善之区”建设，应紧紧围绕北京市作为全国政治中心、文化中心、国际交往中心、科技创新中心的定位展开，力争质量“最优”、效果“最好”，为深入贯彻落实全面依法治国战略发挥引领示范作用。为了全面反映新时代全面依法治国战略转化为鲜活社会现实的生动实践，本书收录的文章既包括对北京市“四个中心”建设的研讨和思考，也包括对国家法治发展和法律制度的分析和反思；既包含对技术进步和新型商业模式的不断衍生所带来法律风险问题的探讨，也包含对当前经济社会快速发展所带来的制度滞后和制度缺失问题的讨论。

《北京法治发展论丛（2019）》以当前国家全面依法治国新理念、新思想、新战略为指导思想，征集编纂的文章主题由法治政府、民商法治、知识产权、人工智能、刑事法治、社会法治、司法改革和“三农”法治共八个板块组成。法治政府聚焦北京市落实“全面依法治国”战略的收获和成效，通过调研报告的形式客观展现了北京市近年来居民对依法治国满意度的提升；民商法治板块针对近年来互联网金融风险控制以及法制完善等问题，从不同维度进行了研究；在知识产权领域的研究中，收录了反映2018年北京知识产权法治工作的代表性文章、探讨以硅谷为榜样提升中关村专利实力具体路径的文章等；在刑事法治的研究中，涉及虚拟货币的性质问题、DNA技术在实践中的应用问题等；社会法治板块包含了公民个人信息保护相关法律问题的调研报告以及学术代表作制度的反思与重构的文章；在“三农”法治的主题中，收录了两篇文章，分别讨论农村耕地“三权分置”问题以及宅基地使用权相关的民事法律主体问题。这些专题研究文章都具有扎实的事实观察、深度的专业审视和敏锐的论证思辨，集中反映了各自板块的重点问题和最新动态。

最后，特别感谢参与本卷编撰的中共北京市委政法委、北京市人大常委会法制办、北京市人大常委会内司办、北京市高级人民法院、北京市人民检察院、北京市公安局、北京市司法局、北京市人民政府法制办、北京市人民政府信访办、北京政法职业学院、北京市法学会、北京市律师协会、北京仲裁委员会等编委单位。

《北京法治发展论丛》编辑部

北京市社会科学院法学所

2019年9月

目　录

法治政府

民商法治

知识产权

人工智能

刑事法治

社会法治

司法改革

“三农”法治

法治政府

2018年北京市贯彻落实“全面依法治国”战略满意度调查报告

吴镝鸣　田　华[1]

一、研究背景

党的十八大以来，以习近平同志为核心的党中央提出全面依法治国的一系列新理念新思想新战略，将全面依法治国纳入“四个全面”战略布局，开启了法治建设的新征程，将中国民主法治建设推向新的历史阶段：一是确立了全面依法治国必须坚持的基本原则和道路方向，成立了中央全面依法治国委员会，统筹协调全面依法治国各方面工作，形成了推进全面依法治国的顶层架构。二是将全面依法治国纳入“四个全面”战略布局，将法治作为治国理政的基本方式，凸显了法治的基础性、支撑性和保障性作用。三是明确了全面依法治国的总目标和重大任务，形成了推进中国特色社会主义法治建设的工作布局。党的十八届四中全会提出全面依法治国的总目标是建设中国特色社会主义法治体系，建设社会主义法治国家。同时，明确全面推进依法治国的重大任务是：完善以宪法为核心的中国特色社会主义法律体系，加强宪法实施；深入推进依法行政，加快建设法治政府；保证公正司法，提高司法公信力；增强全民法治观念，推进法治社会建设；加强法治工作队伍建设；加强和改进党对全面推进依法治国的领导。

具体而言，科学立法提高了制度建设质量，严格执法促进了法治政府

[1] 吴镝鸣，北京市信访矛盾分析研究中心副主任；田华，北京市信访矛盾分析研究中心主任科员。

建设，公正司法让人民群众感受到了公平正义。注重时代变化和社会现实需求，不断完善以宪法为核心的中国特色社会主义法律体系，是全面推进依法治国的重要内容和必然要求。2017 年 6 月 27 日，全国人大常委会决定对《中华人民共和国行政诉讼法》做出修改，行政公益诉讼制度正式入法。自 2015 年 12 月中共中央、国务院发布了《法治政府建设实施纲要 (2015—2020 年)》以来，一批规范行政权的制度和措施落地并有序运行："放管服"改革不断深入，权力清单制度有序推进，行政决策科学化、民主化进程加快，行政执法体制改革迈出新的步伐，行政执法公示、执法过程全记录、重大执法决定法制审核"三项制度"逐步推开，政府法律顾问制度普遍实施。党的十八大以来，"立案登记制""领导干部干预司法记录通报责任追究制""司法责任制"等体制机制改革方案密集出台，初步构建起权责一致的司法权运行机制，切实让人民群众感受到公平正义，增强了司法公信力。

全面依法治国是国家治理领域一场广泛而深刻的革命，必将引发国家治理体系和治理结构的诸多调整。随着中央全面依法治国委员会的成立，中国特色社会主义法治体系建设的总体思路和重点任务必将更加明晰，各方面落实全面依法治国的责任也必将更加明确，这要求政府破解法治建设中出现的各种问题，回应国家治理体系现代化过程中的各种挑战，从而将全面依法治国推向新的历史高度。

二、研究目的

依法治国的蓝图已经绘就，今后的重点是全面落实中央关于依法治国的决策部署，落实法治中国建设的各项规划。在落实全面依法治国的过程中，一个重要抓手就是做好法治建设的评估与评价工作。法治评估与评价是促进法治建设的有力抓手，也是动员社会各界参与法治工作、推动法治发展的重要方式，对客观评价法治建设的进展情况具有重要作用。具体来说，法治评估与评价工作既可以对立法、执法、司法和普法等领域进行评估，也可以对各地方各部门落实法治改革举措的进展情况进行评估，客观反映法治建设情况，发现问题，找出短板，推动改进。

然而，目前法治评估与评价工作存在一定不足，主要表现为力量分散、标准不一、影响力不足等。有鉴于此，本研究将居民满意度作为北京市依法治国实效的考核指标，其理由在于：第一，收集民意的客观要求。尽管居民满意度指标具有一定的主观性、模糊性，但它是评价依法治国成效的最终标准，无论政府职能和工作如何安排，无论评估组织及评估主体如何考虑，均离不开对居民满意度的了解，均不能缺少市民的参与。因此，将居民满意度导入依法治国效果的评估是收集民意的客观要求。第二，测量民意的稳定指标。居民满意度指标具有可测性、动态性、可分性三项显著特征。可测性，是指居民对依法治国的满意程度可通过具体数值反映出来；动态性，是指满意度指标不是一个绝对概念，需要通过横向或纵向的比较分析才能显示其隐含含义；可分性，是指居民满意度可以被划分为不同层次。因此，居民满意度指标可以成为测量依法治国效果的稳定指标。第三，推进法治的重要依据。民意调查是推动依法治国的重要抓手，其目的是了解市民对法治社会的期望，评估政府推动法治进步的效果，发现政府治理与市民期望之间的差距，纠正两者之间的偏离，转变政府依法治国的理念和方式。因此，满意度调查可视为推动依法治国的重要导向，在此基础上，逐步建立起一套集收集民意、整改问题和推进法治于一体的工作机制，有效地解决一大批事关依法治国领域的重点难点问题。

三、研究方法

（一）调查方法

本研究采取线下拦截访问和线上网络调查相结合的调查方法。其中，线下拦截访问是在人流较大的地方设置抽样点，在较短时间内完成大量样本调查，这一调查方式获取数据约占样本总量的80%。线上网络调查是指通过网络的方式向符合要求的受访者推送调查问卷并回收的调查方式，受访者根据实际情况填答后提交即可，这一调查方式获取数据约占样本总量的20%。

（二）抽样方式

本研究采用多段随机抽样的方式，即按照“市—区—社区”的顺序进行，在北京市最新社区名录的基础上形成本次调查的调查地点以及样本构成。抽取的社区和村覆盖北京市 16 个区，并保证每个抽取社区和村的实际调查样本在 20 个（含）以下。

（三）调查样本

本研究的被调查对象需要同时满足以下三个条件：一是至少在北京市居住两年及以上，并且至少在抽取的社区 / 村居住半年及以上；二是年龄在 25~70 周岁；三是能够清晰进行语言表达的居民。本次调查最终有效样本量为 2457 个，其中线下拦截样本量为 1977 个，线上网络调查样本量为 480 个。

四、主要发现❶

（一）总体情况

依法治国矛盾主观水平❷是用于测量居民满意度的重要维度。总体而言，2018 年北京市贯彻落实“全面依法治国”战略矛盾主观水平为近九年来最低。如图 1 所示，2018 年依法治国矛盾主观水平的得分为 14.9 分，较 2017 年（18.2 分）下降 3.3 分，较 2011 年峰值（33.4 分）下降 18.5 分。这说明 2018 年北京市居民对依法治国的满意度呈显著上升趋势，群众的法治获得感明显增强。

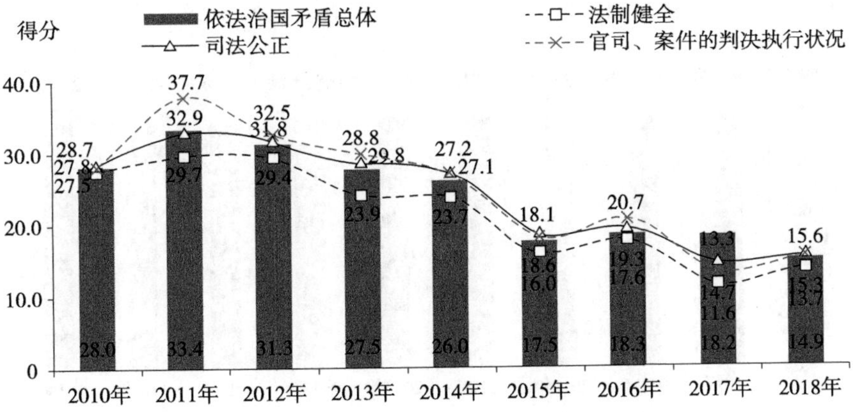

图 1　2010—2018 年依法治国矛盾主观水平得分

❶ 这是一项历时性研究，为便于比较研究，将运用 2010—2018 年的数据进行分析。

❷ 受访者的矛盾主观水平越低，说明依法治国的成效越显著。

（二）分类别分析

调查将依法治国满意度评价分为三项内容，分别是立法（法制健全）、司法（司法公正）和执法（官司、案件的判决执行情况）。在法制健全方面，如图 2 所示，2018 年高满意度选项（“没有不满”和“很少不满”）占比 63.3%，较 2017 年下降 3.9%；低满意度选项（“比较不满”和“非常不满”）占比 12.4%，较 2017 年上升 1.8%。在司法公正方面，如图 3 所示，高满意度选项（“没有不满”和“很少不满”）占比 60.8%，较 2017 年下降 2%；低满意度选项（“比较不满”和“非常不满”）占比 13.3%，较 2017 年上升 0.3%。官司、案件的判决执行情况方面，如图 4 所示，高满意度选项（“没有不满”和“很少不满”）占比 56.2%，较 2017 年下降 2%；低满意度选项（“比较不满”和“非常不满”）占比 12.7%，较 2017 年上升 1.9%。简言之，2018 年的静态数据表明，在立法、司法、执法三个层面，居民的高满意度均达到或接近 60%，低满意度徘徊在 12%~13.3%，这说明群众对依法治国不同领域的积极评价占据明显多数；但是，动态数据表明，2010—2018 年，2017 年的分类别满意度最高，2018 年位列第二（与 2015 年基本持平）。与 2017 年相比，2018 年北京市居民在立法、司法、执法三个领域的高满意度有小幅下降，而低满意度有小幅上升，这一波动需要引起重视并具体分析原因。

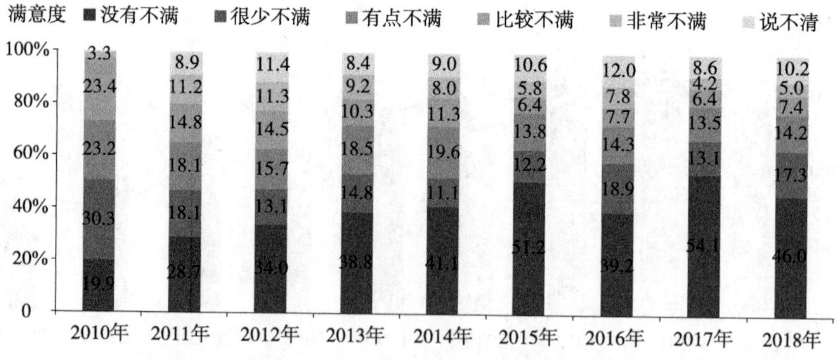

图 2　2010—2018 年居民对法制健全情绪比较

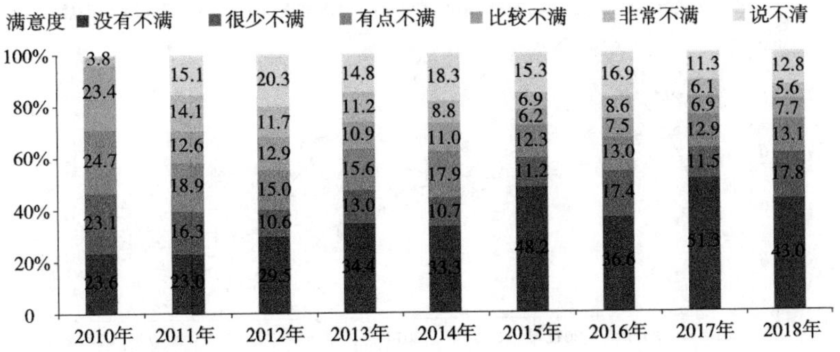

图 3　2010—2018 年居民对司法公正情绪比较

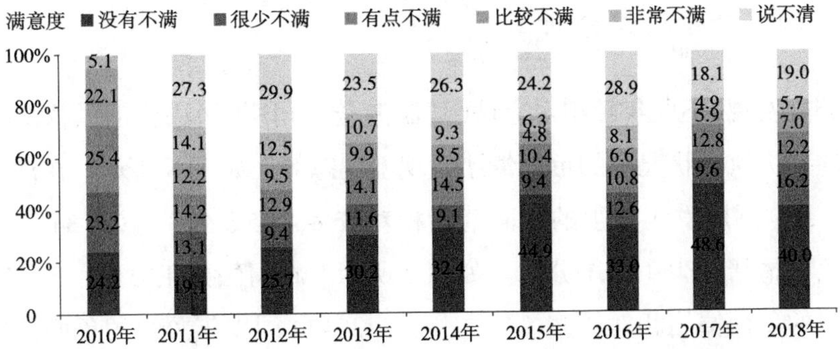

图 4　2010—2018 年居民对官司、案件的判决执行情绪比较

（三）分区域分析

从分区数据来看，如图 5 所示，2018 年城市发展新区的依法治国矛盾主观水平最高（17.5 分），生态涵养发展区的矛盾主观水平最低（8.5 分）。相较 2017 年，首都功能核心区、城市功能拓展区、城市发展新区和生态涵养发展区的主观矛盾水平均有明显下降，特别是生态涵养发展区相较 2017 年的 14.8 分下降了 6.3 分，主观矛盾水平得到明显改善；除此之外，首都功能核心区的主观矛盾水平下降 2.2 分，城市功能拓展区的主观矛盾水平下降 3.8 分，城市发展新区的主观矛盾水平下降 1.9 分。这说明北京市四大城市功能区的依法治国满意度均呈上升趋势，不同区域的居民对属地的法治建设持正向、肯定性评价。

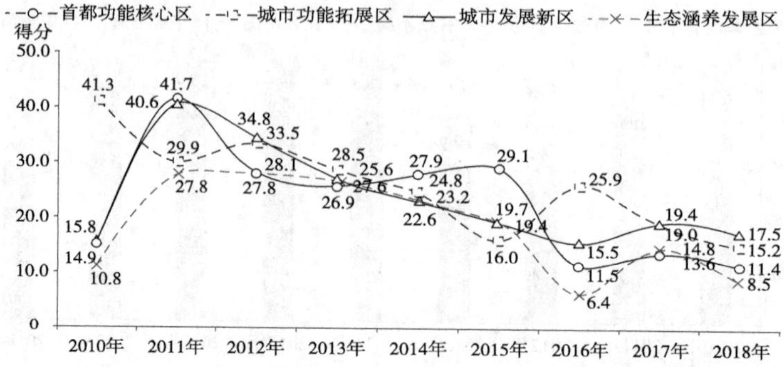

图 5　2010—2018 年各功能区依法治国矛盾主观水平总体得分均值

（四）分年龄组分析

调查发现，不同年龄组对立法（法制健全）、司法（司法公正）、执法（官司、案件的判决执行状况）的负面情绪呈现不同态势。如图 6 所示，在法治健全方面，55~70 周岁年龄组的负面情绪相对较多（15.8 分），25~34 周岁年龄组的负面情绪最少（11.1 分）。如图 7 所示，在司法公正方面，35~44 周岁年龄组的负面情绪相对较多（18.7 分），25~34 周岁年龄组的负面情绪最少（11.3 分）；值得注意的是，与 2017 年相比，25~34 周岁年龄组的负面情绪下降幅度最大，为 3.8 分。如图 8 所示，在官司、案件的判决执行状况方面，55~70 周岁年龄组负面情绪相对较重（18.7 分），25~34 周岁年龄组负面情绪最少（11.6 分）。可见，在被调查对象中，25~34 周岁年龄组对依法治国各个领域的负面评价最低，且呈现负面情绪不断走低的趋势。这表明我市贯彻落实“全面依法治国”战略成效显著，广大市民特别是青年一代对我市各领域法治发展持积极正面的态度。

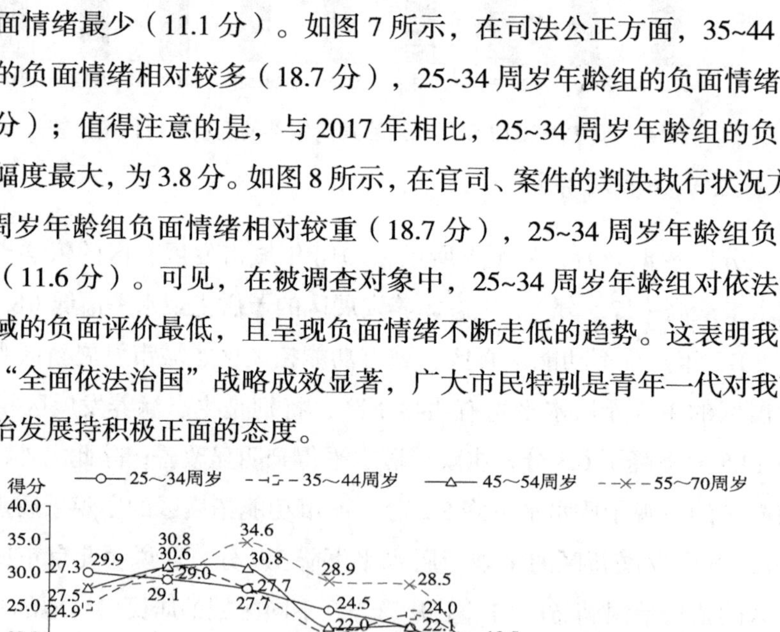

图 6　2010—2018 年不同年龄层居民对法制健全负面情绪比较

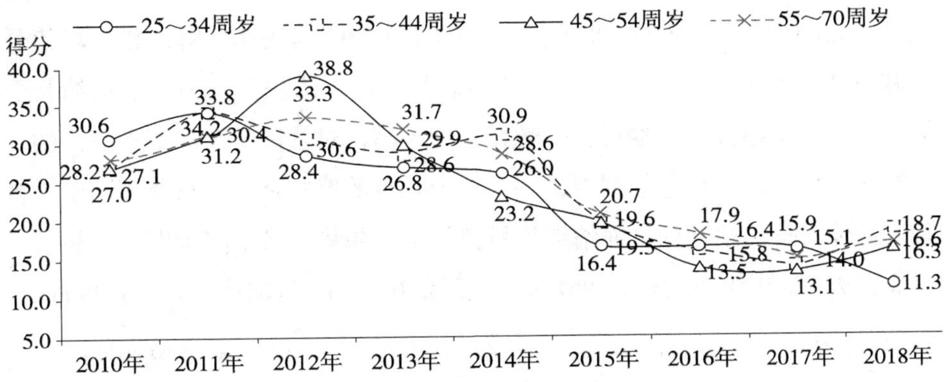

图 7　2010—2018 年不同年龄层居民对司法公正负面情绪比较

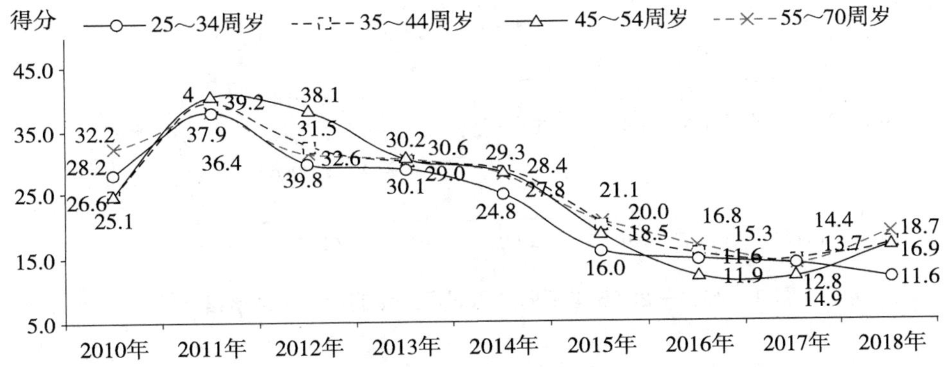

图 8　2010—2018 年不同年龄层居民对官司、案件判决执行负面情绪比较

（五）分教育程度分析

从受教育程度来看，不同学历群体对立法（法制健全）、司法（司法公正）、执法（官司、案件的判决执行状况）的负面情绪有所不同，但总体均呈大幅下降趋势。具体而言，如图 9 所示，在法制健全方面，研究生及以上学历者的负面情绪相对较高（20.7 分），小学及以下学历者的负面情绪最少（1.7 分）；但与往年相比，两者的负面情绪均有显著下降，相较峰值分别减少 31.2 分和 32.3 分。如图 10 所示，在司法公正方面，研究生及以上学历者的负面情绪相对较高（23.9 分），小学及以下学历者的负面情绪最低（5.2 分）；但与往年相比，两者的负面情绪均大幅走低，相较峰值分别减少 43.1 分和 31.3 分。如图 11 所示，在官司、案件的判决执行状况方面，研究生及以上学历者的负面情绪相对较高（23 分），小学及以下学历者的负面情绪最低（5.5 分）；但与往年相比，两者的负面情绪均快速下降，相较峰值分别减少 25.1 分和 33.7 分。总之，从静态数据看，依法治国的负面情绪与受教育程度呈正相关，基本符合受教育程度越高，对依法治国的要求越高的一般规律。但是，从动态数据看，一个较为乐观的事实是，北京市不同受教育程度群体对依法治国的负面情绪均呈整体下降趋势，且下降幅度十分显著。这充分表明，市民对我市贯彻落实“全面依法治国”战略成效给予积极肯定。

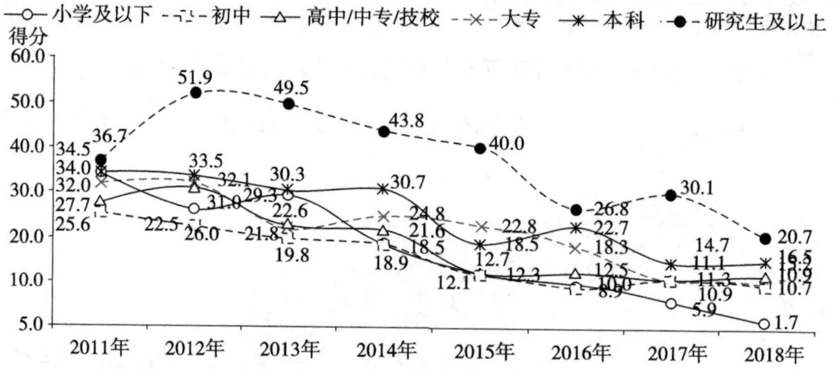

图 9　2011—2018 年不同学历居民对法制健全负面情绪比较

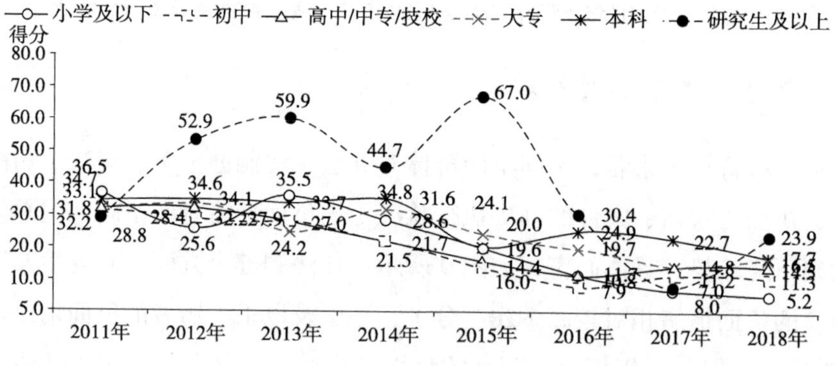

图 10　2011—2018 年不同学历居民对司法公正负面情绪比较

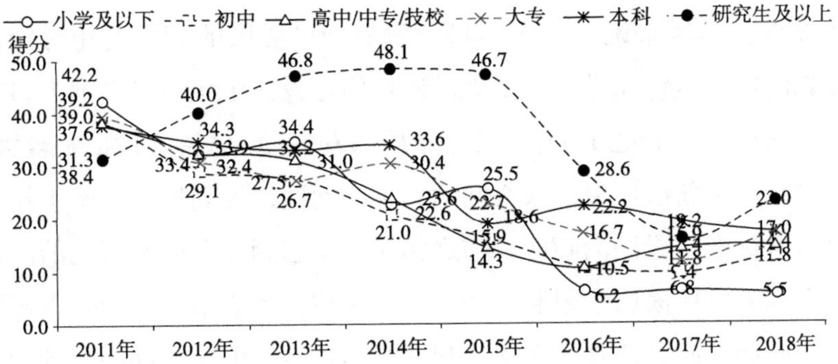

图 11　2011—2018 年不同学历居民对官司、案件判决执行负面情绪比较

五、主要结论

第一，市民满意度总体向好。2018 年北京市贯彻落实“全面依法治国”战略矛盾主观水平总体稳定，继 2017 年之后继续走低，为 2010 年以来最低值，这说明北京市法治建设稳步前进，成效显著。2018 年北京市积极推进城市规划建设、民生保障、生态文明建设、城市精细化管理等重点领域立法，不断提升行政执法效能，进一步强化对行政权力的监督，大力推进政府信息和政务公开，积极化解矛盾纠纷，加强依法行政能力建设，法治政府建设取得积极成效。北京市居民对我市贯彻落实“全面依法治国”战略满意度逐步走高是对这些成绩的正面反馈。然而，值得注意的是立法、司法和执法三个领域的负面情绪存在不同程度的小幅回升，其中立法和执法领域的负面情绪回升幅度大于司法领域。今后，法治政府建设不仅要在静态法治领域下功夫，完善、细化相关立法，也要在动态法治领域出实招、出真招，解决执行难等难啃的“硬骨头”。

第二，四大城市功能区满意度均有提升，但仍存在区域不平衡现象。目前北京形成了四大各具特色的城市功能区，即首都功能核心区、城市功能拓展区、城市发展新区和生态涵养发展区。2018 年四大功能区居民对北京市贯彻落实“全面依法治国”战略的满意度均有明显提升，其中以生态涵养发展区升幅最为明显。但是，由于四大功能区的承载能力、比较优势不同，各自面临的发展阶段和矛盾程度也不同，因此，直接导致市民的满意度呈现区域不平衡性。具体来说，2018 年城市发展新区居民的满意度相对较低，这与其面临的加快城镇化进程，加大基础设施建设，承接市区疏散人口的阶段性任务密切相关，在此过程中，社会矛盾高发多发，法治建设面临较大挑战，因此，城市发展新区应聚焦核心问题、重点问题，提高依法行政工作水平，坚持以首善标准建设法治新区。与之相对，生态涵养发展区居民的满意度最高。生态涵养发展区属于限制、禁止开发区域，主要解决保护生态环境与经济发展之间的矛盾，建立生态建设利益补偿机制，因此，这一区域的目标发展任务和产业准入标准相对明确，社会矛盾相对缓和。当然，生态涵养发展区的高满意度并不是由外部因素决定的，与 2017 年相比，在四大功能区中，生态涵养发展区的矛盾主观水平下降幅度最大，这说明在推动依法治国建设方面，这一区域进行了有效的探索与改进，形成了适合自身的依法治理模式，值得认真总结。

第三，低年龄组满意度最高，应重视疏导高年龄组的负面情绪。总体而言，2018 年不同年龄组的依法治国满意度均呈上升趋势。其中低年龄组（25~34 周岁）对立法、司法、执法三个领域的负面评价最低，即依法治国的满意度最高。这说明北京市在法治政府建设方面做出的努力和取得的成效得到了年轻群体的广泛认同，从长期趋势看，这释放出一个积极信号，即随着低年龄组的年龄增长，在依法治国背景下成长起来的人口基数不断增大，群众对依法治国的满意度或将大幅提升。然而，值得注意的是 2018 年高年龄组（55~70 周岁）的负面情绪仍较高，特别表现在立法和执法领域。这与该年龄组的时代经历密不可分，其负面情绪大多源于如知青返城等多年未化解的历史遗留问题。未来除不断推进立法、司法和执法等领域工作外，可通过普及法治教育、健全依法决策机制，充分听取民意等举措多管齐下，逐步消除高年龄组的消极情绪，切实提升首都法治政府建设的总体满意度。

第四，与北京市平均受教育程度相适应，不断提升依法治国的现代化水平。2018 年，在立法、司法和执法三个领域，不同受教育群体的负面情绪均呈现下降态势，换句话说，无论是研究生及以上学历者还是小学及以下学历者，对依法治国的满意度均不断升高。同时应当注意到受教育程度越高对依法治国的要求越高导致满意度偏低的一般规律，因为受教育程度越高，人们的法治观念与权利意识越强，法律知识与维权手段越完备；反之亦然。北京作为全国的政治中心、文化中心和国际交往中心聚集了各领域的优秀人才。因此，在法治政府建设过程中要适应北京市受教育程度不断跃升的总体态势，善于运用法治思维、法治方式治理社会，进一步提高依法行政工作水平，实现治理体系和治理能力的现代化，推动“法治中国首善之区”建设迈上新台阶。

民商法治

P2P 网络借贷法律风险分析

牛晓锐　王启亮　张心悦　孙立强[1]

P2P 网络借贷作为互联网金融的业务模式之一，是现代互联网与金融创新融合的产物。与一般银行贷款相比，P2P 网络借贷显著降低了小微企业的融资成本，提高了社会闲散资金的利用效率，有助于构建多层次、高效能的金融体系。2007—2019 年，中国 P2P 网络借贷已历经 12 年蓬勃发展，但在资本逐利的商业逻辑下，涉及主体权责分配、资金流向控制和行业规范监管等方面的金融风险逐渐显现。近年来，随着兑付违约、停业、高管失联、倒闭和被立案调查等“爆雷”现象频繁出现，社会矛盾叠加效应凸显，P2P 网络借贷领域矛盾纠纷将在更大程度上转化为各类案件，引发法律风险。

一、P2P 网络借贷的基本含义及法律关系

（一）基本含义

P2P 网络借贷（person-to-person 或 peer-to-peer），又称人对人或点对点网络借贷，是在传统金融机构与互联网企业利用网络、信息通信技术实现资金融通、支付、投资和信息中介服务的金融业务模式下，个体与个体之间通过 P2P 平台实现的直接借贷，从而将小额资金聚集起来借贷给资金需求方。其中，“个体”包括自然人、法人和其他组织；“P2P 平台”作为网络借贷信息中介机构，以互联网为主要渠道，为投资人（出借人）与借款人实现直

[1] 牛晓锐，北京市委政法委法治处处长；王启亮，北京市委政法委法治处干部；张心悦，北京市委政法委法治处借调干部；孙立强，北京市委政法委法治处借调干部。

接借贷提供信息搜集、信息公布、资信评估、信息交互、借贷撮合等中介服务。如表1所示，正规P2P平台在行业定位上是信息中介，并存在严格的经营限制，如在经营范围上不允许自行融资或提供属于银行、担保机构等业务范围的金融服务；在经营管理上不允许自建资金池，不允许隐瞒瑕疵及风险信息；在资金规模上明确了个人和企业贷款的最高限额；在利率标准上规定了法律允许和保护的利率范围。

表1 正规P2P平台经营限制明细

限制类型	限制明细
经营范围	不得从事为自身融资，直接或间接接受、归拢投资人资金，直接或间接向投资人提供担保或者承诺保本保息、发放贷款、出售理财产品等活动
经营管理	实行平台自身资金与投资人、借款人资金的隔离管理，应选择符合条件的银行业金融机构作为投资人、借款人的资金存管机构，不允许设置资金池存储投资人的资金；不得将融资项目的期限进行拆分或开展资产证券化业务；不得虚构、夸大融资项目的真实性、收益前景，隐瞒瑕疵及风险；不得向股票投资等高风险领域提供信息中介服务；不得从事股权众筹等业务
资金规模	坚持小额、分散原则，个人贷款额限制在20万元以下，在多个P2P平台总贷款额不能超过100万元；企业贷款额限制在100万元以下，在多个P2P平台总贷款额不能超过500万元
利率标准	利率通常不得超过24%，但在实践中存在一定的“灰色地带”，即利率超过24%但没有超过36%的，如借款人按照约定还款后要求投资人返还的，法律不予支持；利率超过36%的，借款人已按约定还款后，可以通过法律途径要求投资人返还超出部分的利息

（二）法律关系

P2P网络借贷法律关系是传统借贷关系与P2P平台居间关系的糅合，形成了投资人、借款人与P2P平台的基础性法律关系。

（1）投资人与借款人之间系借款合同关系。P2P网络借贷并没有改变借贷关系的本质，投资人与借款人之间仍具有借款合同关系。投资人有提供借款、按国家规定确定利率等义务；借款人有提供真实信息和资料、按照约定使用借款、支付利息和返还借款的义务。为了确保借款合同的有效性，对于自然人之间借贷，应确认是否存在《中华人民共和国合同法》规定的无效或可撤销的情形；对于企业借贷，应明确不具备金融从业资质的企业实际经营放贷业务，且以放贷收益作为主要利润来源的，借款合同无效。

（2）投资人、借款人作为委托人，与P2P平台之间系居间合同关系。P2P平台作为居间人，提供借款合同订立及履行的媒介服务，并依法向委托方收取相应的报酬。规范的P2P平台既不吸储、也不放贷，一旦借款人违约，投资人可直接向借款人主张违约责任。投资人和借款人作为委托人有支付居间报酬和偿付费用的义务。P2P平台有如实报告订约机会或者订立合同有关事项、如实披露信息等义务。如故意隐瞒与订立合同有关的重要事实或者提供虚假情况，损害委托人利益的，不得要求支付报酬并应当承担损害赔偿责任。P2P平台应当对注册的借款人进行必要的审查，并客观真实地披露审查结果；应当向投资人充分披露借款人基本信息、融资项目基本信息、风险评估及可能产生的风险结果、已撮合未到期融资项目资金运用情况等有关信息，因信息披露不实造成投资人损失的，应当承担相应的损害赔偿责任。

在基础性法律关系之外，主要涉及两个方面的拓展性法律关系。

（1）P2P平台与第三方支付机构、存管银行之间的委托合同关系。一些P2P平台选择第三方支付机构作为资金托管机构。第三方支付作为银行与P2P平台之间的重要桥梁，承担了传统金融业里的“汇”的角色，投资人在P2P平台上投资时，需要把银行卡里的钱转到第三方账户，第三方支付平台把钱汇到借款人所在该平台的账户中，借款人从账户提款到银行卡。借款人还款时，把本息从银行卡转到第三方支付平台的账户中，通过第三方支付把钱转到投资人账户中，投资人将钱提取到个人银行账户。第三方支付起到资金的清算、支付作用，成为受P2P平台委托连接银行和投资人、借款人的“资金运输通道”。随着中央金融监管日益深入，2015年中国人民银行等十部委下发《关于促进互联网金融健康发展的指导意见》，明确要求P2P平台应当选择符合条件的银行业金融机构作为资金存管机构，一些P2P平台从第三方支付公司资金托管，开始转向银行资金存管模式。第三方支付平台、存管银行对内与P2P平台之间构成委托代理关系，对外客观上属于居间服务的相关主体。但根据中国银监会《网络借贷资金存管业务指引》之规定，存管人开展网络借贷资金存管业务，不对网络借贷交易行为提供保证或担保，不承担借贷违约责任。因此，存管人并不为P2P平台提供信用背书，除履行安全保管责任及相关形式审核责任外，其与投资人、借款人之间通常不存在直接法律关系。

（2）P2P平台、投资人、借款人与担保机构之间的担保合同关系。信息中介定位下的P2P平台不允许提供增信或担保服务，即规范的P2P平台本质上不存在担保合同关系，但《最高人民法院关于审理民间借贷案件适用法律若干问题的规定》做出了相反的规定，明确了网络贷款平台的提供者通过网页、广告或者其他媒介明示或者有其他证据证明其为借贷提供担保，投资人请求网络贷款平台的提供者承担担保责任的，应予支持。该司法解释更侧重于保护投资人利益，与现行P2P行业监管规定存在分歧，一定程度上将P2P平台的信息中介定位改变为信用中介定位，继而形成了担保合同关系。鉴于担保合同关系（从合同关系）从属于借款合同关系（主合同关系），对于P2P平台自行担保或由其他担保机构提供担保的，借款合同、担保合同的债权人均是投资人，担保合同的债务人则是P2P平台或其他担保机构。一旦借款人违约，P2P平台或其他担保机构履行担保债务后，有权向借款人追偿。

（三）发展路径

国外P2P网络借贷于2005年起源于欧美，2009年后快速发展，以英国和美国最为典型。英国Zopa公司是世界上第一家P2P网络借贷平台，平台不公布借款人信息，不允许借贷双方自行匹配，设置专家团队提供相关服务以减少资金风险，运营以来贷款违约率极低，仅为0.2%。美国Prosper公司是P2P网络借贷平台的另一代表，平台采用匿名注册，拥有独立的信用积分评价体系帮助投资人评价借款人的信用等级，投资人可以进行组合投资，但设定了25美元至500万美元的单笔投资金额区间。为加强P2P行业监管，英国于2011年成立了P2P金融协会，对投资人的保护设立最低标准要求，对行业进行自律监管；美国则实行联邦政府和州政府双重监管，一些州采取以信息披露为准的监管方法，另一些州则采取以交易特性为准的监管方法，增加了与个人财务相关的标准，如加利福尼亚州要求投资人在平台的总投资额不得大于投资人净资产的 10%。纵观国外 P2P 网络借贷的整体格局：行业定位上，P2P 平台仅充当信息中介，不参与任何借贷的资金交易，对投资人的损失不进行赔付；法律监管上，如美国规定了苛刻的信息披露机制及 400 万美元保证金要求，并受《证券法》及各州法律约束；市场环境上，利率充分市场化，P2P 通常利用更低的利率取得融资优势，且投资渠道相对丰富；征信机制上，有相对完善的征信体系，平台可以根据政府和第三方征信机构提供的数据进行线上审核。综上，国外 P2P 网络借贷植根于相对成熟完善的法治、市场和征信环境，通过设置严苛规范的平台标准，审慎防控互联网金融风险，有效保证了 P2P 平台平稳有序运行。

与国外 P2P 网络借贷模式相比，国内 P2P 行业发展格局存在多重隐患：行业定位上，国内 P2P 平台定位模糊，既充当信息中介，也充当信用中介，参与整个信贷的交易，承担保证垫付的责任；法律监管上，国内 P2P 行业监管相对不足，以普通企业准入的门槛标准难以适应互联网金融的规范性要求；市场环境上，国内金融市场成熟的融资投资渠道相对匮乏，相当程度上导致了 P2P 行业的“野蛮生长”现象；征信机制上，国内征信制度尚不完善，且中国人民银行征信系统不向 P2P 平台开放，仅以线下审核为主，容易出现假账、坏账问题。综上，国内 P2P 网络借贷诞生于传统金融抑制的环境中，在科技移动互联、万众金融创新的大背景下，民营资本驱动新兴融资增长极的“热潮流”，掩盖了现有法治、市场、征信环境难以适应互联网金融发展及监管需求的“冷现实”，导致 P2P 平台规范化标准在金融实践中被漠视甚至被扭曲，加剧了 P2P 网络借贷模式的“埋雷”效应。

二、P2P 网络借贷的法律风险成因及后果

（一）法律风险因素

P2P 网络借贷模式的“埋雷”效应在风险管理领域主要归入风险因素范畴，即促使和增加风险事件发生频率或风险损失严重程度的条件。根据内外因关系的不同，可以划分为内部风险因素和外部风险因素。具体如下。

一是P2P网络借贷的内部风险因素，主要表现为P2P平台经营模式对信息中介定位的异化甚至背离。主要涉及以下六种类别。

（1）P2P平台担保模式使平台实质上成为信用中介。为了满足投资人对资金安全性的需求，增加平台的竞争力，许多P2P平台都推出了担保机制，由平台自身或引入第三方担保机构提供所谓的“本金保障”承诺，即承诺在借款人出现逾期未还款时，以自有资金承担保证责任，保证投资人的本金不受损失。主要方式有：购买逾期债权，即P2P平台在借款人出现逾期未还款时，平台利用自有资金收购投资人所持有的逾期债权，然后将该笔坏账划入自己名下，再由平台向借款人追偿；有的P2P平台设立风险准备金，在从借款人处收取的借款服务费或者投资人处收取的借款利息中，提取一定比例的费用，当借款人逾期不能还款时，用该笔资金填补投资人的本金损失。共同担保，即由P2P平台与第三方担保机构为债务人提供共同保证，再由平台与第三方担保机构之间自行商定按份或连带保证行使；提供再担保，即P2P平台提供担保后，由第三人为借款人提供再担保，当平台不能承担保证责任时，由再担保人按照合同的约定向投资人清偿。

（2）线上加线下经营模式使P2P平台隐蔽性增强。国外P2P平台一般采用纯线上模式，即借贷双方的一切交易步骤都在网上进行，审查透明度较高，但由于国内尚未建立完善的个人征信体系，P2P平台大多在线上获取资金，对信用资质的审查仍采用线下方式，无形中增加了暗箱操作的空间。

（3）“拆标”模式使资金流向难以控制。针对国内中小企业长期经受金融抑制、难以获得正规金融机构贷款的现状，国内P2P网络借贷以中小企业生产经营性资金借贷为主，借款数额较大且周期较长，传统模式下由一个投资人提供的贷款额难以满足需求，从而催生了“拆标”经营模式，即把一份借款额拆分成数份，对接数个投资人，或将一个投资人的资金拆分成数份，对接数个借款人。例如，100万元的借款额被拆成10份10万元；也可在期限上进行拆分错配，如把1年期10万元的贷款拆成2份6个月期限的10万元贷款。“拆标”模式可以使P2P平台一边发放贷款获取债权，一边将金额与期限错配，平台始终持有一定数量的资金能持续进行拆分转让。

（4）债权合同转让模式规避了P2P平台监管规则。该模式引入了专业放款人，即专业放款人先将资金借给借款人并取得债权，当遇到投资者时，专业放款人将该债权以债权转让的方式转让给投资者，使投资者成为投资人。实践中，专业放款人往往与平台存在关联，有时专业放款人即平台本身，使P2P平台更容易逃避金融监管。

（5）投资理财模式固化了“资金池”。P2P平台以销售理财产品的名义吸引投资人投资，投资后投资人在理财计划账户中的资金即被锁定，锁定期内本金既不能转出计划账户也不能提现，只能继续投标。所得收益可以进行再投资，也可以按照约定的时间定期从理财账户中提取投资款。

（6）存管银行被动背书模式引发责任争议。中国银监会《网络借贷资金存管业务指引》等规定存管银行并不为P2P平台提供银行信用背书，但实践中部分P2P平台打着存管银行的旗号，片面宣传平台与银行系合作经营关系，对投资人造成了银行同意提供信用背书的误导。这种情况下，尽管《网络借贷资金存管业务指引》明确了存管银行对信用背书免责，但在P2P平台做虚假宣传、存管银行明知但未提出反对意见的情况下，《网络借贷资金存管业务指引》在法律效力上能否认定为“法律强制性规定”，从而使银行在“默示同意背书”的情况下免予承担违约责任仍存在争议。

二是P2P网络借贷的外部风险因素，主要表现为经营环境、监管环境等对P2P平台定位偏差的失察甚至失控。主要涉及以下两个方面。

（1）宏观经济环境加大了P2P平台经营压力。在实体经济去杠杆的背景下，市场流动性整体收紧，债务性投资产品均面临不同程度的收益压力，阻碍了P2P平台的资本循环，投资人承担投资理财的实质性风险持续增加。

（2）行业监管缺位加剧了P2P平台无序扩张。从2015年起，国务院办公厅、中国人民银行、银监会等先后发布《关于促进互联网金融健康发展的指导意见》《网络借贷信息中介机构业务活动暂行办法》等规范性文件7部，并于2016年研究启动互联网金融风险专项整治工作，明确以“信息中介”的定位和“13条业务禁令”为基准，以“备案制”“银行存管”为手段，驱逐违规平台及业务。但从整治效果看，由于相关行政部门行业把关、协同监管作用没有充分发挥，银行金融监管、网络监督管控、媒体广告宣传等各个环节均存在漏洞和不足，尤其对于所谓“创新型”融资，由于经营跨界、模式嵌套，监管部门对“金融创新”的业务本质、市场功能、风险隐患无法做到准确把握，监测预警没有整合征信、统计、资金、经营、司法裁判等信息，预警精准度不高，风险早期处置效果不佳。如一些企业以“生物科技”“文化创意”“养老旅游”等非金融类名称进行公司注册，实际上从事P2P平台业务，金融监管部门无法及时有效备案。

（二）法律风险行为

在内外法律风险因素的作用下，P2P网络借贷法律关系也同样发生了异化：投资人与借款人之间的借款合同关系被切断；投资人、借款人与P2P平台之间的居间关系转化为P2P平台分别与投资人、借款人之间的借贷、委托理财、债权让与、债务转让等复杂的法律关系；第三方支付平台、担保机构与P2P平台身份合一；存管银行违约免责规定在被动背书的情况下陷入争议等，在特定条件下可能成为引发法律风险事件的行为。

一是借款人违约行为。由于P2P平台上的借款人往往是不被正规金融机构所接纳的客户，甚至可能是正规金融机构筛选后的“次级客户”，这种先天性不足带来源头性风险容易引发借款人到期不能还本付息的违约风险。

二是平台“自融”行为。一些实体企业设立P2P平台，借P2P的名义为企业融资，“自融”并非实质意义上的P2P网络借贷模式，而是伪P2P。自融的资金用途有两种：资金流入自己的企业，企业利用从P2P网络借贷平台获得的资金用于生产经营，发展实业；用高利率借款集资，以集资款还旧贷，如通过发布虚假标的、向投资人许诺高息回报等手段吸引大量资金流入，利用该笔资金填补亏空后再借入更多资金，用后一批投资人的钱偿还前一批投资人的本息，借新还旧期间并无真正的业务现金流，当投资人对平台产生怀疑不再投资，或者平台的资金获取能力已经达到极限时，庞氏骗局崩塌，涉案资金规模往往较为庞大。

三是P2P平台披露虚假信息行为。P2P平台往往要求借款人提供大量的个人信息，但在我国征信体系不完善的情况下，此种信息难以查证且极易造假；即使提供的信息是真实的材料，还可能存在遗漏和片面性，不能全面地反映借款人的真实情况，从而给借款人的信用评价提供错误的依据。实践中，

P2P 网络平台也可能制造、披露虚假的信息以引诱投资者，提高平台的交易量，而相关身份证件造假将直接导致投资人难以确定借款人。

四是 P2P 平台资金安全失控。近年来 P2P 借贷平台金融诈骗和跑路现象频发，重要原因在于第三方支付平台与 P2P 平台混同后起不到资金周转监管的作用，存在挪动资金甚至携款潜逃的风险；银行存管机制虽着眼于强化资金第三方监管，但实践中一些 P2P 平台仅象征性地在银行存管少量资金，大量资金仍由其实际掌控的资金池直接管理，削弱了存管银行的监管效果；担保机构与 P2P 平台混同后，等同于 P2P 平台自行承担担保责任，增加了资金安全担保无效的风险。此外，P2P 平台账户监管弱化也在客观上增加了发生洗钱等违法犯罪行为的风险。

（三）可能出现的法律风险后果

一是因 P2P 平台风险可能导致的案件数量激增使案多人少矛盾更加突出。近年来，在法律风险因素及风险行为的综合作用下，涉及互联网金融风险的法律纠纷案件显著增加，一旦 P2P 平台频繁发生“爆雷”风险，将顺势产生大量诉讼案件，导致一大批涉及面广、涉案人数多、涉案金额巨大的关联性诉讼短期内集中进入司法程序，将对司法资源配置乃至司法机关的案件承载能力带来前所未有的考验。

二是金融风险与法律风险交织可能在一定范围内持续引发不稳定事件。在目前国内投资渠道匮乏、融资渠道不畅的社会背景下，在资金借出和融入的两端都具有涉众特点，因这种交易模式门槛很低，投资人通常不具备专业的理财知识、较强的风险识别和承受能力。实践中，绝大多数投资人都把这种交易模式视为银行存款类产品，对于产品到期本息刚性兑付具有强烈的预期。一旦出现违约，投资人往往无法接受现实，在损失无法得到有效弥补的情况下，可能采取过激的维权方式，成为不稳定的社会因素。

三是行业治理与司法治理交叉可能使执法司法办案的工作导向陷入两难境地。根据 P2P 平台经营情况的差异，加强行业自律、实现良性退出固然是行业治理的稳妥路径，但在通过司法程序推动良性退出的过程中，由于投资人对于弥补自身损失的手段、方式存在不同的认识，即使都出于挽回损失的目的，一部分投资人请求司法机关启动破产清算程序，对现有财产进行查封扣押变价以抵销债务，另一部分投资人则认为破产清算程序耗时过长，希望不启动该程序，而是让平台继续经营以偿还债务，客观上可能出现任何一种处理方式均无法有效满足全部投资人诉求的结果。

四是对部分P2P平台的刑事追诉可能加剧“爆雷”连锁反应乃至系统性金融风险。对部分P2P平台进行刑事打击可能使公众解读为某种政策信号，将进一步削弱投资者的信心。在投资者“恐慌潮”下，资本加速抽离，P2P平台资金量不足、资金链断裂的情况将进一步加剧，从而诱发互联网金融平台行业风险，甚至扩大波及范围，引发系统性金融风险。

三、P2P网络借贷法律风险的防控难点

结合执法司法工作实际，当前P2P网络借贷法律风险防控工作的主要难点如下。

（一）法律适用问题

一是民事领域。关于P2P平台刚性兑付及相关担保责任、存管银行违约免责、线下审核及信息披露管理责任与违约责任的关系等问题，在法律适用上仍存在争议；P2P网络借贷的群体性诉讼案件审理程序烦琐，平台注册的借款人信息真实完整性难以保证，需大量核查借款人身份信息，且容易出现部分被告分别提出管辖权异议，或者部分被告下落不明导致案件进入公告程序，审判周期进一步延长；因电子合同是P2P网络借贷的主要合同形式，相关数据电文的真实性、电子签章的法律效力审核难度较大。

二是刑事领域。P2P平台规避法律规定造成行为性质难以认定，由于涉案平台往往内部财物管理制度混乱，银行账户众多且分布于不同地区不同银行，公私账户混用、编造虚假账目、故意混淆掩盖资金真实去向等现象普遍，难以查明资金去向和用途，非法占有目的的认定难度较大。因集资诈骗罪认定困难，多数案件按照非法吸收公众存款罪定罪处罚，而非法吸收公众存款罪最高刑期10年，对恶性非法集资平台的威慑力明显不足，一些经营者在

案发后隐匿资产，以几年刑期换取巨额利益，或刑满释放后重操旧业，导致重复犯罪情况突出。此外，在行刑衔接的情况下，因P2P平台行政监管部门缺少实质核查取证权限，行政机关向公安机关移交犯罪线索时往往缺乏翔实的证据材料，增加了公安机关的办案难度。

三是刑民交叉领域。最高法院《关于在审理经济纠纷案件中涉及经济犯罪嫌疑若干问题的规定》明确了人民法院作为经济纠纷案件受理的案件，经审理认为不属于经济纠纷而有经济犯罪嫌疑的，应当裁定驳回起诉，将有关材料移送公安机关或检察机关。但因非法集资和合法融资界限模糊，可能导致对于一个平台既有确定借贷合同有效的民事判决，又有认定非法吸收公众存款的刑事判决，造成法律适用冲突。实践中，经常存在P2P平台在经营期间通过融资支出掌握了大量债权，一旦平台陷入司法追究，相关债权无法继续追偿，且与P2P平台案件在犯罪数额认定、赃款追缴发还等方面难以有效衔接，客观上不利于保障投资人利益，也使相关债务人逃避了违约责任。

四是行政领域。随着涉互联网金融风险纠纷数量的增加，投资人可能将其与P2P平台之间矛盾转向政府信息公开、要求行政机关履行监管责任等行政诉求，甚至出现借行政诉讼造势引发社会关注、恶意扩大事态影响的行为。

（二）投资人合法利益保护问题

一是投资人法律地位。2014年最高法院、最高检察院、公安部《关于办理非法集资刑事案件适用法律若干问题的意见》仅表述为集资参与人，未明确其法律地位，司法实践中往往根据案由对投资人法律地位进行区分，对于集资诈骗案的投资人承认其被害人的身份，对于非法吸收公众存款案的投资人则未明确被害人的法律地位。

二是追赃挽损效果。现阶段涉案资金账户查询、冻结、续冻手续烦琐，难以实现大量账户的一次性操作，且因冻结期限较短需要多次重复冻结，加大了资金流失风险；因大量案件涉及第三方支付平台，相关核查需要公安网安部门协调配合，周期相对较长；对涉案人员个人房产信息、土地信息、股票账户信息等查询手续烦琐，不利于追缴工作；现行法律规定对可提前处置的涉案财产范围限定过窄，导致部分物品价值贬损严重。

（三）程序问题

一是审理周期。因P2P网络借贷的涉众性，参与人数众多，多次补充报案、追诉致使案件审理出现两难，中止审理将导致案件久拖不决，继续审理则浪费诉讼资源，不利于保护被害人的合法权益。

二是跨省办案。跨省份案件分地管辖效果不佳，一些P2P平台案件分别管辖后，不同地域的司法机关在办案过程中，经常出现政策理解、执法尺度、办案思路及案件进度不一致现象，处理结果存在较大差别。

四、P2P网络借贷法律风险的防控对策

为切实加强P2P网络借贷法律风险防控，防止因法律风险与互联网金融风险交织导致矛盾纠纷升级，结合相关研究成果，提出以下对策建议。

（一）完善政法机关在民事、刑事、行政诉讼关键节点的风险应对机制

一是立案阶段。统筹P2P网络借贷案件的管辖分配，推动平台良性退出和兑付协商，帮助投资人正确认识法律关系，理性解决法律纠纷。

二是民事诉讼。有针对性地加强P2P网络借贷等群体性诉讼案件繁简分流、统一裁判尺度、财产保全和执行程序研究，提高类案件办理效率及质量。

三是刑事诉讼。针对“非法占有目的”认定问题，综合考虑融资项目真实性、投资实际经营情况、盈利能力、负债情况等加强证据标准指引和法律适用判例研究，摆脱主要依赖赃款去向等因素认定非法占有目的的困境。在探索检察机关捕诉一体过程中，健全办理涉P2P平台刑事案件的公诉引导侦查工作机制。确保刑事侦查与资产追缴同步，加强对P2P平台经营者隐匿资产的核查力度。

四是行政诉讼。重点针对投资人及相关利害关系人可能在政府信息公开、行政监管不作为、行政处罚和行政强制等领域提起行政诉讼或行政复议的情况，加强与政府部门沟通，做好相关工作预案。

（二）探索发挥破产程序公正、规范、透明和稳定投资人维权预期的法定程序价值

一是完善破产程序适用规则。针对部分 P2P 平台难以良性退出的情形，引入破产管理人制度，在法院的指导和监督下，由破产管理人全面接管处置破产财产，并以破产清算组名义实施债权清收和债务清理，有效解决公安、法院等部门缺乏债权清收主体资格，以及 P2P 平台企业财产止损和投资人资金挽损问题。

二是有效稳定投资人的维权预期。破产程序有规范的受理申请、债权申报、清算及宣告程序，且在法院立案、清算组成立、宣告破产等各环节均设定公示程序，便于公众知悉相关事项，有助于规范、中立地缓解疏导社会矛盾，以社会监督保障司法公信力。

三是建立常态化的破产统一协调机制。统筹破产清算相关工作，对可能引发金融风险、影响社会稳定的破产案件依法评估、制定预案、稳步推进，加强现代科技应用，如通过召开网上债权人会议等方式提高程序效率，深化破产案件繁简分流。

（三）加强政法机关与 P2P 行业监管机构、行业组织之间风险防控的职能互动

对 P2P 监管中出现的突出、共性执法司法问题，强化梳理分析和调查研究，通过发布典型案例、组织业务培训、制定分类指导意见等方式，统一执法司法尺度和工作标准；对涉 P2P 监管的重要问题和重大敏感案件，强化信息互通和执法司法流程衔接，形成工作合力，提升司法治理和行业治理整体效果；及时汇总整理行政机关在 P2P 监管中遇到的法律问题，明确法律政策依据，针对行政执法中存在的薄弱环节和突出问题，依法提出意见建议和预防措施。审慎研究现行行业监管规定与相关法律法规、司法解释的一致性问题，防止因规则冲突弱化监管效能。

（四）强化P2P网络借贷行业自律和行政监管，推动行业标准与司法标准有机衔接

一是完善行业标准及监管体系。建议进一步健全P2P行业法律法规，明确P2P平台信息中介的定位，完善行业准入制度，进一步明确P2P经营范围、运作模式、惩罚和退出机制，完善审批和监管，保障平台运营透明可查。同时，强化政府监管，明确主责部门，加大监管力度，对违反相关法律法规和部门规章的平台及时惩处，净化行业市场。

二是完善P2P平台征信审查和信息运用。积极发展P2P平台信用审核体系，研究P2P平台接入中国人民银行的银行征信系统，将借款人等主体信用信息纳入系统，构建“守信激励、失信惩戒”的激励约束机制，增强主体信用意识，确保信用审核客观全面、及时有效。

三是完善行业管理及信息披露制度。针对P2P平台信息不真实、不对称问题，加强监管科技应用，对平台公司上报数据的真实性进行检查并适当公开，充分发挥互联网金融协会的行业管理职能，督促P2P平台健全完善信息披露制度，保障信息公开透明。

四是完善投资人教育和保护机制。加强普法宣传和风险教育，引导投资人改变P2P刚性兑付的理财观念，增强理性投资和风险防范意识。

“1+3”P2P网贷监管背景下的中小企业合法融资探究

常秀娇[1]

一、中小企业P2P网贷融资正值历史新节点

由于我国金融管理体制的原因，造成了需求和供给都存在缺口：（1）所谓需求缺口，是指传统银行业基于低风险偏好，中小企业很难获得银行贷款。“第五届中国小额信贷机构联席会年会”发布的数据表明，目前我国有400万家左右的法人类中小企业有需要却得不到充分融资。而规模小于50人的企业申请贷款被银行拒绝比例高达78.92%。可见有融资需求的中小企业一直存在融资难、融资贵的困境。（2）所谓供给缺口，是指由于我国利率未充分市场化，银行存款利率一直被控制在较低的水平线上，民间社会充盈着大量资本找不到合适的投资渠道。而P2P网贷平台的诞生正好给需求方和供给方都提供了一个绝佳的突破口，为缓解中小企业融资困境和活跃民间资本市场起到了积极作用。自我国2007年8月第一家P2P平台拍拍贷成立以来，P2P行业一路“高歌猛进”，平台数量、投资人数和成交量都经历了爆发式的增长。《中国P2P网贷行业2017年11月月报》显示，截至2017年11月底，P2P网贷行业历史累计成交量达到了60091.32亿元，突破6万亿元大关。有专家指出，中小企业主很可能以个人名义在P2P平台上融资，因此至少有半数资金用于中小企业融资经营。可见直接快捷、方

---

[1] 常秀娇，女，北京市社会科学院法学所助理研究员，法学博士。

便灵活、准入门槛低的P2P网贷给中小企业融资开辟了新的路径。

我国的P2P行业直到2015年才纳入银监会的监管体系，其“野蛮生长”也带来了一系列问题，大量以P2P名义行诈骗之实的犯罪分子也混杂其中。2016年8月，银监会会同相关部门下发《网络借贷信息中介机构业务活动管理暂行办法》（以下简称《暂行办法》），被称为P2P网贷监管的基本法。至2017年8月，先后出台了《网络借贷信息中介机构备案登记管理指引》《网络借贷资金存管业务指引》《网络借贷信息中介机构业务活动信息披露指引》（以下简称《披露指引》）三个指引，共同组成“1+3”P2P网贷行业的监管制度体系。为了落实监管，P2P网贷风险专项整治工作领导小组对现有P2P平台开展专项整改工作，并于2017年12月13日下发了《关于做好P2P网络借贷风险专项整治整改验收工作的通知》（以下简称《验收通知》），对下一步的整改验收阶段做出了具体、详细的部署。

随着监管政策的收紧和整体经济形势下行的影响，大量P2P平台出现种种问题。特别是2018年以来更是出现了P2P平台的“爆雷潮”，其中不乏“唐小僧”“钱爸爸”等交易规模百亿级、注册人数数十万的行业巨头。根据壹零智库统计，我国的P2P平台累计总数6135家，截至2018年8月31日，其中正常运营的仅有1453家，问题平台（不含转型）共有4612家，占总量的比例高达75.2%。据国家公共信用信息中心发布的《2018年失信黑名单年度分析报告》的不完全统计，仅2018年出现问题的P2P平台有1282家，近50%的问题平台处于失联状态，14.51%的问题平台已进入警方调查程序，13.73%的问题平台出现提现困难的情况，另有11.86%的问题平台已暂停运营。在此轮行业洗牌中，投资人蒙受了惨重的经济损失，行业发展遭遇“冰点”，直接威胁中小企业P2P网贷融资的可持续发展。

P2P网贷融资正处于历史的转折点，那么，中小企业应如何规避法律风险，依法合规在P2P网贷平台上融资，是当下需要思考的问题。这也是本文的出发点和着力点。

二、中小企业 P2P 网贷融资将面临诸多限制

“1+3”的监管体系为投资人贷款设定了一些限制条件，效力也涉及中小企业在 P2P 网贷平台上的贷款活动。

（一）贷款数额上限

《暂行办法》第 17 条规定，网络借贷金额应当以小额为主。同一法人或其他组织在同一网络借贷信息中介机构平台的借款余额上限不超过人民币 100 万元；在不同网络借贷信息中介机构平台借款总余额不超过人民币 500 万元。

这是对中小企业贷款人的在同一平台和不同平台贷款总额做了行政强制性的规定。这一点是违背金融规律的，一般而言，银行审批贷款不可能设定统一的上限，而是要根据经营状况、征信记录、用款申请等信息综合决定。对于中小型企业的经营资金需求而言，100 万元或 500 万元的数额限定标准较低，往往难以达到资金周转的需求。因此，监管新政之后，P2P 平台缓解中小企业融资困境的功能很可能会大大限缩。但据了解，在《暂行办法》颁布之后，许多平台都仍存在新增“大额标”项目的问题，随着整改的深入，相信监管政策的落地力度会更为严格。

《披露指引》第 9 条第一项仅指出，“借款人在其他网络借贷平台借款情况”是平台应当向出借人披露的信息内容。但平台还不能通过直接查询征信来核查借款人的借款数额是否超限，《暂行办法》第 12 条规定借款人负有“提供在所有网络借贷信息中介机构未偿还借款信息”的义务，可见平台审查的依据还是借款人的自行申报。需指出《暂行办法》已强化了 P2P 平台与金融信用信息基础数据库运行机构、征信机构等开展业务合作的趋势，相信会逐渐向自主申报与征信查询相结合转变。

（二）贷款款项用途禁令

《暂行办法》第 10 条第十一项规定，P2P 平台不得“向借款用途为投资股票、场外配资、期货合约、结构化产品及其他衍生品等高风险的融资提

供信息中介服务。”《暂行办法》的征求意见稿中仅规定了不得为股票投资市场提供融资中介服务，而正式发布时，不仅扩大了列举的描述范围，还用“高风险的融资”进行了兜底，表明了监管机关严控此类行为的决心和举措。这意味着中小企业如果在P2P平台标明贷款用途为投资股票等高风险活动，将无法通过平台得到融资，更不可标明其他用途而实际用于高风险投资。

（三）同一项目重复融资禁令

《暂行办法》第13条第二项规定，借款人不得同时通过多个网络借贷信息中介机构，或者通过变换项目名称、对项目内容进行非实质性变更等方式，就同一融资项目进行重复融资；第三项规定，借款人不得在网络借贷信息中介机构以外的公开场所发布同一融资项目的信息。此条款实质是对拆分融资的禁止，但不考虑项目实际价值、增值发展，投资人担保能力，首次借款数额等具体情况，通过行政强制一刀切的禁止，有违市场规律。这对中小企业在P2P平台融资提出了更高的要求，中小企业就某一项目选择线上融资，就不能开展线下融资，而且要做好融资统筹，只能在同一平台一次融资。此禁令也进一步限制了P2P平台为中小企业融资的积极作为空间。

（四）抵押贷款困境

在P2P网贷融资中，能够提供抵押担保的，属于优质的贷款人，往往能够以更低的利率获得更高数额的借款，但在“1+3”监管体系下，抵押融资将面临困境：根据《暂行办法》等，P2P平台作为信息中介，只能提供信息收集、信息公布、资信评估、信息交互、借贷撮合等服务，不能为平台上的借款提供任何增信服务。因此，平台上的借款人是债务人，出借人是债权人。根据《物权法》第179条第2款规定，抵押权人和债权人为同一人。那么，如果出借人提供抵押担保的情况下，出借人（众多投资人）为抵押权人。而不动产抵押以登记为生效要件，则应当众多抵押权人办理抵押登记手续，但事实上这种方法既不经济也不可行：一是，P2P网贷的重要特点就是小额便利和突破地域局限性，出借人可能成百上千且来自五湖四海，让这些投资人都出面到登记机关进行抵押登记，不具有可操作性，即使可行，也是一种极其烦琐的过程，有违P2P网贷的立基之本。二是，为了降低风险、保障资金安全，P2P平台的一般操作流程是先办理抵押登记后才能发标，然后再由筛选出符合标准的投资人认购投资。所以，在办理抵押登记的时间点上，投资人是谁都尚未确定，更何谈办理抵押手续。如何破解困局？

可以考虑通过债权人委托平台行使抵押权的方法来变通。具体言之，平台与投资人的协议中事先约定委托条款，将抵押权委托给平台代为行使，平台作为受托人的身份签订抵押合同、代为办理抵押权登记、实现抵押权变现、解除抵押权等事项。这一方法也有相关司法判例支持，参见【案例1】。但值得提醒的是，我国法律尚无代为委托行使抵押权的相关法律规定，这种做法存在不被登记机关接受及不被法院认可的风险。

【案例1】最高人民法院：（2012）民二终字第131号

鑫海公司委托齐鲁支行向启德公司发放贷款，启德公司以土地使用权提供了抵押，抵押权人为齐鲁支行。因启德公司到期未偿还债务，鑫海公司起诉要求实现抵押权。法院认为："该抵押法律关系是为涉案资金设定的，在委托贷款法律关系中，受托人齐鲁支行仅为居间代理，其代理行为产生的后果应当归属于委托人鑫海公司，在本案诉讼中齐鲁支行也明确表示鑫海公司享有涉案三宗土地的抵押权。因启德公司明确知道使用资金由鑫海公司提供，系鑫海公司委托齐鲁支行贷款，鑫海公司依法可以自己的名义直接向启德公司主张权利，该权利包括以齐鲁支行名义设立的全部债权和担保物权。"从最高法院对委托行使抵押权的态度上来看，若出资人与平台签署代为委托办理抵押手续的同时，充分履行告知借款人的义务，使借款人明知委托关系的存在，则可以约束借款人。

三、中小企业的信息披露配合义务

"1+3"监管体系形成之前，中小企业在P2P平台融资，只需简单提交工商登记、项目介绍等简单资料，但监管强化了平台的披露义务，中小企业作为被披露一方将在申请和使用借款过程中面临较多变化。

（一）需提供的披露信息内容

《暂行办法》第 12 条第（一）项规定，借款人负有“提供真实、准确、完整的用户信息及融资信息”的义务。《披露指引》第 9 条第（一）、第（二）项进一步明确：所谓借款人用户信息，应当包括借款人的法人登记信息、借款人所属行业、借款人资产及负债情况、截至借款前 6 个月内借款人征信报告中的逾期情况、借款人在其他网络借贷平台借款情况。所谓融资信息，应当包含项目名称和简介、借款金额、借款期限、借款用途、还款方式、年化利率、起息日、还款来源、还款保障措施。这些信息需中小企业在借款前就向 P2P 平台提供。

（二）重大信息报告义务

《暂行办法》第 12 条第（四）项规定，借款人负有“按照约定向出借人如实报告影响或可能影响出借人权益的重大信息”的义务。《披露指引》第 9 条第（四）项进一步明确：所谓重大信息包括借款资金运用情况、借款人经营状况及财务状况、借款人还款能力变化情况、借款人逾期情况、借款人涉诉情况、借款人受行政处罚情况等可能影响借款人还款的重要信息。其中借款资金运用情况、借款人经营状况及财务状况需定期报告：对于借款期限不超过 6 个月的，每月报告；对于借款期限超过 6 个月的，每季度报告。而还款能力变化、借款人逾期、涉诉情况和行政处罚情况等足以导致借款人不能按约定期限足额还款的信息，要及时报告。

（三）平台核查配合义务

对于中小企业提供的项目相关信息，若平台或出借人提出要进行核实查证的，中小企业负有配合协助的义务，如现场考察项目进展和预期收益情况等。《暂行办法》第 32 条规定，借款人应当配合网络借贷信息中介机构及出借人对融资项目有关信息的调查核实，保证提供的信息真实、准确、完整。

同时《暂行办法》第 30 条规定，披露内容应符合法律法规关于国家秘密、商业秘密、个人隐私的有关规定。所以，并非任何平台或出借人要求提供的信息，中小企业都必须提供，对于认为侵犯了国家秘密、商业秘密和个人隐私的信息，可以依法提出抗辩。

四、拒绝费用陷阱低利率融资

当前P2P平台对外宣传的借款利率为年化10%左右，但实际操作过程中，由于很多P2P平台扮演者信用担保的角色，还会以管理费、催收费、砍头息等方式变相增加利息率。据中国电子商务投诉与维权公共服务平台接到的用户投诉维权案例统计，贷款利息高等成为P2P平台的投诉热点问题。以拍拍贷为例，有网友反映，标明利率为年化9%的情况下，1万元小额贷款，加上隐形费用，最后年化利率是228%。所以，中小企业在P2P网贷平台融资的成本还是比较高的。如果在融资中遭遇了平台以费用方式变相提高利息率，超越了法律保护的范畴，那么中小企业可以通过法律途径保护自身利益，参见【案例2】。

【案例2】江苏高院2015年度公布十大民间借贷典型案例之案例八

2012年7月，A公司以“P2P民间往来抵押公证借款”形式为出借人蒋某、借款人丁某提供60万元的理财服务。丁某以其所有的房屋抵押并办理了抵押登记，抵押权人为蒋某。A公司每月向蒋某按照借款金额收取服务费、管理费共计0.25%，每月向丁某收取咨询费、管理费、服务费各0.5%。同时丁某向A公司出具借条一份，借款金额为72万元，期限为6个月。丁某支付部分利息后，剩余款项一直未支付。借款到期后，丁某未按约归还借款，A公司、蒋某持丁某出具的委托书将抵押的房屋直接过户至蒋某名下。因A公司就咨询费、管理费、服务费共19万元催要无果，故诉至法院。法院认定A公司主张的咨询费、管理费、服务费等19万元的居间报酬，性质上属于通过收取高额服务费、咨询费等，变相收取远远超出法律规定的高额利息，严重损害借贷双方的利益。鉴于其民间借贷法律关系的实质，对于超过银行同类利率的四倍的部分，法院不予支持。

《暂行办法》第20条规定，借款人支付的本金和利息应当归出借人所有。网络借贷信息中介机构应当与出借人、借款人另行约定费用标准和支付方式。

可见平台的费用标准和支付方式都应单独约定和支付，而不可采取砍头息等方式将费用与利息本金混同。据笔者预测，随着监管的深入，中小企业通过P2P平台融资的利率将会逐渐降低，趋于理性，理由如下：其一，在监管趋严的趋势下，整个P2P网贷行业重新洗牌，劣币逐渐被驱逐出市场，恶意以高利率卷款的情形会越来越少，避免由此带动的利率走高；其二，随着监管的深入，保障投资人权益的措施会逐渐落地，投资人在P2P平台投资的风险会有所降低，自然就能够降低对借款利率的预期；其三，监管要求P2P平台回归到信息中介的定位，则意味着平台风险降低，且不承担信用担保、催收等功能，成本降低，附加费用等也会相应减少。

五、问题平台融资的注意事项

当前P2P行业正在整顿阶段，大量问题平台“爆雷”，但中小企业的相关融资活动仍需继续，所以很可能会发生在问题平台融资的情况，需注意如下事项。

（一）谨慎选择融资平台，远离问题平台

《暂行办法》第10条明确规定了P2P网贷平台的12条禁令，凡是有禁令规定行为的，都属于高风险的平台，随时有“爆雷”成为问题平台的风险。《验收通知》明确要对现存P2P网贷机构进行分类施策，其中一类为对于严重不配合整改验收工作，违法违规行为严重，甚至已经有经侦介入或已经失联的机构，应当由相关部门依据《非法金融机构和非法金融业务活动取缔办法》（以下简称《取缔办法》）等相关法律法规予以取缔。如果中小企业选择此类平台进行融资活动，会面临如下所述的一系列问题。

一是公安机关采取强制措施，可能造成资金冻结，造成新的资金缺口，甚至是资金紧缺导致的经营困难。《取缔办法》第11条规定，对非法金融机构和非法金融业务活动的犯罪嫌疑人、涉案资金和财产，由公安机关依法采取强制措施，防止犯罪嫌疑人逃跑和转移资金、财产。

二是参与融资的中小企业主，可能面临监管机构或公安机关的调查或询

问。《取缔办法》第14条规定，中国人民银行对非法金融机构和非法金融业务活动进行调查时，被调查的单位和个人必须接受中国人民银行依法进行的调查，如实反映情况，提供有关资料，不得拒绝、隐瞒。

三是可能需自行承担在问题平台上融资的经济损失。《暂行办法》第13条第4项规定，借款人不得在已发现网络借贷信息中介机构提供的服务中含有本办法规定的平台中介机构12条禁令所列内容的情况下，仍进行交易。《取缔办法》第18条规定，因参与非法金融业务活动受到的损失，由参与者自行承担。可见监管机构要求借款人对平台违法违规具有识别义务，如果明知而参与非法金融活动，造成的损失，由借款人自行承担。

综上，当前中小企业在P2P平台融资时，一定要谨慎选择P2P平台，远离严重违反监管禁令的平台，尽量选择具有合法登记备案（整改登记尚未完成）、资金银行存管或第三方授权担保的平台，避免不必要的法律风险。

（二）以违反禁令主张合同无效难成立

《最高人民法院关于审理民间借贷案件适用法律若干问题的解释》第14条第5项规定，民间借贷合同违反法律、行政法规效力性强制性规定的，人民法院应当认定合同无效。那么，对于在融资还款过程中发现P2P平台存在《暂行办法》第10条规定的禁令行为，可否据此认为是对行政法规效力性强制性规定的违反，而主张合同无效呢？司法判例表明，这种主张较难成立，参见【案例3】。

【案例3】陕西省高级人民法院：(2016) 陕民初28号

2015年5月6日，红岭公司、长安银行西大街支行、鑫林公司三方共同签订《委托贷款合同》一份，约定乙方（红岭公司）委托丙方（长安银行西大街支行）向甲方（鑫林公司）发放贷款人民币壹亿壹仟万元整。鑫林公司主张，红岭公司通过网上筹集资金，委托长安银行西大街支行向鑫林公司贷款，违反了《暂行办法》第10条第5项关于网络借贷信息中介机构不得发放贷款的规定，本案借款合同无效。对此，法院审理认为，红岭公司与鑫林公司系借款法律关系，红岭公司与长安银行西大街支行系委托法律关系。《委托贷款合同》签订后，红岭公司委托长安银行西大街支行于2015

年5月25日向鑫林公司汇入借款1亿元人民币，履行了合同义务，鑫林公司于2015年5月28日向红岭公司支付款项485万元，2015年9月18日偿还200万元，截至2015年11月21日支付利息7991259.14元，之后再未支付本金及利息，存在违约行为，依照《委托贷款合同》第12条约定，红岭公司提出鑫林公司立即清偿本金及利息的请求予以支持。对于鑫林公司以红岭公司资金来源问题主张《委托贷款合同》无效的理由，不属于《中华人民共和国合同法》第52条及《最高人民法院关于审理民间借贷案件适用法律若干问题的解释》第14条规定的情形，鑫林公司该理由不能成立。

可见中小企业在P2P平台融资的过程中，不能以平台违反禁令为由主张合同无效，逃避还款义务。但考虑到平台确实存在违规违法操作，随时有可能为监管机关处罚或“爆雷”，在履行还款计划的过程中一定要注重留痕，注重书面证据、电子证据等相关证据的保留。

（三）中小企业不能在问题平台退出市场时逃避还款义务

《暂行办法》第24条规定，网络借贷信息中介机构业务暂停或者终止，不影响已经签订的借贷合同当事人有关权利义务。网络借贷信息中介机构因解散或宣告破产而终止的，应当在解散或破产前，妥善处理已撮合存续的借贷业务。可见中小企业在P2P平台融资，一旦遇到平台清算、破产或经侦介入等，不能逃避还款义务，同样要注重留痕和证据的保存。欧美国家的P2P网贷监管经验中很重要的一条，就是在平台退出时要有专门人员负责借款合同的继续履行。但我国监管制度只是做了原则性的规定，具体操作落实还有待完善，一般是由第三方接管机构或者侦查机关推进，在这种情况下，中小企业的还款要谨慎，识别负责主体身份。

六、法律责任的落实

中小企业在P2P平台融资，如果存在违约行为，或者涉嫌违规违法，就会面临三个层面的法律责任追究。

（一）民事责任

中小企业与P2P平台、借款人之间存在三方法律关系，中小企业与P2P平台是居间关系，中小企业与借款人是借贷关系，受《民法通则》《合同法》等民事法律的约束，平台一旦违约，可能面临来自P2P平台和借款人的民事责任追究。这一点非常好理解，此外还存在一种非正式的责任，对中小企业在P2P平台融资的影响可能更为深远。

互联网金融在解决信息不对称和安全保障上具有先天的优势，理论的逻辑在于通过大数据的分析、挖掘、核查和评定，并借助专业第三方、外包数据等数据中间商增加资金需求者（中小企业）风险的可控性和管理力度。虽然当前P2P平台在大数据挖掘和利用上还不够充分，但从发展趋势上看，大数据技术在风险控制中的应用将日益深入和广泛，所以，一旦中小企业在P2P融资过程中留下了不良记录，随着平台征信联网的完善、平台数据与金融信用信息基础数据库的对接，可能直接造成中小企业无法在P2P平台上融资。基于此，中小企业应清洁、保护自身的信用记录。

（二）行政责任

在“1+3”监管体系下，监管机关规定了中小企业借款人上述一系列的义务和禁令，但如果义务不履行或禁令违反，如何落实监管责任的追究呢？在当前监管制度下，主动责任追究机制启动不足，《暂行办法》第34条只是原则性地规定中国互联网金融协会履行开展自律检查的职责，但监管机关的主动检查和处罚并未规定。具体到责任内容上，《暂行办法》第41条只是规定，借款人违反法律法规和网络借贷有关监管规定，依照有关规定给予处罚。“有关规定”的表述非常模糊，行政责任落实难称有法可依，有可能只是停留在纸面上。

（三）刑事责任

《暂行办法》第41条规定，借款人构成犯罪的，依法追究刑事责任。当前P2P平台相关的刑事责任追究中，更多关注的是平台责任，但借款人作为资金享有方，一旦其行为符合犯罪构成要件，也可能构成刑事犯罪，司法实践中也有这样的案例。但中小企业作为法人主体，要认定其 P2P 平台融资行为构成犯罪，受我国刑法单位犯罪法定原则的约束，司法实践中刑事责任的落实难度较大。

第一，我国法律规定了犯罪认定的“单位戳破”。《最高人民法院关于审理单位犯罪案件具体应用法律有关问题的解释》第 2 条规定，个人为进行违法犯罪活动而设立的公司、企业、事业单位实施犯罪的，或者公司、企业、事业单位设立后，以实施犯罪为主要活动的，不以单位犯罪论处。

第二，我国对单位犯罪采取双罚制，不仅要对单位主体科以罚款，还要追究单位直接负责人员和相关主管人员的刑事责任，科以刑罚等。具体责任人员范围的圈定要结合具体案件具体分析，主要围绕公司权力运行过程确定，往往是中小企业的法定代表人或实际控制人，还包括财物、销售等核心职能部门的负责人等。

浅析协议控制的结构、效力与出路

王　莉　李　亚[1]

一、问题的提出

中国诸多互联网公司已借助协议控制实现境外融资或上市，且经济体量庞大，但中国政府尚未出台针对协议控制的具体法律规定。对大多数人来说，“协议控制”可能是比较陌生的概念，但在中国互联网行业，协议控制或其替代词“VIE 结构”却是另一番“如雷贯耳”气象，这是因为很多互联网公司已借助 VIE 结构实现了境外融资或上市。

根据美国《福布斯》杂志发布的《2019 年全球上市公司 2000 强》名单，在互联网与目录零售（Internet & Catalog Retail）[2]、电脑服务（Computer Services）[3]以及软件与程序（Software & Programming）[4]三个领域，中国共计有 11 家企业入围，其中 9 家企业[5]是通过搭建 VIE 结构的方式实现境外上市。[6]根据中国工业和信息化部官方微博发布的《2018 年中国互联网企业 100 强》名单，前十名互联网企业中有 9 家搭建了 VIE 结构，其中第六名新浪公司（新浪网络技术股份有限公司）是 VIE 结构的发明者，也是经常被用来分析 VIE

[1] 王莉，北京市中伦律师事务所律师；李亚，北京市中伦律师事务所合伙人律师。

[2] 在互联网与目录零售领域入围的企业有：阿里巴巴、京东、拼多多、唯品会。

[3] 在电脑服务领域入围的企业有：腾讯控股、百度、网易、美团点评。

[4] 在软件与程序领域入围的企业有：360 科技、上海钢联电子商务股份有限公司和爱奇艺。

[5] 11 家企业中只有 360 科技是在上海证券交易所上市以及上海钢联电子商务股份有限公司是在深圳证券交易所上市，其余 9 家均系境外上市。

[6] https://baijiahao.baidu.com/s?id=1607135026494155245&wfr=spider&for=pc.

结构的典型代表。经笔者在公开网络调研和统计，截至 2019 年 7 月 22 日，在这 100 强中国互联网企业中，共有 22 家企业境内上市、34 家企业境外上市，在境外上市企业中有 25 家企业在美国上市、9 家企业在中国香港上市，且这些境外上市企业均搭建了 VIE 结构。

互联网的核心技术是国之重器，建设网络强国离不开优质互联网企业的助力，但中国这些优秀的互联网企业为何要搭建 VIE 结构并向中国境外资本市场聚拢呢？如果不对中国互联网企业中出现的 VIE 结构这一现象进行分析和研究，就很难真正理解中国互联网企业发展的症结所在，也就很难为建设网络强国开出对症下药的良方。与此同时，VIE 结构也正在成为外资进入中国负面清单规定的限制或禁止外资投资领域的规避工具，因此，这一问题又涉及对外资监管的问题。

基于前述，笔者拟首先从微观角度对 VIE 结构的基本内涵、组织结构等方面进行透视，继而从宏观角度对 VIE 结构的效力进行分析并对相关监管措施提出建议。

二、协议控制的结构

协议控制是指境外融资或上市实体通过其具有股权控制关系的外商投资公司以协议的方式控制境内运营公司的一种投资结构安排，目的是实现境内运营公司的间接境外融资或上市。其中境内运营公司为境外融资或上市实体的可变利益实体（Variable Interest Entity，VIE），因此，协议控制又被称为 VIE 结构。在协议控制中，外商投资公司并非因持有境内运营公司的多数股权而控制境内运营公司，而是以一系列合同将两者连接起来，并通过具有技术性的合同约定以实现与股权投资控制类似的法律效果。

（一）协议控制的基本机构

如前所述，协议控制起源于新浪公司。2000 年，新浪公司因在美国纳斯达克上市需要满足国内监管和海外上市双重要求而发明了协议控制结构，因此协议控制、VIE 结构有时亦称为新浪模式。以新浪公司为代表的典型协议控制的基本结构如图1所示。

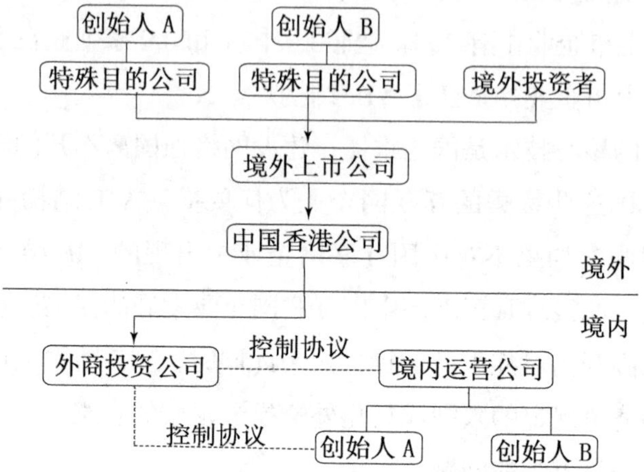

图1 典型协议控制的基本结构

为进一步厘清图1涉及主体的作用及其之间的法律关系，可进行以下说明：

第一，创始人为何通过境外特殊目的公司间接持有上市公司股份，而不直接持有境外上市公司股份？这主要是基于便利外汇登记的目的。根据国家外汇管理局37号文❶和13号文❷的相关规定，境内居民进行境外投资设立特殊目的公司时需通过银行进行境外投资外汇登记，并且已登记的境外公司发生股权转让等变更事项的，境内居民还应办理外汇变更登记，而境内投资主体设立或控制的境外企业在境外再投资设立或控制新的境外企业无须办理外汇备案手续。因此为实现境内运营公司境外上市的目的并尽量避免外汇变更登记的烦琐手续，境内运营公司的创始人通常会在境外，比如开曼群岛（The Cayman Islands）或英属维尔京群岛（The British Virgin Islands，BVI）等离岸

❶ 国家外汇管理局于2014年7月4日发布并实施的《国家外汇管理局关于境内居民通过特殊目的公司境外投融资及返程投资外汇管理有关问题的通知》，第5条规定："已登记境外特殊目的公司发生境内个人股东、名称、经营期限等基本信息变更、或发生境内居民个人增资、减资、股权转让或置换、合并或分立等重要事项变更后，应及时到外汇局办理境外投资外汇变更登记手续。"

❷ 国家外汇管理局于2015年2月13日发布并于2015年6月1日实施的《国家外汇管理局关于进一步简化和改进直接投资外汇管理政策的通知》规定："取消境外再投资外汇备案。境内投资主体设立或控制的境外企业在境外再投资或控制新的境外企业无须办理外汇备案手续。"

法区设立境外公司并办理相应境外投资外汇登记，再由该境外特殊目的公司持有境外上市公司的股份。

第二，境外上市公司为何通过香港公司间接持股外商投资公司，而不直接持股外商投资公司？这主要是基于节约税负成本的目的。根据《企业所得税法》相关规定，[1]境外企业应就其来源于中国境内的所得缴纳所得税，税率为20%；而根据内地与香港的税收安排，[2]内地对由香港公司设立的外商投资公司在征收投资所得税方面可享受相关税收优惠，香港公司对其转让所持外商投资公司股权的投资所得税率为10%；如果香港公司持有外商投资公司的股权比例在25%以上，则股息税率为5%，在其他情况下，股息税率为10%。因此考虑到税务筹划，一般由境外上市公司在香港设立控股公司，再由香港公司在内地持股外商投资公司，而不是由境外上市公司直接持股外商投资公司。这是一种基于中央政府对香港特区政府的特殊支持而产生的红利。

第三，外商投资公司为何不能以股权的方式控制境内运营公司，而是通过协议控制的方式控制境内运营公司？这主要是由于外资准入限制等原因，外商投资公司无法直接以持股的方式控制境内运营公司，因此由外商投资公司与境内运营公司及其股东签署一系列控制协议，包括独家技术咨询和服务协议、独家股权购买期权协议、借款协议、投票权委托协议、股权质押协议、知识产权转让与许可协议等，具体签署的协议类型和内容以满足离岸法区关于财务并表及相关法律的要求为准。

实践中，前述前两个问题在一般的境外红筹上市结构搭建过程中也会涉及，但不会涉及前述第三点，而协议控制的特殊性恰好在于第三点。不同于一般的股权控制操作模式，在协议控制结构中，外商投资公司是以与境内运营公司及其股东签署协议的方式控制境内运营公司，而之所以采取这种方式

[1] 2018年12月29日发布并生效的《企业所得税法》第3条第3款规定："非居民企业在中国境内未设立机构、场所的，或者虽设立机构、场所但取得的所得与其所设机构、场所没有实际联系的，应当就其来源于中国境内的所得缴纳企业所得税。"第4条规定："企业所得税的税率为25%。非居民企业取得本法第3条第3款规定的所得，适用税率为20%。"

[2] 指《内地和香港特别行政区关于对所得避免双重征税和防止偷漏税的安排》和《企业所得税法实施条例》第91条。

是因为中国法律限制或禁止外资对特定领域的企业进行股权投资，由此在中国法律限制或禁止外资投资的领域，协议控制实现了境内运营公司被境外上市公司财务并表的目的，从而满足了境内运营公司的境外融资或上市需求。

（二）典型的控制协议

从本质上看，协议控制是在某些行业客观存在外资准入限制的情况下，为实现境外融资或上市目的而采取的技术手段，其将创始人对境内运营公司享有的股东权利碎片化分离给外商投资公司，以满足上市地相关法律以及会计准则规定的并表要求。典型的协议控制通常包括独家技术咨询和服务协议、借款协议、独家股权购买期权协议、投票权委托协议、股权质押协议、知识产权转让与许可协议等。

1. 独家技术咨询和服务协议

独家技术咨询和服务协议通常由外商投资公司和境内运营公司签署，根据境内运营公司的经营范围，约定由外商投资公司排他性地为境内运营公司提供技术支持和服务，境内运营公司为此需向外商投资公司支付技术服务费，从而达到将境内运营公司的利润转移至境外上市公司的目的。关于技术服务费的定价，实践中基本是自由约定，比如“每月支付 X 元人民币的技术服务费”“每月的服务费为境内运营公司的全部收入扣减全部费用的余额”。

此外，独家技术咨询和服务协议有时亦以“独家业务合作协议”等其他类似名称出现，但不论其名称如何，该协议的基本内容和欲实现的目的均是相似的。

2. 借款协议

借款协议通常由外商投资公司与境内运营公司的股东签署，约定外商投资公司向境内运营公司的股东提供投资境内运营公司的资金。通常借款协议会对借款的用途、期限等主要条款进行约定。但该协议并非控制协议必须包含的协议类型。

3. 独家股权购买期权协议

独家股权购买期权协议通常由外商投资公司与境内运营公司及其股东签署，约定外商投资公司（或其指定的第三方）有权在中国法律允许的情况下，以法律允许的最低价格按照外商投资公司的指令购买境内运营公司股东的股权，使得在中国法律取消外资准入限制的第一时间内，外商投资公司对境内运营公司的控制方式可从协议控制转为股权控制。这也间接说明协议控制的稳定性低于股权控制的稳定性。

4. 投票权委托协议

投票权委托协议通常由外商投资公司与境内运营公司的股东签署，约定境内运营公司的股东将其股东权利委托给外商投资公司或其指定的第三方行使。投票权委托协议项下的委托权利包括参与公司股东会和董事会的权利、投票表决权等权利，使得外商投资公司能够替代境内运营公司的股东参与管理、表决境内运营公司的重大事项。

5. 股权质押协议

股权质押协议通常由外商投资公司与境内运营公司的股东签署，目的在于担保境内运营公司及其股东能够按照前述控制协议的约定履行其相应的义务，若其违反约定不履行相应义务，则外商投资公司有权根据《股权质押协议》的规定，处置被质押的境内运营公司股东的股权。

6. 知识产权转让与许可协议

知识产权转让与许可协议通常由外商投资公司与境内运营公司签署，约定按照外商投资公司的指令，境内运营公司将其知识产权以中国法律允许的最低价格转让予外商投资公司或其指定的第三方，而后由外商投资公司将其自境内运营公司处取得的知识产权排他性地许可给境内运营公司，并由境内运营公司支付许可费用。知识产权转让与许可协议并非控制协议必备的协议类型，此协议主要针对高科技互联网等轻资产类型的公司，使得外商投资公司可以控制境内运营公司业务经营所必备的重大知识产权，进而加强对境内运营公司的控制力度。

总之，签署控制协议的终极目标是通过合约的方式实现控制，从而能够将境内运营公司的财产报表合并至境外上市公司，因此控制协议的类型和内容主要是根据律师和会计师的专业判断进行设计和细化，以确保能够满足上市地法律和财务的要求，比如对于欲登陆美国资本市场的企业，若采取协议控制实现财务并表，则需满足美国会计准则的要求；[1]对于欲登陆中国香港资本市场的公司而言，则需要满足香港证券监管部门和香港联合交易所有限公司发布的一系列上市规则的规定。[2]

此外，为防范境内运营公司股东因婚姻关系破裂导致其所持境内运营公司的股权被作为夫妻共同财产从而面临被分割的风险，[3]实践中控制协议通常还会包括境内运营公司股东的配偶出具的配偶同意函，由其配偶明确表示其已知晓并同意境内运营公司股东签署的控制协议，不主张相关股权为夫妻共同财产，并确认协议控制对其具有约束力。

通过对控制协议的分析可以看出，控制协议的搭建其实是围绕一个目的展开的，即通过协议约定将股东权利碎片化分离，最终以诸多控制协议约定的权利束取代境内运营公司的股东权利。从境内运营公司的角度，其实质被外商投资公司所控制，看起来协议控制似乎实现了与股权关系类似的法律效果，但事实上，我们仍不可忽略合同约定权利与股东法定权利之间的差异以及由此带来的风险。

在前述控制协议中，外商投资公司通过投票权委托协议主导境内运营公司的经济活动，其将股东享有的核心权利即投票表决权“据为已有”，即使

---

[1] 美国财务准则委员会（FSAB）于 2003 年 1 月颁布第 46 号解释函《可变利益实体的合并》并于 2009 年 6 月进行修订颁布了第 167 号解释函（以下统称“VIE 解释函”），在原来的财务并表的标准中创造性地提出了“可变利益实体”的概念，其中规定若一个实体对另外一个实体拥有事实上的“控制性财务利益”，则应当将两个实体合并财务报表，即便此种控制并非以传统的股权投票权为基础。

[2] 针对采取协议控制的企业是否会因相关法律问题而被视作不适宜上市，香港联交所于 2005 年发布编号为 HKEx-LD43-3 的上市决策并分别于 2011 年、2012 年、2013 年及 2014 年对上市决策进行更新（以下统称《上市决策》）。《上市决策》见香港联交所官网：http://cn-rules.hkex.com.hk/tr/chi/browse.php?id=10925&type=0&oldnode=0.

[3] 比如土豆网因创始人离婚分割股权而导致上市推迟事件，参见：http://www.hhrzd.com/NewsStd_427.html.

有股权质押协议为此“保驾护航”,但这并不代表外商投资公司可以高枕无忧。根据《合同法》第 411 条的规定，[1]委托协议系双方享有法定解除权的合同。一旦境内运营公司的股东单方面解除委托协议，外商投资公司仅有的救济途径为向境内运营公司主张合同项下的违约救济，但其已然失去对境内运营公司的控制权，这对协议控制来说无疑是致命的风险，这也是合同约定权利与股东法定权利之间的最大区别。正是由于协议约定的任意性，导致协议的控制力度较弱，从而可能引发相关协议主体的违约风险，如 2011 年阿里巴巴终止支付宝 VIE 协议事件[2]、2011 年双威教育的境内资产被转移导致双威教育海外退市事件。[3]

公司属于民法上的人，规范其活动的法律应为“人法”，主要指以公司法为代表的团体法，与规范一般活动的行为法，主要指合同法，有所不同。虽然根据公司的合同理论，“公司乃一系列合同的连结”，[4]但这并不能否认公司行为一旦从合同法中“逃离”被纳入公司法中，其行为法的性质不会受到人法的影响。但控制协议却与之相反，控制协议主要涉及公司法问题，但却“抛弃”既有的公司法等人法规范，试图从行为法的角度将人法问题行为法化。这种“抛弃”行为的效力如何，将在下文予以分析。

三、协议控制的效力

从时间维度来看，法律自实践中产生并发展，具有天然的滞后属性。法律一旦颁布并实施，则实践应以满足法律的规定为首要前提。对协议控制来

❶《合同法》第 411 条规定：“委托人或者受托人可以随时解除委托合同。因解除合同给对方造成损失的，除不可归责于该当事人的事由以外，应当赔偿损失。”

❷ 2011 年，马云为取得确保支付宝作为国内合法第三方支付平台，将原来阿里巴巴集团旗下的重要核心资产“支付宝”划归马云个人控股的另外一家公司名下。参见：http://baike.baidu.com/link?url=Li23Mil_lxR8gcrOByQPPbV1JVCYA-7TDQ8_9E8WitB0XHt8FAAd5sO79XXkjm1u8wA7OEA_1bhlwVFZLyY00_.

❸ 2011 年，双威教育管理层和美国投资人发生控制权之争，最终纳斯达克交易所通知双威教育，鉴于公司资产出现重大损失且持续未能重新控制这些资产，将其摘牌。参见：http://learning.sohu.com/20130327/n370610541.shtml.

❹ [美]弗兰克·伊斯特布鲁克，[美]丹尼尔·费希尔:《公司法的经济结构》，张建伟，罗培新译，北京大学出版社 2005 年版。

说亦是如此，在2000年新浪公司第一次使用协议控制时，尚无明确的法律规定对此予以规范。时至今日，境外上市地国家的法律已逐步出台，试图克服法律的滞后性，填补协议控制的空白，比如前述提及的美国会计准则和香港联交所的相关规定已成为企业在当地上市时需予遵守的内容，但回顾中国境内法律，其对协议控制的监管依然基本空白。

根据前述，采取协议控制的原因是为绕开中国关于外资的准入限制，试图以协议控制的方式将境内运营公司的财务报表合并至境外上市公司。实际上自协议控制诞生之初，争议即一直不断，加之商务部于2015年1月发布《外国投资法（草稿征求意见稿）》以及最高人民法院于2016年7月做出被称为“VIE第一案”的判决，更是掀起一场关于协议控制的大讨论。在这样的大背景下，笔者拟从实务和法理两个角度出发，分析目前协议控制的效力问题，并对中国应当采取何种态度处理协议控制提出建议。

（一）实务观点之司法裁判

1. 亚兴公司与安博公司合同纠纷案[1]

湖南长沙同升湖实验学校和湖南长沙同升湖幼儿园（以下统称“目标学校”）的最初举办者是亚兴公司。2009年7月28日，亚兴公司（甲方、转让方）和安博公司（乙方、受让方）签订《合作框架协议》约定：甲方以人民币16779万元的价格将其持有的目标学校教学举办权等权益的70%和其关联BVI-B公司的所有权益转让给乙方，乙方以现金方式支付8391万元，另按8388万元兑换等值待上市的股票［乙方关联企业安博教育控股公司（Ambow Education Holding Ltd）的股票］并支付到甲方海外关联企业BVI-A公司（持有BVI-B公司的全部股权）。自2009年8月4日起，安博公司共向亚兴公司支付转让款现金84378609.46元，价值8388万元人民币的股票也已向亚兴公司发放完毕。目标学校的举办者、法定代表人变更也已获得教育机构的批准。安博教育控股公司的股票于2010年8月5日在美国纽约证券交易所上市交易后股价下跌，2013年3月22日，纽约证券交易所暂停安博教育控

[1] 长沙亚兴置业发展有限公司诉北京师大安博教育科技有限责任公司合作合同纠纷上诉案【案号：（2015）民二终字第117号】，本案被业内人士称为“VIE结构的第一案”。

股公司的股票交易。

2012 年 3 月 6 日，亚兴公司与安博教育公司因股票转换发生争议，亚兴公司要求法院确认《合作框架协议》无效，理由如下：（1）《中外合作办学条例》第 6 条规定中外合作办学者不得举办实施义务教育等特殊性质教育的机构；（2）义务教育机构属于《外商投资产业指导目录》（2007 年修订）中的禁止外商投资产业目录；（3）《合作框架协议》实质就是安博公司与安博在线公司之间利用 VIE 模式“以内资合法收购目标学校的外在形式”，“恶意规避法律和产业政策禁止外资进入‘义务教育’领域的规定”，从而实现境外上市目的，属于“以合法形式掩盖非法目的的无效合同”。

安博教育控股公司系依据开曼群岛法律注册成立的税务免除型有限责任公司，北京安博在线软件公司（以下简称“安博在线公司”）系安博教育控股公司设立的一家外商独资企业，并通过与安博教育及其股东之间的协议安排控制安博教育，系典型的 VIE 结构。

湖南省高级人民法院和最高人民法院均驳回了亚兴公司的诉讼请求，主要理由如下：（1）安博公司系内资企业，非外资企业。安博公司无外资股东，其在工商登记机关登记的企业性质为中国国内的有限责任公司。安博公司的注册资本金来源及股东表决权委托并不能改变安博公司系内资公司的性质。（2）《合作框架协议》是亚兴公司与安博公司的真实意思表示，并未违反法律、行政法规的强制性规定。《外商投资产业指导目录》及《商务部实施外国投资者并购境内企业安全审查制度的规定》系部门规章，而非法律和行政法规。本案诉争的是亚兴公司与安博公司之间的用于收购境内资产的《合作框架协议》的法律效力，而非安博公司与安博在线公司之间涉及 VIE 结构本身的一系列合同协议等的效力。（3）案涉《合作框架协议》订立后，目标学校的举办者由亚兴公司变更为安博公司，该项变更业已经过教育行政主管部门长沙市雨花区教育局的行政许可，目标学校的法定代表人变更亦经长沙市雨花区民政局审核批准，无证据证明教育行政主管机关认定安博公司及目标学校存在违法办学行为以及其他影响教育安全和社会公共利益的行为。是否可能存在危害教育安全及社会公共利益的问题系教育行政主管部门的职责范围，应当由教育行政主管部门予以规范，并通过行政执法对违法行为予以惩戒。

2. 福建纵横、分众传媒等申请不予执行案

2014年11月，福州市中级人民法院就福建纵横高速信息技术有限公司、福建分众传媒有限公司、中国高速传媒控股有限公司（以下统称“被申请执行人”）与史带开曼投资公司（以下简称“史带公司”）等申请不予执行一案作出执行裁定书。[1]

被申请执行人认为本案涉及协议控制，违反中国内地强制性法律规范，系以合法形式掩盖非法目的，适用内地法律应该无效。根据国务院及信息产业部发布的外商投资电信规定，[2]外国投资者在我国境内投资经营电信业务，应设立外商投资电信企业，并申请相应的电信业务经营许可证。此外，根据商务部发布的并购安全审查规定，[3]外国投资者不得以包括协议控制在内的任何方式实质规避外资并购安全审查。故本案协议控制违反中国内地关于禁止外国投资者以协议控制形式在中国内地经营新媒体广告传媒及增值电信业务的强制性规定，并构成以合法形式掩盖非法目的，适用中国内地法律应为无效，符合《最高人民法院关于内地与香港特别行政区相互执行仲裁裁决的安排》第7条[4]规定的违反内地社会公共利益，故申请不予执行。

但福州市中级人民法院认为，根据最高人民法院《关于对海口中院不予承认和执行瑞典斯德哥尔摩商会仲裁院仲裁裁决请示的复函》“对于行政法规和部门规章中强制性规定的违反，并不当然构成对我国公共政策的违反”的精神，本案是涉及协议控制以及是否违反国务院、信息产业部及商务部等行政法规和部门规章并不当然构成违反我国公共利益。

---

❶（2014）榕执监字第51号。

❷ 指国务院于2001年12月11日发布并于2008年9月10日修订的《外商投资电信企业管理规定》和信息产业部于2006年7月13发布并实施的《关于加强外商投资经营增值电信业务管理的规定》。

❸ 指商务部于2011年8月25日发布并于9月1日实施的《实施外国投资者并购境内企业安全审查制度的规定》，其中第9条规定：“对于外国投资者并购境内企业，应从交易的实质内容和实际影响来判断并购交易是否属于并购安全审查的范围；外国投资者不得以任何方式实质规避并购安全审查，包括但不限于代持、信托、多层次再投资、租赁、贷款、协议控制、境外交易等方式。”

❹《最高人民法院关于内地与香港特别行政区相互执行仲裁裁决的安排》第7条第3款规定：“内地法院认定在内地执行该仲裁裁决违反内地社会公共利益，或者香港特区法院决定在香港特区执行该仲裁裁决违反香港特区的公共政策，则可不予执行该裁决。”

3. 小结

仔细分析福建纵横、分众传媒等申请不予执行案中被申请执行人的抗辩理由可以发现其抗辩可能难以成立。首先，本案中协议控制并未违反法律、行政法规的强制性规定，中国关于电信的法律法规均未明确规定禁止以协议控制等方式规避之；其次，被申请执行人认为协议控制违反商务部安全审查的规定，且不论其法律位阶，单就其立法目的而言，安全审查是对涉及国家经济重大安全的并购进行审查，一般并购并不会必然涉及，且是否规避应由商务部做出最终认定。虽然上述裁定并未直接涉及协议控制的效力问题，也不代表相同的案件在国内会得到相同的裁决，但至少为协议控制并不当然违反我国公共利益提供了证据支持。

在亚兴公司与安博公司合同纠纷案中，最高人民法院在判决书中已经明确，涉及 VIE 结构本身的一系列合同协议等的效力“不属于本案审理范围”，因此本案并未明确 VIE 协议的效力，最高院“维护”的是与“VIE 结构相关”的商事交易安排，并没有“直接维护”VIE 结构的效力本身。

（二）实务观点之律师意见

在中国公司申请境外上市的过程中，通常需要中国律师从协议控制的有效性、风险等方面进行阐述，根据笔者在公开网络查询到的新浪公司于 2000 年 9 月发布的年度报告，[1]其中载明：北京四通利方信息技术有限公司（BSRS）与两家中国实体（北京新浪互动广告有限公司和北京新浪互联网信息服务有限公司）签署控制协议，这两家中国实体负责经营互联网内容许可及广告业务，中国法律顾问认为，BSRS 的所有权及其业务符合现行中国法律法规，不能保证从事的公司活动也被中国监管机关视为符合适用的许可要求，如果公司的业务许可因不合规而被取消，在中国的业务将受到不利影响。

[1] 新浪于 2000 年在美国纳斯达克上市，股票代码为 SINA。新浪于 2000 年 9 月 28 日发布年度报告，参见：http://ir.sina.com/static-files/b137986d-0740-4175-a0da-b9e1c74af15d.

根据哔哩哔哩的招股说明书（FORM-1 注册文件），❶在“公司结构相关风险”部分提及其中国法律顾问观点：根据其对相关中国法律法规的理解，幻电科技与上海幻电、上海宽娱及其股东之间的每一份协议均是有效、有约束力且可按照其条款执行的，但是关于目前及未来的中国法律、法规和规则的解释及应用存在重大的不确定性，中国监管机关可能持有与中国法律顾问相反的观点。如果我们被发现违反中国法律法规或者幻电科技与上海幻电、上海宽娱及其股东之间的协议安排被中国法院、仲裁庭或监管机关认为是违法或无效，相关政府机关将具有较为宽泛的自由裁量权来处理该等违反。

根据小米集团的招股章程，❷关于协议控制，其在“合约安排”部分提及，根据其中国法律顾问的意见。（1）各合约安排的订约方已取得所有必要批文及授权，以签立及履行合约安排。（2）各协议的订约方有权签立协议及履行协议所规定的各自义务。各协议均对订约方具有约束力，且概无协议被视为“以合法形式掩盖非法目的”及根据中国合同法属无效。（3）概无合约安排违反我们的境内控股公司或外商独资企业的组织章程细则的任何条文。（4）各合约安排的订约方无须自中国大陆政府取得任何批文或授权，唯外商独资企业根据独家选择权协议收购境内控股公司的股权、办理股权质押登记以及合约安排的争议解决除外。（5）各合约安排根据中国大陆法律有效、合法及具约束力，唯有关争议解决及清盘委员会的条款除外。

从前述可以看出，在中国企业搭建协议控制结构进行境外上市时，其中国法律顾问一般认为，在当前的中国法律体系下，协议控制应不违反中国法律法规的规定，但不排除中国未来出台新的法律对协议控制予以认定，从而使得协议控制的效力受到挑战。

---

❶ 哔哩哔哩于 2018 年 3 月在美国纳斯达克上市，股票代码为 BILI，其中幻电科技［幻电科技（上海）有限公司］是协议控制项下的外商投资公司，可变利益实体是指上海幻电信息科技有限公司和上海宽娱数码科技有限公司。哔哩哔哩关于“公司结构相关风险”的论述见招股说明书第 33 页，招股说明书见：http://ir.bilibili.com/static-files/0aa59ca6-80ff-454f-bc2d-334d6a9eb366.

❷ 小米集团于 2018 年 7 月在香港联合交易所上市，股票代码为小米集团，其招股章程见：https:// www1.hkexnews.hk/listedco/listconews/sehk/2018/0625/ltn20180625034_c.pdf?code=01810&code=01810.

（三）学理探讨

通过前述案例分析可知，实践中认定控制协议无效的法律依据主要在于《合同法》第52条[1]规定的“以合法形式掩盖非法目的”和“违反法律、行政法规的强制性规定”。但控制协议是否真正可以落入前述法律规定的调整范围，因而可以此为法律根据认定其无效？对这一问题的解答，首先需要我们对“违反法律、行政法规的强制性规定”和“以合法形式掩盖非法目的”的内涵及外延进行学理探讨。

1. 以合法形式掩盖非法目的

“以合法形式掩盖非法目的”其含义较为模糊，此处的“法”的范围未作限定，若对其做狭义解释则仅指法律、行政法规，从广义角度来看则还应包括地方性法规、部门规章以及其他规范性文件。关于“非法目的”的认定，大多由法官通过自由心证的方式认定，但需注意区分“目的”与“效果”不同，目的指行为本身的指向目标，是一种行为原因，是典型的主观活动，而效果则是在行为过程中产生的结果，是一种客观状态，两者所有重合却并非完全一致。

对于协议控制的最终实际控制人是中国投资者的，虽然控制协议的签署在客观方面有绕过监管的效果，但就其主观目的乃是为公司取得融资，实现境内运营公司与境外上市公司财务并表。再者，从实质意义上看，虽然境内运营公司借助控制协议实现了被外商投资公司控制的效果，但进一步追溯外商投资公司所属上市集团的实际控制人，可以发现其一般为中国居民。由于外资准入规定的真正的目的在于对外国投资者在中国的投资行为进行规制，而非针对中国居民，因此协议控制难以落入立法意欲调整的行为范围，亦难以此认定控制协议非法或无效。但对于境外投资者通过协议控制从事中国禁止或限制外资投资领域的，则其效力有待商榷。

---

[1] 《合同法》第52条规定：“有下列情形之一的，合同无效：（1）一方以欺诈、胁迫的手段订立合同，损害国家利益；（2）恶意串通、损害国家、集体或者第三人利益；（3）以合法形式掩盖非法目的；（4）损害社会公共利益；（5）违反法律、行政法规的强制性规定。”

2. 违反法律、行政法规的强制性规定

如前文所述，协议控制产生的原因在于绕开我国关于外资准入限制及并购方面的规定，因而有必要对其可能违反的规定进行梳理。

规范外资准入的规定主要是指国家发展和改革委员会与商务部联合发布的《外商投资准入特别管理措施（负面清单）》，而规范外资并购的规定主要是指商务部发布的《关于外国投资者并购境内企业的规定》及国家外汇管理局发布的相关规定，其法律位阶皆为部门规章。但《外资企业法》规定“国家禁止或限制设立外资企业的行业由国务院规定”，此处涉及国务院，似乎亦应涉及行政法规，但是否真正如此呢？此条是否为强制性规范呢？

法律规则根据不同的标准可进行多种分类。根据法律规则对人们行为规定和限定的范围或程度不同，法律规则可分为强制性规定与任意性规定。所谓强制性规定，与任意性规定相对，是指直接规定人们的意思表示或事实行为，不允许人们依其意思加以变更或排除其适用，否则，将受到法律制裁的法律规定。[1]“强制”一词并非必须遵守这些行为规则，否则即可采取强制措施或者会产生不利的法律后果。强制性规定也包括那些仅仅确定某些法律行为的生效要件的规定，至于是否从事这些法律行为，仍由当事人自主决定。强制性规定之“强制”，是指它们总是适用，而无论当事人的意思如何。[2]

按照法律规则内容的确定性程度不同，法律规则可分为确定性规则、委任性规则和准用性规则。其中委任规则即具体内容尚未确定，只规定某种概括性指示，有相应国家机关通过相应途径或程序加以确定的法律规则。

比较看来，《外资企业法》前述规定应系委任性规则，仅是某种概括性指示，并未直接对人们的行为进行限定，将其作为控制协议违反的法律的强制性根据似有不妥。且前述亚兴公司与安博公司合同纠纷案中，最高院认为《外商投资产业指导目录》及《商务部实施外国投资者并购境内企业安全审查制度的规定》系部门规章，而非法律和行政法规。

从契约神圣的角度出发，国家法律应尊重当事人的意思自治，遵循私法

[1] 耿林：《强制规范与合同效力》，清华大学法学院2006年博士学位论文，第44页。
[2] 耿林：《强制规范与合同效力》，清华大学法学院2006年博士学位论文，第40页。

领域“法不禁止即自由”的一般原理。从另一方面来说，若一国法律成为当事人背弃契约的理由，则难以将此法称之为“良法”，从维护中国企业在境外资本市场的“名誉”的角度来说，国家亦应慎重对待协议控制，在综合权衡各方利益的同时对协议控制进行调整。

四、协议控制的可能出路

尽管中国司法实践尚未对协议控制的效力作出明确认定，但中国政府机关已经注意到协议控制这一现象的影响力并开始着手对其进行调整和规范。根据 2015 年 1 月 19 日商务部发布的《外国投资法（草案征求意见稿）》及其说明，其已将协议控制纳入外国投资法的调整范围，且并未直接将协议控制认定为非法或无效，而是将外国投资者通过协议控制境内企业视为外国投资的一种形式，并为既有协议控制提供了三种解决机制。

《外国投资法（草案征求意见稿）》引入了“控制”及“实际控制人”的概念，在核查外资准入限制时穿透核查至实际控制人，如果外国投资者系中国投资者控制的，则外国投资者在中国境内从事投资时可申请视作中国投资者的投资；反之，如果中国境内企业实际受外国投资者控制的，则其在中国的投资应视为外国投资者的投资。这种调整以更具有法律特点的“控制”取代了原来主要以注册地为标准来认定外国投资者和中国投资者的做法。

在外国投资法生效后，外国投资者将难以通过协议控制的方式在中国禁止或限制外商投资的领域进行投资，这将解决外国投资者通过协议控制规避中国法律监管的问题。同时对中国投资者而言，其搭建协议控制的意图将可能大为降低，这是因为中国投资者控制的外国投资者在中国的投资活动经过中国主管机关认定将可以被视为中国投资者的投资活动，因此其将无须搭建协议控制结构。

对于由中国投资者实际控制的现有协议控制结构，《外国投资法（草案征求意见稿）》的说明规定了三种解决机制，一是申报机制，即由外国投资企业向中国主管部门申报其受中国投资者实际控制，可继续保留协议控制结构，相关主体可继续开展经营活动；二是申请加主管部门认定机制，即在外国投资企业申请后，需经中国主管部门进行认定后方可保留协议控制结构；三是准入许可机制，即由中国主管部门会同有关部门综合考虑外国投资企业的实际控制人等因素做出决定。这三种机制在严格度方面是递进式的。由于如何有效化解现有协议控制可能存在的风险已成为中国当前相关行业安全的重要课题，在这一背景下，法律不宜对现有协议控制采取过严标准，可以考虑采用第一种或第二种机制，并通过由外商投资企业进行信息报告等事后监管措施来防范外国投资企业规避监管。

随着中国本土投资机构趋于成熟以及中国资本市场的完善，越来越多的中国企业将在中国获得股权融资并将在中国境内上市，加之中国对外开放的力度不断深入，协议控制存在的动机也可能大为降低。

知识产权

2018年北京知识产权法治工作和保护状况报告

北京市知识产权局课题组

习近平总书记在博鳌亚洲论坛2018年年会开幕式上指出："加强知识产权保护，这是完善产权保护制度最重要的内容，也是提高中国经济竞争力最大的激励。"这一重要论述，第一次从理论和实践层面深刻阐述了知识产权保护的重大意义，为进一步做好北京知识产权保护工作指明了方向。在市委市政府的正确领导和国家有关部门的指导支持下，北京市知识产权办公会议各成员单位按照首都"四个中心"城市战略定位，深入贯彻落实《关于加快知识产权首善之区建设的实施意见》，切实加大知识产权保护力度，在知识产权政策法规体制建设、知识产权创造及执法能力提升、文化宣传及国际交流合作等方面均取得显著成效，社会满意度和国际影响力进一步提高。

世界知识产权组织2018年《全球创新指数报告》"领先科技集群"调查中，北京排名第5位，已成为全球创新活力和创新能力较强的区域。一年来，全市知识产权创造从"高数量"增长向"高质量"发展转变。专利申请量211212件，同比增长13.6%，其中发明专利申请量117664件，同比增长18.7%；专利授权量123496件，同比增长15.5%，其中发明专利授权量46978件，同比增长1.9%。万人发明专利拥有量112件，是全国平均水平的近10倍。有效注册商标150.05万件，同比增长31.4%。作品自愿登记数量919543件，同比增长13.6%；软件著作权登记量163215件，同比增长30.6%；植物新品种申请量 488 件，授权量 397 件，同比增长 145.1%。全市共有平谷大桃、大兴西瓜、燕山板栗等地理标志保护产品 11 个。7 项发明专利获第二十届中国专利金奖，占获奖总数的 23.3%，居全国首位。

一、加强顶层设计，完善政策体系

2018 年，围绕知识产权保护工作，北京市知识产权办公会议各成员单位紧密联动，不断完善知识产权政策法规体系。市知识产权局制定《2018 年专利行政保护创新政策实施方案》，在全市范围内下发《北京市专利行政执法维权“雷霆”专项行动工作方案》和《北京市电子商务领域知识产权（专利）保护工作方案》，推动全市 16 区知识产权局专项执法行动全面落实。研究制定《2019 年北京世园会知识产权保护工作方案》，为做好世园会知识产权保护服务保障工作夯实基础。原市农业局与市知识产权局联合印发《北京市开展农业植物新品种权规范使用示范活动工作方案（2018—2020）》，共同提升农业植物新品种权保护水平。中关村管委会会同市知识产权局、原市工商局、北京知识产权法院等相关部门，制定《中关村国家自主创新示范区知识产权行动方案（2019—2021）》，明确示范区未来 3 年知识产权工作重点。原市商务委出台《关于推动北京老字号传承发展的意见》，促进北京老字号传承与发展。原市文化局会同市发展改革委、市财政局、市文物局、市人力社保局、原市旅游委、市文资办和市知识产权局 8 家单位联合印发《关于推动北京市文化文物单位文化创意产品开发试点工作的实施意见》，支持文化文物单位注册和申请相关商标及专利。原市质监局制定多项地理标志产品相关国家标准和地方标准，推动区级层面制定《地理标志产品保护管理办法》，做到地理标志保护产品标准化生产全程有标可依。市版权局新建北京《芭莎艺术》杂志社、北京影视版权文化艺术促进会、中视瑞德文化传媒公司 3 个版权工作站，加强版权产业服务体系建设。市文化执法总队主动作为，探索《著作权法》第 53 条的应用。

不断强化知识产权司法保护，提高司法保护的专业水准。市高院发布《北京市高级人民法院关于加强知识产权审判促进创新发展的若干意见》，明确指出要创新调查取证方式，依法加大证据保全力度。同时，对统一司法裁判标准，提升专业审判能力、建立专业审判队伍、延伸知识产权审判职能等问题作出了规范指引，就标准必要专利问题进行了专项调研并完成了《标准必要专利保护法律问题调报告》，对新类型技术类案件审理提供指引，研究制定《北京法院侵害著作权案件审理指南》，有效统一著作权类案件裁判标准。市检察院发布《北京市检察机关办理侵权假冒犯罪案件办案参考》《北京市检察机关依法保障知识产权权利人刑事诉讼权利工作指南》等工作办法，助力假冒侵权类案件办理。北京知识产权法院和市高院在审判工作中注重加强与行政机关的业务交流，统一知识产权授权确权行政案件的执法办案标准。北京知识产权法院制定《北京知识产权法院多元化调解实施细则（试行）》，细化调解工作操作流程。

二、加强统筹协调，凝聚工作合力

2018 年，我市知识产权保护工作紧密结合新时代新形势新要求，不断加强知识产权保护统筹协调。市知识产权办公会议办公室年初发布《2018 年首都知识产权战略推进计划》，明确 6 大工作重点和 59 项具体任务。全力推进中国（北京）知识产权保护中心和中国（中关村）知识产权保护中心建设，实现 2 个保护中心试运行，围绕新一代信息技术等四大“高精尖”产业，开展知识产权快速协同保护工作。一年来，办公会议各成员单位不断加强合作机制建设，深化协作与配合。市知识产权局、原市工商局、市版权局、市公安局、市检察院、市高院等单位积极参与，共同形成《2018 年北京地区知识产权保护数据统计分析报告》，全面反映首都知识产权保护情况。市知识产权局与园博会及冬奥组委相关部门和石景山区、延庆区知识产权局共同研究园博会、冬奥会知识产权保护相关问题，达成了市、区联动服务园博会和冬奥会知识产权保护工作机制。市版权局与市公安局海淀分局建立沟通协调和信息共享机制，打击黑色产业链。原市质监局与农业主管部门、农业技术部门以及区管理部门在工作中多方联动，在区级层面成立地理标志产品保护工作管理委员会，推动地理标志产品的保护和管理工作。市检察院与市知识产权局、市“双打”办等单位密切沟通，实现信息共享，推动并充分运用“双打”领域两法衔接平台。市公安局继续加强与市“双打”办、北京海关、原市工商局等单位协作配合，完善打击侵权假冒违法犯罪联合工作体系。北京海关与市知识产权局签署《深化知识产权保护合作备忘录》，在共享数据信息、联合宣传普法、密切执法协作、援助海外维权等方面广泛开展合作。

聚焦京津冀知识产权协同发展。市知识产权局联合天津市、河北省知识产权局举办京津冀知识产权协同发展高层论坛，签署《京津冀知识产权信息公共服务合作计划》，成立京津冀专业市场知识产权保护联盟，推进京津冀知识产权保护协同工作体系建设。京津冀三地维权中心进一步落实《京津冀12330知识产权保护联动服务推进计划（2017—2020年）》，共建“京津滨海—中关村科技园知识产权保护服务工作站”，整合三地优质的知识产权服务资源，开展“双创”知识产权保护阶梯培训、服务日等活动，为三地企业提供精准服务。实现北京知识产权保护公共服务资源服务津冀创新发展，定点服务三地企业近6000家。以京津冀知识产权行政执法协作调度中心平台为媒介，积极构建案件移送、协助调查、协助送达、协助执行等工作渠道，加大协作力度。原市工商局落实《京津冀商标保护区域合作备忘录》，推进京津冀全方位、多领域、深层次执法办案合作。北京海关推出京津冀三地海关知识产权案件协查通报、信息互换、风险联合布控等措施，打造全新合作模式。

三、严厉打击侵权违法行为，着力优化营商环境

2018年，全市知识产权执法部门履职尽责，同心协力，深入开展知识产权执法专项行动，加大打击侵权违法行为力度。市知识产权局通过片区执法交流指导、组织专项执法行动、加强电商平台实时监控等形式，以“雷霆”“网剑”等专项行动为依托，多管齐下打击专利侵权假冒行为，不断加大对展会、电商等领域的执法力度，办结跨区域移送专利侵权纠纷案件46件，接收江苏、贵州、湖北等外省市移送的假冒专利案件33件，根据移送线索立案37件。市版权局持续强化软件正版化和网络版权巡查工作，对网络转载、短视频、

软件应用市场、影视综艺等领域展开全网综合监测。原市工商局加强保护奥林匹克商标专用权，加大对互联网销售侵权假冒注册商标商品的查处力度，对侵犯奥林匹克标志、地理标志、老字号商标予以重点关注，维护权利人和消费者的合法权益，查处一批涉外商标侵权大要案件。原市质监局深入推进“质检利剑”“双打”专项行动，围绕消费品、农资、建材、汽配、汽柴油五大领域统筹全系统开展专项整治。市文化执法总队相继组织全市开展“护苗2018”“净网2018”“秋风2018”“剑网2018”等专项整治行动，有力打击侵权盗版非法出版物，维护首都文化市场秩序。北京海关开展第二期“龙腾”行动，采取多项措施，针对汽车配件、手机及配件、轻工纺织、药品等重点商品进行查处。市公安局紧密围绕“春雷”行动、“云端2018”专项行动的整体工作布局，强力打击各类侵权假冒犯罪。市检察院成功办理全国扫黄打非办挂牌督办的北京“12·06”侵权盗版出版物案、北京“10·17”盗版网络电子出版物案等一批重大假冒侵权类案件。北京知识产权法院审理一批包括无人机、4G通信、交互式电视应用技术等涉及国家战略性新兴产业的案件以及首例图形用户界面侵权案、首例声音商标案等新类型案件。

在深入开展执法行动的同时，相关部门完善诉调对接机制，探索多元调解新机制。市司法局、市知识产权局、市高院密切沟通，指导行业性、专业性知识产权纠纷人民调解组织进驻北京知识产权法院、北京互联网法院、海淀法院、丰台法院，北京市首次探索开展行业专业人民调解组织进入法院立案庭开展调解工作，在线上、线下全面推进知识产权纠纷诉前委派、诉中委托调解全覆盖。

四、拓展知识产权国际交流和知识产权文化建设

2018年，持续深化知识产权国际交流合作。拓展与世界知识产权组织（WIPO）的交流合作，积极推进建设世界知识产权组织技术与创新支持中心，帮助创新主体开发创新创造潜能。在中关村试运行知识产权国际注册政策和法律服务中心，指导创新主体加强知识产权国际注册。成功保障2018年“一带一路”知识产权高级别会议在京召开。开展《“一带一路”沿线国

家专利工作指引》的研究与编写工作，指导外向型企业加强专利布局。举办2018知识产权与创新大会、2018美国知识产权诉讼研讨会等，提升创新主体的涉外知识产权能力。原市旅游委完善“北京服务”规范标准，全力推动北京服务品牌建设和市场推广，提升品牌国际影响力。原市商务委推动老字号企业连锁化、品牌化、特色化发展，提高老字号品牌国际影响力。

在“4·26”世界知识产权日等重要时间节点，知识产权办公会议各成员单位开展一系列知识产权宣传普及活动，社会公众知识产权意识进一步提升。北京市知识产权办公会议办公室组织开展以“加强知识产权保护，营造冬奥会世园会良好环境”为主题的户外咨询活动，宣传知识产权保护法律法规并现场解答权利人代表和社会公众咨询提问。市知识产权局发布2017年北京市专利行政保护十大典型案件，开展案例总结研讨及经验分享推广工作，彰显专利行政保护成效；原市工商局公布“打击侵犯商标知识产权和制售假冒伪劣商品”十大案例，有力震慑违法行为。市版权局推进首都版权产业联盟与中国文联举行签约仪式，就共同开展文艺工作者版权服务建立合作关系，与世界知识产权组织中国办事处、东城区政府联合主办“知识产权保护促进视听产业发展论坛”，助力《视听表演北京条约》早日生效，在地铁站、公交站、文创企业聚集区楼宇投放版权公益广告，提高社会公众版权保护意识，弘扬尊重版权、保护版权的社会风尚。市文化执法总队依托北京2018“绿书签行动”集中宣传月活动，集中销毁非法出版物，倡导健康读书、绿色上网，营造知识产权绿色环境。

五、2018年知识产权行政执法和司法保护主要情况

市知识产权局全年共受理专利侵权案件299件，同比增长22.0%，查处假冒专利案件1249件，同比增加29.6%，两类案件共1548件（其中涉及电商案件556件，展会侵权案件215件），连续第二年突破千件大关，同比增长28.0%。

原市工商局共办结打击侵权商标和制售假冒伪劣商品案件2406件，罚

没款 1.59 亿元。

文化执法总队查办侵权盗版类案件立案 123 起，结案 120 起，国家版权局挂牌督办案件 2 起，罚没款 158.0298 万元。

原市质监局开展各项执法活动 26161 起，出动执法人员 52919 人次，查处案件 5974 件，罚没款金额 768.34 万元，查获涉案产品货值 1578.22 万元，集中审核全系统行政处罚 3 万元以上立案案件 111 件。

原市农业局共组织农业种子执法活动 1145 次，出动执法人员 4946 人次，检查种子经营单位 2823 家次。

市园林绿化局针对种苗质量、植物新品种权保护开展“双随机”检查，共抽查 24 家企业，出动执法人员 96 人次。

全市公证机构共办理知识产权公证事项 4 万余件。

市公安局全局共破获侵权假冒案件 724 起，抓获犯罪嫌疑人 513 人，涉案总金额 52 亿余元。

北京海关共立案知识产权案件 20 起，扣留侵权嫌疑货物 10369 批次，扣留货物数量共计 3.04 万余件，案值共计人民币 635 万余元，批次、案值较去年都有大幅度增长。

北京市检察机关共受理假冒注册商标罪，销售假冒注册商标的商品罪，非法制造、销售非法制造的注册商标标识罪，侵犯著作权罪，侵犯商业秘密罪五类侵犯知识产权犯罪审查逮捕案件 156 件 297 人，审查起诉案件 129 件 204 人。

全市各级法院共受理一审知识产权案件 52463 件，同比增长 47.4%；审结 49596 件，同比增长 56%。北京知识产权法院收案 18318 件，累计结案 15131 件，其中审结涉及专利等类型的技术类案件 2197 件。

市保护知识产权举报投诉服务中心（12330）、原市工商局（12315）、市文化市场行政执法总队举报中心（12318）、市城市管理综合行政执法局指挥中心（96310）、市公安局经济侦察大队举报办公室和市公安局治安总队等单位共接收知识产权举报投诉 5138 件，其中商标权 4016 件、著作权 240 件、专利权 873 件、商业秘密 9 件。

2019 年是政府机构改革后，专利、商标和原产地地理标志融合发展、共同发力的第一年。首都知识产权工作深入贯彻党的十九大精神，坚持以习近平总书记系列讲话精神为根本遵循，按照市委市政府决策部署，紧紧围绕“四个中心”城市功能定位，站在新的起点谋划和推动首都知识产权工作，以知识产权新成绩庆祝中华人民共和国成立70周年。重点做好以下几项工作：一是加强统筹协调，形成强大工作合力。制定《2019年首都知识产权战略行动计划年度推进计划》，修订《北京市奥林匹克知识产权保护规定》，启动《北京市专利保护和促进条例》的研究修订工作。二是实施最严格的知识产权保护，积极构建“行政执法、司法审判、多元调解、商事仲裁、法律服务、社会监督、行业自律”七位一体知识产权大保护格局。推动行业性、专业性知识产权纠纷人民调解组织覆盖北京市十大“高精尖”产业领域，进一步深化线上、线下，诉前委派、诉中委托调解工作机制，充分发挥中国北京、中关村知识产权保护中心“快速审查、快速确权、快速维权”的作用。三是加强执法协作，共同优化营商环境，全力做好第二届“一带一路”国际合作高峰论坛、北京世园会、亚洲文明对话会和新中国成立70周年等重大活动知识产权保护的服务保障工作。四是深入推进京津冀协同发展，完善京津冀跨区域联合办案协作机制，有效推动京津冀区域协同发展。推动建立京津冀版权保护联盟。对接雄安新区管委会，为雄安新区产业布局和发展提供知识产权支撑，推动京冀在张家口共建服务冰雪产业的知识产权保护服务工作站。五是进一步加强对外交流合作，服务企业“走出去”。深化与世界知识产权组织合作，着力推进世界知识产权组织技术创新与支持中心、中关村知识产权国际注册政策和法律服务中心建设。推动建立企业知识产权海外预警和维权综合服务体系。组织老字号“走出去”，为老字号企业的商标品牌国际化、产品出口、文化技艺海外传播和境外投资提供全方位服务，扩大北京老字号知名度和市场竞争力。

对标硅谷，提升中关村专利实力研究

——以 2013—2017 年数据为基础

刘 蕾[1]

中关村作为我国第一个国家级高新技术产业开发区和首个国家自主创新示范区，其专利事业在全国处于领先地位，有着很强的实力和巨大的潜力。而硅谷高科技企业云集，创新氛围浓厚，聚集的世界知名科技公司往往也是大量专利的申请者和拥有者。对坐落在太平洋东西两岸的中关村和硅谷的科技创新实力进行比较，进而为中关村提出更有针对性的发展政策，十分必要。

本研究选择专利这一最为重要的科技创新指标为依据，对 2013—2017 年中关村与硅谷的专利能力、创新实力进行全方位的比较，以便发现差距、找准问题，为中关村创新决策、施策，加快向具有全球影响力的科技创新中心进军提供数据基础。

一、中美两国专利数量概况比较[2]

从 2013—2017 年的情况看，世界范围内专利数量呈增长态势，中美两国专利事业发展状况与这一趋势相符。

---

❶ 刘蕾，女，北京市社会科学院法学所助理研究员，法学博士，研究方向：知识产权。

❷ 由于硅谷指数中仅统计了美国发明专利（Utility Patent），不包括外观设计或其他类型专利。因此，对比的中关村数据也只选用发明专利的数据。另外，对于 PCT 专利申请数据，均以 WIPO 网站公布的年度数据为准。

以中国和美国全部申请情况为统计依据来看，中国专利的发展速度依然令国际瞩目（见图 1），美国的专利申请和授权量[1]则在基本保持稳步增长态势的同时略有波动，如 2015 年授权量略有下降（见图 2）。从两国数量差距来看，在发明专利申请量上我国一直高于美国且逐年攀升，年均增速超过 15%，只有 2017 年增速减缓，与上年相差不大；从发明专利授权量来看，我国连年增长，总量在 2014 年之前低于美国，2015 年起超越美国。

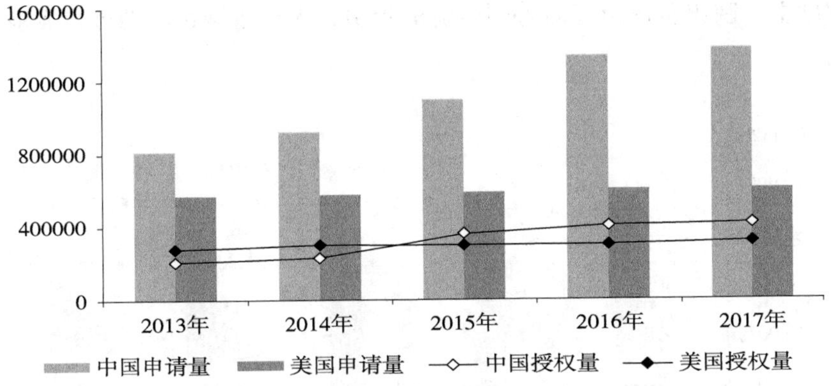

图 1　中美专利申请量与授权量对比图（单位：件）[2]

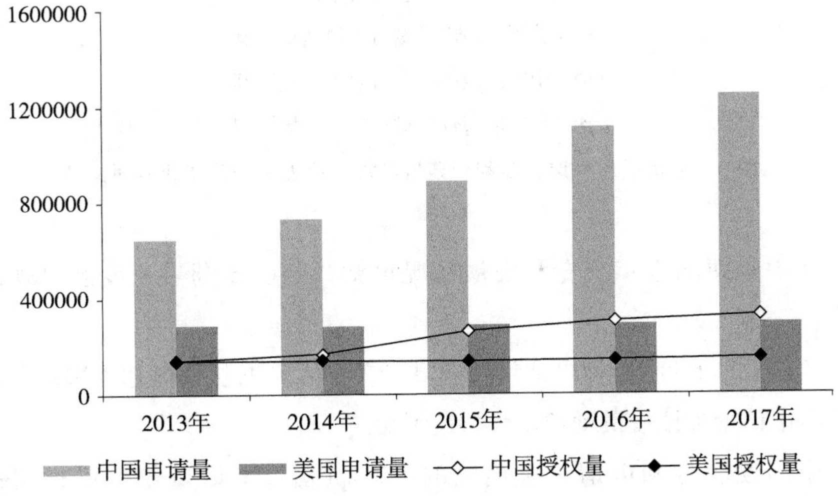

图 2　中美国内申请人专利申请量与授权量对比图（单位：件）[3]

---

❶ 本文对于硅谷地区的专利总量采用的是硅谷指数中的数据，具体到企业等个别单位的专利数据则采用专利商标局的数据。

❷ 数据来自五大专利局统计报告（IP5 statistics report）https://www.fiveipoffices.org/statistics/statisticsreports。

❸ 数据来自五大专利局统计报告（IP5 statistics report）https://www.fiveipoffices.org/statistics/statisticsreports。

而从中国和美国国内申请人情况为统计依据看，美国申请量和授权量较为恒定，年均增速不到1%，中国年均增长率超过15%（见图3）。中国申请量和授权量3/4以上来自国内申请人，特别是2017年的申请量中90%以上来自国内，对应的授权量则78%来自国内，而美国长期只有1/2左右来自国内申请人，其余均来自境外。这也说明，在我国进行专利布局的大部分主体依然以国内申请人为主，在美国则由国内和国外申请人各占据一半。这一定程度上反映出美国市场对外国企业的吸引力大于中国市场对外国企业的吸引力。

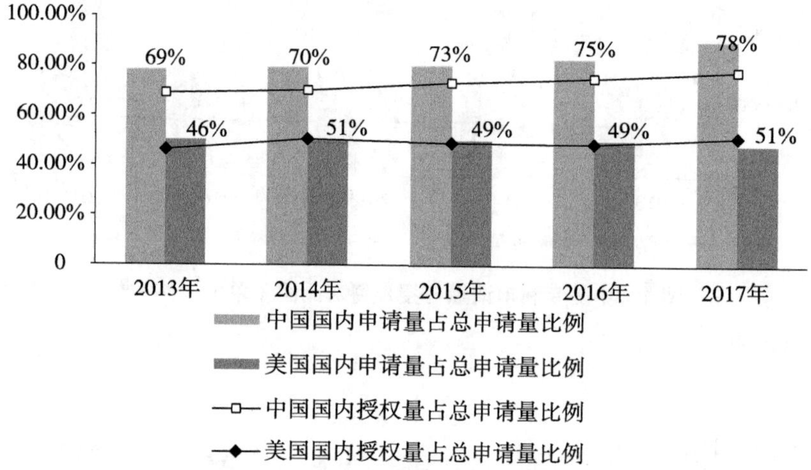

图3　中美国内申请人专利申请量与授权量占总申请量比例对比[1]

从中美两国近年来专利发展概况可知，两国专利事业发展呈现以下特点：

（1）中国发明专利申请量持续高于美国，且增长率远超美国；美国国内专利申请量和授权量增长态势持续平缓。

中国发明专利申请量是美国的1.5~2.3倍，申请量年均增长率达近14%，远超美国的2%。而仅从国内发明专利申请量来看，中国国内申请量能达到美国的2~4倍，年均增长率17%，远超美国的0.5%。这与我国企业逐步

[1] 数据来自五大专利局统计报告（IP5 statistics report）https://www.fiveipoffices.org/statistics/statisticsreports。

提升对专利重要性的认识，在实践中积极申请专利有必然的联系。而美国国内申请人的申请则保持着较为平稳的态势。

无论是美国专利申请量、授权量，还是美国国内申请人申请量、授权量，年均增长率均低于3.5%，数量趋于稳定。这说明，美国作为知识产权发达国家，其企业对专利制度的认识全面而丰富，在市场竞争中对专利战略已经运用娴熟，对专利申请和授权结果态度理性，呈现成熟稳定的状态。

（2）中国发明专利授权量自2015年赶超美国，增长率一直远超美国。

中国发明专利授权量自2015年起超越美国，到2017年达到美国的1.3倍，授权量年均增长率近20%，远超美国的3.5%。仅从国内申请人数看，中国国内发明专利授权量一直高于美国，从2013年差距不大到2017年达到美国的2倍，增长迅速。

（3）中国专利授权比例低于美国授权比例的趋势没有改变。

从全部专利申请量看，中国发明专利授权量与申请量的比例比美国低20%左右，中国约为30%，美国则为50%。仅从国内申请人申请专利情况看，中国国内申请人发明专利授权量与申请量的比例比美国低25%左右，中国约为25%，美国则为50%。这意味着中国的专利申请的投入与产出比率低于美国，也表明我国发明专利的数量增长较快，而质量还有较大提升空间。

二、中关村和硅谷专利授权量占地区比重对比

中关村和硅谷专利数量在所在城市和所在国家专利总量方面的占比，一定程度上能够反映其在各自国家的创新影响力。表1为2013—2017年中关村（包括企业、高校和科研院所在内的数据）与硅谷的发明专利授权量占所在城市和全国的比重情况。

表 1　2013—2017 年中关村和硅谷发明专利授权量占比对比

年份	中关村示范区			硅谷		
	总量（件）	占全市	占全国	总量（件）	占全市	占全国
2013	12426	60.04%	5.98%	16795	46.9%	12.7%
2014	13740	59.13%	6.61%	19414	47.7%	13.4%
2015	20451	57.92%	7.76%	18957	47.2%	13.4%
2016	22938	56.49%	7.59%	19386	47.5%	13.5%
2017	27725	60.15%	6.60%	——	——	——

从表 1 可以看出，中关村和硅谷发明专利授权量在当地的占比呈现以下特点：

一是中关村的发明专利授权量在北京市的比重持续稳定在 60% 上下，除 2017 年外之前各年度呈现略微下降趋势；同期硅谷的发明专利授权量在加利福尼亚州的比重则一直稳定在 47% 左右保持不变。从中关村数据来看，2017 年中关村的发明专利授权量占北京市的 60.15%，为历年最高；2016 年占比为 56.49%，为历年最低。从硅谷数据来看，历年的发明专利授权量占加利福尼亚州的比重为 46%~50%，但以 2013 — 2017 年为时间单位来看，基本上稳占加利福尼亚州总量的一半。

二是中关村的发明专利授权量占全国的比重稳定在 6%~8%，而同期硅谷的发明专利授权量占美国的比重则一直稳定 13% 左右。从中关村数据来看，2013 年中关村的发明专利授权量占全国的 5.98%，为历年最低；2015 年该数据为 7.76%，为历年最高。从硅谷数据来看，历年的发明专利授权量占加利福尼亚州的比重为 12%~13%，但以 2013 — 2017 年为时间单位来看，基本上稳占全国的 13%。

由此可见，硅谷在美国的专利地位强大而且处于持续稳定状态，中关村在中国的专利地位则存在波动与变化。

三、全球专利布局情况对比——以PCT申请为指引

（一）中关村创新主体的全球专利布局

1. PCT专利申请数量

中关村企业PCT申请专利总量连年攀升，从2013年的1915件增加至2017年的3652件，占全市的比例基本稳定在2/3左右；年均增长率达到17.5%，高于全市的年均增长率14.3%。

2. 申请主体个体情况

除京东方、小米两家公司表现较为突出外，中关村企业PCT申请情况并不乐观。在WIPO公布的PCT申请量前50企业榜单中，中关村企业仅有京东方自2013年起每年进入其中，小米公司于2017年进入该榜单，位列全球第49名。对中关村PCT申请量排名靠前的企事业单位进行梳理，排名前10的企事业单位中，除表现一直优异的京东方外，新增小米，这两家企业在2013—2017年PCT申请量累计达到千件以上，京东方更是自2014年起年度PCT申请量就达到千件以上；累计达到百件以上的仅有12家。从各企业年度申请量发展趋势来看，排名前10的企事业单位有6家申请量总体增长。

（二）硅谷企业的全球专利布局

从硅谷来看，该地区拥有大批国际型企业。在WIPO公布的全球PCT申请量前50企业榜单中，高通、英特尔、谷歌、苹果4家硅谷企业持续多年榜上有名，但在2017年，苹果公司跌出了PCT申请前50名的榜单。与2011—2015年情形相比，这些企业的PCT申请量依然相较于中关村呈现数量级领先优势，高通在2013—2017年PCT申请总量达到万件以上，英特尔增长最快达到将近9000件，比中关村独占鳌头的京东方更胜一筹[1]（见图4）。

[1] 数据来自历年WIPO PCT Yearly Review。

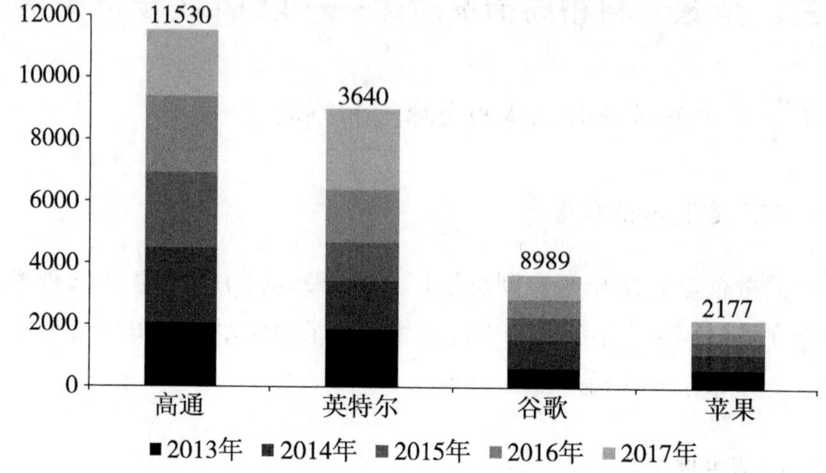

图 4　2013—2017 年硅谷 PCT 申请量前 4 的企业（单位：件）

从各企业年度申请量发展趋势来看，这 4 家企业的 PCT 申请量总体依然呈现增长趋势，与 2011—2015 年相比，高通增长趋势减弱，英特尔增长较为强劲，谷歌延续缓慢增长态势，苹果则自 2013 年起逐年下滑（见图 5）。

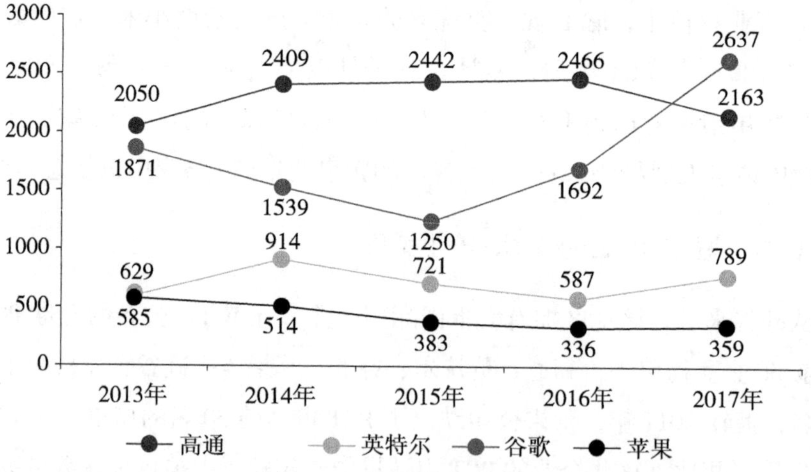

图 5　2013—2017 年硅谷 PCT 申请量排名前 4 企业趋势图（单位：件）

（三）结论

从两者对比可以看出，尽管中关村企业在全球范围内进行专利布局的积极性不断提高，且大部分企业的申请量逐年增加，但与硅谷企业相比，PCT

申请量依然还有差距，具体表现在以下几方面。

一是具有全球专利布局能力的企业依然缺乏。从 WIPO 公布的历年 PCT 申请情况看，2013—2017 年五年间申请总量超过 1000 件的中关村企业仅有京东方科技集团股份有限公司、小米科技有限责任公司 2 家，京东方一贯表现优异，小米是近两年才有了突出表现；五年间申请总量超过 100 件的企业只有 12 家，与 2011—2015 年情形相同。而位居硅谷企业首位的高通公司五年间申请总量超过 10000 件，几乎与中关村企业五年间的申请总量不相上下，英特尔将近 9000 件，其余两家企业均超过 2000 件，差距十分明显。这说明硅谷集聚的公司在全球进行专利布局的能力更强。在过去的五年间，中关村并没有涌现出全球专利布局能力强的其他企业，说明各企业的全球专利布局能力还有待进一步加强。

二是缺乏具有世界影响力的领军企业。对中关村而言，历年进入 WIPO 公布的 PCT 申请量全球前 50 名榜单的单位中，京东方科技集团股份有限公司自 2013 年进入，小米科技有限制责任公司自 2017 年开始跻身其中，位列榜单第 49 位；而硅谷的 4 家企业多年来位列榜单中。

三是缺乏持续性的全球专利布局申请活动。从中关村排名前 10 的企业 PCT 申请量态势可以看出，其中只有京东方科技集团股份有限公司、小米科技有限责任公司、北京奇虎科技有限公司、百度在线网络技术（北京）有限公司依然保持申请量的增长，2011—2015 年曾大幅开展全球专利布局的北京京东方光电科技有限公司、北京智谷睿拓技术服务有限公司等其他企业的申请活动增长势头不明显或呈下降态势。

四、领军企业专利实力对比

（一）概况

通过美国商业专利数据服务机构 IFI Claims 每年发布的年度美国专利授权量前 50 报告（以下简称“IFI Top50”），可以较为权威地了解各国企业在美国获得专利授权的情况。该报告主要是对在美国专利商标局获得专利授权的企业按照专利授权量进行排名。通过对该排名中硅谷企业和中关村企业的数量进行比较，可以在一定程度上反映两地企业的专利实力对比。

2013—2017 年，全美国入选 IFI Top50 的企业保持在 20 家左右，其中硅谷有 5 家企业入选。而中国则自 2012 年开始每年有 1~3 家企业入选，华为公司自 2014 年起连续三年入选，京东方自 2016 年入选，这是中关村企业首次进入该榜单（见表 2）。这一方面反映出中国企业日益重视在美国的专利布局；另一方面也表明中国企业专利实力在逐渐提升。

表 2 2013—2017 年入选 IFI Top50 的企业数量❶

（单位：家）

年份	美国	硅谷	中国	中关村
2013	18	5	1	0
2014	19	5	1	0
2015	20	5	1	0
2016	17	5	2	1
2017	20	7	3	1

单从 2017 年榜单（见图 5）可以看出，美国大量的科技公司，尤其是软件、芯片企业入榜，表明其对专利布局的重视，同时也证明了其强大的专利实力。而中国入榜企业数量仍然有限，只有 3 家，其中只有京东方一家中关村企业，排名由 2016 年的第 40 位上升至第 21 位。说明中国企业整体专利实力的增强仍然有待时日，需要持续的积累与经营。

（二）中关村领军企业的专利实力

本报告选取中关村重点企业的原则有两条，一是以截至 2017 年 12 月有效发明专利拥有量排名前 15 的企业为主，同时以 2013—2017 年发明专利授权总量排名前 15 的企业为辅。经过统计分析，上述企业在两个名单中超过 80% 保持一致，前 10 名企业则完全相同，即近五年发明专利授权量较多的企业同时也是有效发明专利拥有量较多的企业。因此，本报告将有效发明专利拥有量排名前 10 的企业作为中关村重点企业。与 2011—2015 年榜单相比，小米科技、北汽福田、百度在线三家因近两年表现优异新晋榜单，京东方光

❶ 根据 2013—2017 年度榜单整理列表，相关数据榜单详见 http://www.ificlaims.com/index.php?page=start2。

电科技有限公司、鼎桥通信技术有限公司、中星微电子有限公司跌出榜单前10名。

从发明专利授权量来看，2013—2017年各重点企业的发展势头各不相同。

10家重点企业中总体呈现逐年递增态势的有7家，包括京东方科技集团股份有限公司、联想(北京)有限公司、北京奇虎科技有限公司、北汽福田汽车股份有限公司、小米科技有限责任公司、北大方正集团有限公司、百度在线网络技术（北京）有限公司等，特别是京东方科技集团股份有限公司五年间增长了30倍，联想(北京)有限公司增长了10余倍，北京奇虎科技有限公司增长了70余倍，北汽福田汽车股份有限公司增长了10余倍；其余3家企业呈现逐年减少或基本持平的势头，包括电信科学技术研究院、中国电力科学研究院、大唐移动通信设备有限公司等。

其中，作为全市首屈一指的京东方科技集团股份有限公司，在美国的表现依然不俗，成为2017年IFI TO P50中中关村示范区唯一一家进入该榜单的企业，已经连续两年进入其中。

（三）硅谷领军企业的专利实力

本研究选取硅谷重点企业的原则有两条，一是入选“2017年全球百强创新机构”榜单[1]的企业。该榜单于2018年1月由科睿唯安(Clarivate Analytics，原汤森路透知识产权与科技事业部)公布，备受瞩目。该榜单已经是第7年发布。入选企业排名不分先后，以英文字母排序。在2017年榜单中，[2]共有36家美国企业入选，比上年减少3家，其中12家是硅谷公司。具体包括AMD超微半导体公司、苹果公司、英特尔公司、高通公司、博通公司、谷歌公司、甲骨文公司、希捷公司、美满公司、赛灵思公司，以及2017年新上榜的Facebook公司、西部数据公司，数量占全部上榜企业的近1/3，足见硅谷企业在美国创新体系中的举足轻重地位。二是在此基础上入选IFI

[1] 该榜单对专利数据进行的深入分析，基于专利总数量、专利申请成功率、专利组合的国际化程度，以及文献引用次数而判定的专利影响力4个指标，遴选出在全球范围内最具创新实力的机构。

[2] 参见：http://top100innovators.stateofinnovation.com/sites/default/files/content/top100/L178%20Cvt_Top%20100%20Innovators%20Report_FA_20.01.2016.pdf，最后访问日期2017年2月10日。

Top 50 的企业。根据 IFI 2017 年 Top 50 名单，上述 12 家企业有苹果公司、英特尔公司、高通公司、谷歌公司、思科公司、甲骨文公司、Facebook 公司 7 家入选，与上年相比，增加了甲骨文、Facebook 两家公司。因此，本研究将这 7 家企业作为本报告分析的硅谷重点企业。

从 IFI 公布的上述 7 家企业的专利授权量来看，英特尔公司表现最为突出，连年增长，从 2011 年的 1244 件增加到 2017 年的 3023 件，年均增长率超过 16%。高通公司、谷歌公司在 2016 年前连年增长，2017 年略有降低。其他四家公司则基本保持平稳。

（四）结论

从中关村和硅谷领军企业的专利实力对比来看，主要呈现以下特点。

一是硅谷的领军企业在发明专利授权量上依然保持数量级优势。硅谷排名前 5 的重点企业近年的年度发明专利授权量几乎都保持在 1000 件以上，高通、谷歌、英特尔、苹果公司在 2017 年均超过 2000 件。而中关村的重点企业只有京东方科技集团股份有限公司、小米科技有限责任公司在 2017 年达到了 1000 件，7 家企业以百为数量级，其他企业的年度发明专利授权量则不超过百件。

二是中关村领军企业的发明专利授权情况较之前乐观，硅谷的部分领军企业发明专利授权情况则有所减缓。2017 年，中关村发明专利授权量排名前 10 的企业中，年度授权量超过 500 件的有 5 家，年度均呈现增长趋势，而 2015 年只有唯一的京东方 1 家，说明越来越多的领军企业通过开展专利布局提升竞争力。相比之下，硅谷排名前 4 名的企业中除英特尔 1 家公司呈现年度增长外，有 2 家在 2017 年呈现下降趋势，苹果的表现则较为稳定。

三是中关村除京东方表现亮眼且排位有所上升外，其他大部分企业在美国市场中的竞争力依然不足。IFI Top50 排名中美国、中国企业所占席位的历年变化可以看出，硅谷企业多年来持续占据榜单前 50 名，其创新程度已经形成并保持稳定的专利产出状态。而我国则自 2012 年开始才有企业进入，中关村则于 2016 年才有京东方公司 1 家企业进入该榜单，位列第 40 位，2017 年上升至第 21 位。但其他企业还没有能力与硅谷企业竞争，中关村企业要高度重视在美国市场的专利布局。

五、科研院所专利能力对比

硅谷拥有斯坦福大学、加州大学伯克利分校等著名研究型大学，多所专科学校和技工学校，以及100多所私立专业学校。这些学校的创新能力很强，除自身注重新技术、新产品的创新外，还与企业共同建立研究所，还有许多大学和科研机构人员直接投资兴办企业。据估计，硅谷中由斯坦福的教师和学生创办的公司达1200多家，占硅谷企业的60%~70%。它们之间的合作，不仅有助于科研成果的迅速转化，而且也有利于为企业培训技术和管理人才，达到双赢的结果。

高校专利在美国的竞争力方面，从2013—2017年美国发明家学院和知识产权人协会联合发布的《全球大学及学术机构获美国专利核准件数百大排名》中可以看出，硅谷的大学在持续产出专利方面始终走在世界大学及学术机构的前列，保持稳定的数量。清华大学也持续处于排名前列，足见具备创新竞争力。而北京大学在美国的专利布局并不稳定，一方面数量没有超过100件；另一方面则是排名不稳定，甚至在2017年跌出了榜单（见表3）。

表3 中关村与硅谷重点高校在美实用专利授权量对比

学校名称	2013年		2014年		2015年		2016年		2017年	
	排名	件数	排名	件数	排名	件数	排名	件数	排名	件数
加州大学系统	1	399	1	453	1	489	1	505	1	524
斯坦福大学	4	170	4	182	3	205	3	244	4	204
清华大学	3	193	3	230	5	184	5	181	5	176
北京大学	81	25	97	22	61	34	76	33	—	—

高校专利在全球布局的竞争力方面，加利福尼亚和斯坦福作为硅谷的代表性高校，前者在过去五年中依然排在全球前50位，是全球高校的榜首，PCT申请总量达到2000余件；后者则在200名左右，年度申请量均超过100件。相比而言，清华大学、北京大学、中国矿业大学只有2015年申请量超过100件，排名则大多数排在全球240名以后，存在一定的差距（见表4）。

这也说明，中关村与硅谷高校在全球影响力方面相比，还有一定的追赶空间。

表 4 中关村与硅谷重点高校 PCT 专利申请量对比[1]

学校名称	2013 年		2014 年		2015 年		2016 年		2017 年	
	排名	件数	排名	件数	排名	件数	排名	件数	排名	件数
加州大学系统	43	398	49	413	50	361	35	434	39	482
斯坦福大学	216	101	203	113	230	99	207	104	211	113
清华大学	357	60	337	70	222	102	270	84	272	90
北京大学	284	77	316	76	285	81	415	54	351	67
中国矿业大学	1760	11	525	44	500	43	270	84	244	99

大学创新力方面，从 2015 年开始，路透社的知识产权与科技事业部利用其旗下的 InCites、Web of Science 数据库、Derwent 创新索引、Derwent 世界专利索引、专利引文索引等数据平台，对全球 600 多个组织进行统计，包括对教育机构、非营利慈善机构以及政府资助的实验室发表的最具学术性的研究开展评价，遴选出那些促进科学发展、发明创新技术、帮助推动全球经济发展的大学。该榜单的遴选采用了路透社知识产权与科技事业部独有的数据和分析工具，并通过分析一系列与专利和科研相关的指标来体现创新的精髓和本质。不同于完全或部分基于主观调查的排名，路透社使用 10 个不同的指标来评估候选大学有商业价值的研究产出，以及大学在产业界的影响力。2015—2017 年，“全球最具创新力大学的排行榜”中，美国的大学占据近半壁江山。2015—2017 年三年的排行榜前 100 名中，美国大学的数量分别是 50 所、46 所、49 所；而且，位次多居于前列，在前 10 名中，三年均入榜的美国大学数量分别为 9 所、8 所、8 所。上榜的大学几乎都是世界大学排行榜排名靠前的研究型大学。斯坦福大学、麻省理工学院、哈佛大学一直保持着前三的位置。其中，斯坦福大学连续三年蝉联冠军，每一项计量指标的得分都很优秀。2015 年，我国只有清华大学入选，排在 72 名；2016 和 2017 年，先后有北京大学和浙江大学入选，但总体排名都处在下半段。

[1] 根据 WIPO 公布的各年度申请数据整理。

六、创新型企业聚集密度对比

从美国来看，在 2017 年的“全球百强创新机构 2017”榜单中，共有 36 家美国企业入选，其中 12 家是硅谷公司，占全部上榜企业的 1/3。而从历次“全球百强创新机构”榜单看，全球 38 家连续 7 年入榜的企业中，有 14 家为美国企业，硅谷企业在其中更是大放异彩，占到了 5 家之多，占美国企业的 1/3（见表 5）。

表 5　入选“2017 全球百强创新机构”榜单的硅谷企业

中文名称	英文名称	上榜次数	历次上榜年份
AMD 超微半导体公司	Advanced Micro Devices	7 次	2011、2012、2013、2014、2015、2016、2017
苹果公司	Apple	7 次	2011、2012、2013、2014、2015、2016、2017
英特尔公司	Intel	7 次	2011、2012、2013、2014、2015、2016、2017
美国高通公司	Qualcomm	7 次	2011、2012、2013、2014、2015、2016、2017
博通公司	Broad com	7 次	2011、2012、2013、2014、2015、2016、2017
希捷公司	Seagate	6 次	2012、2013、2014、2015、2016、2017
美满公司	Marvell	6 次	2012、2013、2014、2015、2016、2017
甲骨文公司	Oracle	5 次	2013、2014、2015、2016、2017
赛灵思公司	Xilinx	6 次	2012、2013、2014、2015、2016、2017
谷歌	Google	6 次	2012、2013、2014、2015、2016、2017
西部数据	Western Digital	1 次	2017
Facebook 公司	Facebook	1 次	2017

从我国来看，在 2017 年的榜单中，依然是华为技术有限公司一枝独秀，华为继 2014 年、2016 年上榜之后，此次第三次登榜，再次验证了其建立“满足全球需求的全球回应”的公司战略以及作为国际性创新企业具有的创新实力。但我国大部分企业在专利综合运用的国际竞争方面仍需要继续努力。

“2018 年中国大陆创新企业百强”榜单则是基于对企业发明总量、专利授权率、全球化和影响力四个指标的全面分析，计算整合四个指标的综合得分，遴选出中国大陆范围内最具创新实力的100家企业，该榜单已经连续两年发布。继2016年之后，北京作为全国创新焦点区域，继续以43家上榜企业拔得榜单头筹，为全国之最。中关村企业则依然是百度、大唐电信、京东方、联想控股、方正集团、奇虎360、小米、飞天诚信（排名不分先后）8家企业上榜（见表6）。从表中可以看出，中关村创新企业集中在媒体与互联网（2家）、计算机（3家）、通信设备（1家）、信息安全（2家）、电子元器件（1家）等行业。全国隶属梯级I的有25家，中关村占据了6个席位，对全国的创新影响力可见一斑。

表6 入选“2017中国大陆创新企业百强”榜单的中关村企业

中文名称	上榜次数	2018年所述梯级	所述行业	历次上榜年份
百度	2次	梯级I	媒体与互联网	2016、2017
大唐电信	2次	梯级I	通信设备	2016、2017
京东方	2次	梯级I	电子元器件	2016、2017
联想控股	2次	梯级I	计算机硬件	2016、2017
奇虎360	2次	梯级I	信息安全	2016、2017
小米	2次	梯级I	媒体与互联网	2016、2017
方正集团	2次	梯级II	计算机软件	2016、2017
飞天诚信	2次	梯级III	计算机软件	2016、2017

七、提升中关村专利实力的建议

通过以上分析，对标硅谷企业和科研院所专利实力，在提升中关村创新主体专利实力上，我们提出以下建议。

持续提升企业专利创造水平。从中国与美国的专利授权量情况、中关村与硅谷的专利授权量情况对比均可看出，从硅谷到加州，再到美国，其发明专利授权量基本呈现稳定趋势。而从中关村到北京市，再到全国，专利申请数量庞大，增长趋势明显。但从授权比例来看，美国每 2 个专利申请中可以授权 1 个，我国则每 4~5 个专利申请中才能授权 1 个。即使是北京市海淀区这样的全国创新高地，也基本保持在每申请 3 个发明专利可以授权 1 个，2017 年这一比例提升明显，发明专利授权量与申请量的比例提高到 45%，与硅谷之间的差距缩小。因此，建议在后续的发展中通过三种方式提升企业专利创造水平：一是引导高水平的专利服务机构为创新主体提供针对性服务；二是鼓励有技术积累的创新主体通过加强专利布局提升竞争力；三是鼓励创新型企业、独角兽企业等加强专利布局，持续提升中关村申请人的专利创造水平，提高专利授权比例。

提升知识产权保护水平。从中美两国情况看，美国发明专利申请和授权中，只有一半左右来自国内，而我国这一比例高达 70%~80%，甚至 2017 年 90% 来自国内申请人。尽管我国是世界第二大经济体，吸引了众多外国企业到境内从事各类业务，但进行知识产权布局的外国主体依然不多。某些程度上说明我国的知识产权保护环境还有待进一步提升。建议充分发挥中国（北京）知识产权保护中心、中国（中关村）知识产权保护中心的作用，加快四大重点产业的快速确权和快速维权，提升知识产权保护水平。

更加注重提升专利质量。从中关村来看，2015 年中关村发明专利授权量已经超过硅谷，硅谷则连年发展较为稳定。随着专利数量提升到一定程度，专利质量的提升更加迫在眉睫。建议进一步实施专利质量提升工程，挖掘一系列技术含量高的专利有利于加强国内和国际的市场竞争力。

提升创新主体全球专利布局水平。中关村创新主体无论是从 PCT 申请情况看，还是从在境外各国开展的专利布局情况看，与硅谷创新主体的专利布局差距还很大。2017 年，全北京市 PCT 申请量较上年下降，PCT 申请总量仅 5000 余件，而硅谷单个领军企业的申请量就达到 3000 余件。建议：一是加强重点企业海外专利布局意识，加强引导重点领军企业开展全球专利布局研究，提前做好专利布局。二是对高校和科研院所的国际专利申请予以关注，探索对其国际专利申请的政策支持。

考虑 PCT 申请需要的费用和经验等实际困难，建议中关村各园区实施差别化的 PCT 专利资助政策：

第一，以“提质增效”作为总原则，严格控制资助政策的利用方向，防止资助变成企业为了申请而申请的动机。

第二，在具有PCT专利制度利用经验的园区提高PCT资助的要求，专利申请获得授权并维持一定的年限才可以获得奖励，从而将资助政策逐渐过渡为奖励政策，鼓励企业在专利质量上下功夫，提高专利维持年限，同时对于这类专利在海外发生诉讼、维权纠纷的，提供海外维权援助支持。

第三，在PCT专利申请数量少、相关企业经验不足的园区，对于PCT资助政策做分段式调整，从资助资金中设定一小部分作为申请资助金，帮助本园区企业进行PCT申请、积累申请经验，在园区PCT申请能力提升之后再取消这部分资助。

专利保护体系之法医

——专利执法技术事实查明研究

刘信力　王　辉[1]

在刑事案件中，法医对于案件事实的还原对于案件的审判具有至关重要的作用。法医是按照法律法规和行业操作规范，利用各种技术或手段，在重要的时间节点内，通过公对公调查，公对公取证，进行现场医学勘察、医疗跟踪取证、伤情的活体医学检查观察、尸体解剖、症状分析、测试比对、观察审讯、遗物鉴定、调取监控、特殊查体，进行一套法律医学鉴定的人员，其需要高超的专业医学知识为基础。

专利案件在某种程度上具有“法律性与技术性高度竞合”的特征，在个案审理中，技术问题和法律问题往往纠缠在一起不易剥离。技术问题与法律问题的厘清直接影响举证范围的大小、司法技术鉴定的内容以及审判组织的裁判尺度统一等。专利案件中技术问题的分析、定性同样需要高度的专业知识作为基础，只有技术分析透彻了，法律层面的问题才能更加明晰，判定也能更加符合实际情况。由此看来，在专利案件中技术事实的查明类似法医的作用，公对公的提供技术分析意见，对于专利案件的迅速、准确判定具有积极的现实意义。

[1] 刘信力，男，中国科技出版传媒股份有限公司副编审，工学博士；王辉，女，国家知识产权局专利复审委员会副处长，工学博士。

一、我国专利保护体系中的技术事实查明

（一）我国现行专利保护体系

根据《专利法》的制度体系设计，专利行政执法保护和司法保护是我国专利权保护的两种并行方式。两种方式之间既存在区别，也存在关联。

专利权的司法保护和行政执法保护都兼顾保护个人利益和社会公共利益，但是其着力点和侧重点有所不同。专利权的司法保护通常通过民事诉讼程序来实现，其着力点是原、被告之间权益的判定，侧重于专利权人个人利益的保护，间接起到对公共利益保护的是示范指导作用。专利行政执法保护的目的在于打击各类侵权的行为，其着力点是维护社会主义市场经济秩序，保护创新，形成良好的创新发展环境。

专利权的司法保护和行政执法保护的程序价值取向存在差异。司法作为维护社会公平正义的底线，通常被视为专利权人合法权益被侵害后维权的最后救济手段，因此专利权的司法保护的首要目的是公正处理，其次才是及时处理。而专利行政执法在追求公正的同时，也兼顾专利保护的时效性。通过行政执法的方式维护权利人的合法权益，比司法保护更具有程序上的简易性和执行上的时效性。由于价值取向上的差异，专利权的行政执法相对于司法保护更能够迅捷地保护创新成果、及时维护权利人的合法权益。在具体工作中，行政执法保护相对司法保护具有程序便捷高效、维权成本低等优势。

专利权的司法保护有两种渠道，一种是一般的民事诉讼，直接裁判双方的权益归属；另一种是行政诉讼，对行政保护结果不满意的救济手段。现行法律法规体系没有将管理专利工作的部门的行政处理决定作为最终结果。当事人不服行政处理决定的，可以向人民法院起诉，申请法院进行司法审查，实施司法保护的手段。当行政执法保护的处理结果与当事人的预期不一时，司法保护为当事人提供了另一条可以释放诉求的途径。

（二）专利保护中技术事实查明的必要性

在我国现行的专利保护体系中，技术事实的查明是正确适用法律并公正

裁判的基础。这一点与法医在刑事案件中对于案件事实的还原同等重要，不论对于行政执法，还是对于司法审查，在专利案件的办理中，能否查明技术事实对案件的走向、结果起着不可或缺的作用。

1. 权利范围认定的需要

专利案件相对于一般案件来讲较为特殊，在专利案件中，技术既作为证据，也属于案件事实范畴。通俗来讲，技术事实除了能够直接决定权利的归属外，其本身也是权利相关内容的一部分。技术事实的认定，一方面，是对专利权本身技术事实的正确认定，以便准确界定专利权的范围；另一方面，是对涉案证据技术事实的认定，以便判定是否存在侵权行为。从具体专利案件的判定来看，在处理专利案件的过程中需要裁判者掌握相关的技术知识。缺乏相关技术知识的裁判者往往难以胜任对技术事实的认定。对裁判者而言，技术案件的审理应当在充分理解、准确把握技术关键点的基础上做出公正裁决，准确界定专利的边界和保护范围。

2. 公平使用公有技术的需要

专利权是基于创新、创造而获得的权利，其不可避免地需要依托已有的知识和成果。专利权所依托的已有知识和成果中剔除其他人的专利权利，剩余的部分则属于公有技术的范畴。因此，在专利民事案件中对专利权权利范围的准确界定不仅是对私人权益的重新分配，还会直接涉及社会公共利益范围的确定。专利保护过度，将会不当地压缩社会公众对于公有技术自由运用的空间，侵犯社会公众公平使用公有技术的权利。裁判者在裁判中必须厘清技术自由与技术专有、合法利益和非法侵权的关系，既要保护权利人的合法权益不受侵害，也要保障公众公平使用公有技术的自由权利。

3. 提高审判效率的需要

案件审理中，查明案件的客观事实，确定争议焦点，是作出正确的判定的基础。而在这个操作过程中，其最关键的就是技术事实的查明。我国专利审判活动要求质量和效率并重，在审判中如果裁判者对专业性的技术事实难以认定，导致诉讼时间过长，会使得当事人尽管胜诉，却错失了最佳保护时机，丢掉了市场，丧失了经济利益，无法彰显法律对合法权益的保护价值。建立相对完善的技术事实查明机制，协助司法、行政机关查明案件中疑难复杂的技术事实，对于提高审判效率，实现诉讼效益价值，有效保护当事人的权益，具有积极意义。

二、国内外技术事实查明现状

技术事实的查明，是正确适用法律，公正裁判的基础，对于专利案件的审理，起着决定性的作用。全球众多国家（地区）均设有专门审理专利案件的法院，建立了相应的技术事实查明体制，其成功的经验值得我国借鉴，在建立专业化专利审判机构后，应着手设立配套的专利技术事实查明机制，如同法医一样开展公对公的服务，以提高专业化水平和审判效率，适应强化知识产权保护的需求。

（一）国外技术事实查明现状

1. 日本技术调查官制度

日本专利高等法院专门设立了技术调查官来处理专利类纠纷案件，技术调查官主要从日本知识产权特许厅的审查员中选任，由法官进行委任，负责对与案件有关的问题进行调查，对案件所涉及的技术问题进行研究，对研究结果制作相应的报告，向法官解释说明，提出建议。技术调查官按照审判长的要求，在案件审理过程中可对当事人进行提问。[1]

2. 德国技术法官制度

德国通过严格的选任条件挑选技术专家作为技术法官，技术法官与法律法官具有同等的权力，在案件审理中技术法官主要处理的案件中技术事实认定问题，法律法官主要处理案件中的法律争议焦点问题。在审判时，根据案

[1] 李菊丹：《中日技术调查官制度比较研究》，《知识产权》2018 年第 8 期。

件技术问题的难易程度确定技术法官和法律法官在合议庭中的比重。[1]

3. 美国的技术事实查明

在美国，审理技术类知识产权案件的法官兼具有法律专业背景、技术背景,法官本身具有技术知识就实现了审判组织内部的技术和法律的有机结合，在技术事实查明上完全能够“自给”。同时，美国还为法官配置法官技术助理，弥补法官在所涉技术领域的局限性，协助法官更好地进行技术事实认定。法官技术助理的任职也同样需具有技术背景和法律背景。对涉及技术极强、难度大的案件，由专家陪审团协助解决。在审判实践中，专家陪审团一般由具有专业知识、经过专门培训和实践经验丰富的专家担任。[2]

4. 英国的技术陪审员制度

在英国，主要采用技术陪审员制度。技术陪审员以法院委任的形式参与诉讼，协助法院进行知识产权案件的审判。技术陪审员主要负责对诉讼中有关专业技术问题做出报告或提供建议。其在诉讼中具有独立的地位，接受法院的委托，保障了其中立性、客观性。在诉讼中，技术陪审员做出的技术事实的调查报告，分别送达双方当事人。[3]

（二）我国司法审判技术事实查明制度

我国在专利保护的司法实践中，借鉴了国外的很多的技术事实查明制度。

1. 技术调查官

技术调查官主要是协助法官充分认识案件中的技术事实，并根据法官的指令，用专业知识来阐明解释技术方案和技术要素。技术调查官不能干涉法官的审判，其角色类似于法院的内部技术顾问或者是法官的技术翻译，也被

---

[1] 马圆:《技术调查官制度研究》，西南政法大学 2018 年硕士论文。

[2] 李文江:《美国专利纠纷调解制度及借鉴》,《知识产权》2017 年第 12 期。

[3] 李慧婷:《中国知识产权审判调查官制度构建研究》，湘潭大学 2016 年硕士论文。

称为法官的技术助手。技术调查官最突出的特点是其专业程度和中立身份。担任技术调查官的人员必须具备足够的专业知识、专业技术和在技术领域多年工作的丰富经验。应该具备对案件中的专业技术问题较好的查明能力。技术调查官不仅需要通过自身专业知识做好技术事实的查明和解释工作，还需要和专家辅助人等其他辅助查明人员进行充分的沟通，补充完善技术事实查明。

2. 专家陪审员

在审判实践中，法院常常会吸纳具备一定学科专业知识的陪审员参与个案的审判。这类陪审员被称为专家陪审员或者技术陪审员。案件进行审理前，法院从人民陪审员数据库中抽取相关技术领域内的专家或专业人员以陪审员的身份，参与审判中来。[1]基于专家或专业人员对案件所涉技术领域的深度把握，可以提升审判组织的技术事实查明能力，审判组织会更好地对涉案的技术要点进行认知和理解，提高技术事实查明准确性。专家陪审员根据法律的规定，与法官具有相同的裁判权。

3. 专家辅助人

与英美法系中的专家证人相似，在我国称之为专家辅助人。最高人民法院的司法解释中，其可以与鉴定人抗辩。当事人聘请的专家辅助人可就具体个案的技术事实真伪和司法技术鉴定的鉴定人在庭审中进行抗辩或者质证。国家的司法体制改革中，希望专家辅助人可以有效地对抗司法鉴定，给予当事人更多的抗辩权利。通过专家辅助人，有效地质疑、质证甚至反对司法技术鉴定机构所出具的鉴定意见，从而更好地保证当事人的合法权益。

4. 司法技术鉴定

司法技术鉴定是指在诉讼活动中，鉴定机构采用技术手段或专门知识对案件中涉及的专门问题进行鉴别和判断，并给当事人提供鉴定意见的活动。

[1] 徐卓斌：《知识产权案件技术事实的查明手段》，《人民司法》2016 年第 16 期。

司法鉴定主要由具有司法鉴定资格的机构承担，对象是诉讼涉及的技术性问题，手段是技术、科学理论以及检测仪器设备等，结论属于鉴定意见。

5. 技术咨询专家

法院依职权决定是否咨询专家，当事人无权选择咨询技术专家，但与之对应的是可以聘请专家辅助人。技术咨询专家一般不参与庭审，可以阅卷，了解相关材料，针对问题提供咨询意见。承办法官填写“技术专家使用申请表”，并报庭长批准后邀请专家对技术事实认定。咨询方式灵活多样，可以当面咨询，书面咨询，或电话、电邮咨询等。

（三）我国专利行政执法技术事实查明状况

我国专利行政执法过程中对案件技术事实查明手段主要涉及以下几种方式。

1. 技术分析师制度

技术分析师制度是北京市知识产权局于 2017 年 3 月试点运行的一种技术查明制度。技术分析师定位于专利行政办案人员的技术助理，协助专利行政办案人员处理知识产权疑难技术类案件。技术分析师的日常工作主要有两部分：一是接受管理专利工作的部门的技术咨询，提供咨询意见；二是参与专利侵权纠纷案件的处理与调解，协助相关行政部门查明具体案件所涉的技术事实。在具体案件中，管理专利工作的部门根据案件的需要确定是否需要技术分析师参与。

2. 专家辅助人

行政案件中的专业问题，当事人可以申请具有专门知识的人出庭，就鉴定报告或有关专业问题提出意见，这与我国司法体系中的专家辅助人类似，可以认为是行政案件办理中的专家辅助人。专家辅助人提出的意见，视为当事人的陈述，弥补的是当事人由于缺乏相应的专业知识的缺陷，其提出的意见具有主观性。因此，当事人聘请的技术专家所提出的专业意见并不是证人证言。

3. 司法鉴定

司法鉴定是指在诉讼活动中鉴定人运用科学技术或者专门知识对诉讼涉及的专门性问题进行鉴别和判断并提供鉴定意见的活动。这与司法体系中的司法鉴定相同。

4. 技术专家咨询

管理专利工作的部门设立技术专家库，挑选各行业领域的专业人士，针对行政执法案件中遇到的技术难点和权利双方争议的技术焦点，通过座谈、咨询等方式帮助执法者理清技术难点提供专业的技术意见。

三、技术分析师制度分析

专利行政类案件的审理需要较高的法律素养和深厚的技术功底。实践中，无论是专利的司法保护，还是专利行政保护，技术事实查明都是关键点，同时也是难点。面对这一问题，司法保护已经引入了技术调查官制度；专利行政保护方面，北京市知识产权局也积极探索，首创引入了技术分析师制度。

（一）技术分析师制度

2017 年，北京市知识产权局办理的专利行政案件的数量达到 1209 件，同比增长 43.6%。其中，专利侵权案件的增长率高于其他案件的增长率。基于此背景，北京市技术分析师试点工作于 2017 年 3 月开始实施。

北京知识产权局首批聘任的技术分析师共 15 人，均来自国家知识产权局专利局专利审查协作北京中心。首批的 15 人全部具有 8 年以上的专利审查经验，具备良好的专业素质，熟悉知识产权相关法律，并具备全面扎实的专业知识；专业涵盖机械、电学、通信、计算机、化学、生物医药、光电、材料等主要技术领域。据统计，近两年来，北京首批技术分析师共参与专利侵权纠纷案件 51 件，形成咨询报告 56 份。其中，在 2017 年参与案件 10 件，

2018 年参与案件 46 件。该制度试运行以来，有效地提高了专利侵权案件的行政执法效率和权威性，得到了当事人的认可。

随着科学技术的不断深度发展，专利技术越来越多的出现跨领域、跨学科等现象。专利侵权案件的技术事实认定中也就相应遇到了越来越多的跨领域、多学科问题。为此，在面对重大、疑难、跨领域的案件时，北京知识产权局进一步深化技术分析师制度，提出了一案件同时聘请两位或两位以上技术分析师参与技术事实调查和认定的工作制度，进一步保障了技术咨询意见的全面性、权威性。这相比于目前专利司法保护中每案仅有一名技术调查官的制度设计，是又一次有益的创新尝试。

（二）优势分析

知识产权法院建立前，我国在知识产权诉讼中技术事实查明机制主要包括专家陪审员、专家辅助人、鉴定等。这几种技术事实审查机制在技术事实查明方面均有不同程度的缺陷，不能满足当前的需要。例如，进行一次司法鉴定的费用相对较高，时间相对较长；专家辅助人参与诉讼会受到时间的限制，不能够随叫随到，及时参加诉讼，帮助解疑答惑；专家陪审员参与诉讼程序比较繁杂，影响案件的审判效率等。技术调查官制度的引入，较为有效地解决了知识产权诉讼中的技术事实查明。参照技术调查官制度，在专利行政保护方面引入技术分析师制度，在专利行政执法人员的授权下开展工作，其工作贯穿庭前准备、调查取证、庭审、评议等审判中的各个主要环节，相对于司法鉴定、专家辅助人、技术咨询专家等技术事实审查机制具有一定优越性。

1. 专业水平优

技术分析师作为办案人员的技术助理，负责协助处理知识产权疑难技术类案件的技术事实查明。其一般具备深厚的专业技术知识，能够对案件技术事实进行深入的剖析。此外，技术分析师可以协助行政办案人员与案件当事人、外聘的专家证人或鉴定人进行有效的沟通，有助于厘清技术事实，体现行政执法工作的专业水准。

2. 工作效率高

技术分析师制度的设立，可以摆脱专利行政执法对技术鉴定的依赖，对于一些较为简单的技术问题，办案人员可以直接通过技术分析师的专业分析予以解决。且技术分析师是办案机关聘任的工作人员，全程参与案件行政执法活动，既可以有效提高技术事实调查的公信力和可信度，又可以提高技术事实查明的速度，同时也可避免重复鉴定、矛盾鉴定产生的各种耗费，可以有效地提高执法效率。

3. 客观性强

技术分析师作为办案机关聘任的工作人员，其工作对执法机关负责，不存在中立性缺失的问题，更能够从客观角度分析查明技术事实，不偏向于争议的任何一方。这一点比专家辅助人制度更有优势。因为专家辅助人由当事人聘请，独立性中不可避免夹杂主观性、依附性和倾向性。其所处的位置相较于专家辅助人更具有超脱性和客观公正性，不会受制于当事人，其提供的技术审查意见更具有客观性，更具有参考价值。

4. 良好的可沟通性

实践中，技术分析师与专家咨询、专家陪审和技术鉴定并不是完全隔离的，恰恰是相辅相成、相互监督，他们之间具有良好的可沟通性。技术分析师可以帮助办案人员扫除与咨询专家、专家陪审员、鉴定专家之间在专业术语上的沟通障碍。技术分析师制度的设立，可以和其他类似制度相互补充，有机统一，发挥各自的优势，更好地服务于知识产权审判中的技术事实认定。

（三）需要改进环节分析

随着知识产权纠纷日益增多，案件类型日益复杂，技术难度日益加深，专利类行政案件的技术事实认定也给专利行政执法工作带来了极大的挑战。专利行政执法案件中的技术问题是审理好此类案件的关键问题，技术分析师制度作为新引入的技术事实查明机制，从其诞生之初就相较于现行的司法鉴定、专家辅助人、技术咨询专家等技术事实审查机制具有天然优势。但作为新兴的一种制度，在实践中也存在一些薄弱环节需要改进。

1. 人才选任

技术分析师具备的专业性、高效性、客观性，其出具的技术意见具有很高的技术价值和现实效用。但是也必须客观认识到，由于技术发展日新月异，以及学科的交叉发展，出现了很多跨领域的技术问题，可能会超出了技术分析师的技术领域范围，出现技术分析师也无法解释案件涉及的技术难题，因此出具的技术意见也会出现存在一定的缺陷和瑕疵的可能。如何让技术调查官和技术分析师在日新月异的技术发展中实现其应有之义，对于人才的选任提出了更高的要求。

2. 技术审查意见的法律效力

技术审查意见是指技术分析师参与专利纠纷案件处理，针对技术事实部分，进行分析判断，形成的技术意见。其在专利纠纷案件中的法律效力一直是业内讨论的热点。一般来说，技术审查意见仅是从技术层面提高案件事实查明的科学性和专业性，技术分析师出具的技术审查意见只作为审判、执法人员认定技术问题的参考，不能直接将其作为决定的理由，也不具有证据效力。其法律效力需要进一步完善界定。

3. 运行机制

北京市知识产权局试行的技术分析师制度充分借鉴技术调查官的运行机制，并根据专利行政执法自身的特点，设置了设计技术分析师的选任、培训、管理等规则，设计了技术分析师参与口审案件的启动、告知、更换、回避等程序。但是在具体的制度运行中，如何更加有效地适用，适应行政执法需要，需要建立更为完善的制度体系，及早预研，避免出现一些不必要的问题。

（四）技术分析师制度未来思考

从技术事实查明的角度以及工作方式来讲，技术分析师之于专利行政保护案件与法医之于刑事案件，有诸多相似之处。例如，对技术事实的认定均具有专业水平高、工作效率高和客观性强等优点，均承担与相关专家的沟通和协调工作，但是对于法律事实的认定，技术分析师又具有其特有的优势。

1. 展会执法

北京市于2007年11月通过了《北京市展会知识产权保护办法》，并于2008年3月1日起施行，对展会期间知识产权侵权投诉，展会期间专利、商标、著作权保护以及相关法律责任做出了明确规定。根据知识产权相关立法的规定，对于展会上的知识产权侵权行为，知识产权的权利人可以依法请求知识产权的相关行政管理部门进行查处。对展会中涉嫌侵犯专利权的处理请求，知识产权相关行政主管部门认定侵权成立的，应当责令被请求人从展会上撤出侵权展品，销毁介绍侵权展品的宣传材料等，一旦被采取撤展等措施，不仅损失展位费、宣传费等展会成本，更主要的是会在同行业中造成恶劣的负面影响，丧失潜在的客户。但是由于展会的临时性及流动性等特点，在实际执法中，知识产权相关行政主管部门在按照知识产权相关法律、法规及规章中的具体规定处理纠纷时，单纯依靠执法人员很难准确、迅速查明技术事实，很难做到快速、高效执法。[1]由于展会通常涉及特定领域，相应领域的技术分析师入驻展会可以有效地满足展会执法的需求，适应展会执法短平快的特点。因此，在京交会、北京车展、广交会等大型展会中，当地管理专利工作的部门通常会邀请原专利复审委员会派驻专家支持展会执法，这在一定程度上类似于技术分析师的角色。当前运转中通常以发函的形式一事一邀，尚未从制度层面固化下来。

2. 知识产权保护中心

为了深入贯彻党中央、国务院关于加强知识产权保护的工作部署，积极推进知识产权“严保护、大保护、快保护、同保护”，支撑国家创新驱动发展，构建公平公正的营商环境，助推产业转型升级，有序推进知识产权保护

[1] 梁冷曦：《保护展会知识产权，积极应对侵权纠纷》，《中国安防》2011年第10期。

中心建设，到2020年，拟在全国建立30家左右的保护中心，基本覆盖重点地区的特色优势产业，目前已经批准建立24家。各知识产权保护中心的设立，旨在实现知识产权快速协同保护工作，其对专利执法办案效率的提升具有重要意义。但是知识产权保护中心处理专利侵权问题，需要专门的技术实力和对专利法的准确理解，尤其是在一些疑难、复杂案件的处理上，保护中心可能存在技术能力障碍。技术分析师制度的建立，设定相关程序规定，及时参与各保护中心的侵权判定业务，将对新成立的若干知识产权保护中心的工作业务支持落到实处。

3. 电子商务领域执法

随着互联网经济的高速发展，电子商务从萌芽发展到快速增长期，与此同时，电商知识产权侵权案件也呈逐年上涨的趋势。电商交易不同于现货贸易，一方面网络销售商品种类丰富，知识产权侵权的隐蔽性强；另一方面，其交易主体多，经营平台经营模式多样，网络销售商品的时效性强。我国电子商务交易平台专利侵权具有重复性、规模性的特点，涉及商品种类繁多、数量大，存在着侵权判定复杂、侵权主体难确定、平台责任风险大等问题。[1]承担过错侵权责任的第三方电子商务交易平台通常将难以判断的知识产权纠纷投诉移交给知识产权相关行政主管部门判定，一旦判定侵权成立，平台通常对被控侵权产品采取下架的措施，由于网络销售商品的时效性强，下架对于销售方的损失极大，因此，对于电子商务领域执法中专利侵权的判定同样具有快速、高效、准确的需求，技术分析师基于自身的专业性、高效性，及时做出判断，能够有效地支撑电子商务领域执法。

4. 假冒专利的查处

专利行政执法工作主要包括专利侵权纠纷处理、假冒专利查处和其他专利纠纷调解，技术分析师制度主要在专利侵权纠纷处理中发挥作用，但也应当看到，对于假冒专利行为查处工作，其中一种假冒专利的表现形式是产品

[1] 苏冬冬：《第三方电子商务交易平台经营者专利侵权责任研究》，浙江工商大学2017年硕士论文。

宣传的专利与该所谓的专利产品采用的技术不一致。在这种情况下，对于产品与专利技术内容是否一致的判定，通常对执法人员提出了较高的专业性的要求，技术分析师的介入可以有效地提高判定的准确性、时效性，提高假冒专利的查处力度。

四、小结

当前，我国知识产权事业飞速发展，知识产权维权意识日益增强，专利纠纷案件持续不断增加，给专利行政执法工作带来了极大的挑战。技术分析师制度作为新引入的技术事实查明机制，从其诞生之初就相较于现行的司法鉴定、专家辅助人、技术咨询专家等技术事实审查机制显示出专业性、高效性、客观性的优势，在专利保护体系技术事实查明中的作用至关重要。北京市知识产权局借鉴技术调查官制度，首先推出了技术分析师制度，尽管其在人才选任、体系运行、法定效力等方面还需要进一步健全完善，但是这种有效的创新探索，对全国各地专利执法工作，尤其是展会执法、知识产权保护中心建设、电子商务领域执法和假冒专利的查处等方面具有积极的意义。随着技术分析师制度的运行完善，可以考虑在法律层面予以明确规定，确立我国的技术分析师制度，并出台相关配套规章制度或者规范性文件，以便地方顺利推行该制度，从而促进专利执法水平的提升。

药品专利链接制度的新发展及其对北京市医药企业的影响

张宪锋[1]

2018 年 9 月 27 日，北京市人民政府办公厅印发《北京市加快医药健康协同创新行动计划 (2018—2020 年)》的通知，计划“培育一批自主创新能力较强的重点企业，原始创新能力继续保持全国领先，推动研发型企业创新发展；研究建立创新品种审批绿色通道；加强中药新药研发、中药大品种二次开发；对主营业务年收入首次达到一定规模、重大创新品种，国内首先获批上市或在欧美国家获批上市、仿制药通过一致性评价的企业，给予相应的激励；到 2020 年，主营业务收入达到 2500 亿元。”[2] 这一行动计划体现北京市对医药产业自主创新的高度重视。

从世界范围看，医药企业对专利制度的依赖程度普遍很高。自主创新能力强的企业，通过申请专利并获权，可以实现对其创新成果的最好保护，并通过较长时间的市场独占地位获得高额利润。而做仿制药的企业，也需要充分了解关于专利保护的规定，在药品申报和市场开发过程中避免侵犯专利权。

药品专利链接制度是最近的热点问题，也是药品注册申请人和药品专利权人必须面临的问题之一。本文主要论述专利链接制度在我国的发展情况以及对北京医药企业的影响。

---

[1] 张宪锋，男，国家知识产权局专利局审查业务管理部，工学硕士，法学硕士。

[2]《北京市加快医药健康协同创新行动计划（2018—2020 年）》，北京市政府网，www.beijing.gov.cn,，2018 年 9 月 30 日。

一、我国现有的专利声明制度

专利药企业在研发过程中投入了大量时间和经费，需要在药品上市后收回成本，但是专利的技术方案公开后往往容易被其他企业模仿并大大降低售价，因此专利药企业和仿制药企业在市场竞争方面是存在冲突的。专利药企业在为人类寻求新的更好药物方面发挥重要作用，能够攻克很多疾病或者改善疗效，而仿制药企业降低了公众的用药成本提高了药品的可及性，在公众健康方面也很重要，因此在制度设计时如何充分平衡专利药企业和仿制药企业的利益就成为一个技术性很高的问题。在药品注册环节，具体而言就是既要做好专利药企业的专利保护，避免其专利权被侵犯，又要畅通注册程序，利于仿制药合法上市。

2002 年 12 月 1 日施行的《药品注册管理办法》（试行）第 11 条首次要求药品注册申请人应当声明不侵犯专利权。在现行《药品注册管理办法》中，将药品注册与专利问题相关联的条款具体如下。

第一是药品注册申请人要做出声明。第 18 条规定，申请人应当对其申请注册的药物或者使用的处方、工艺、用途等，提供申请人或者他人在中国的专利及其权属状态的说明；他人在中国存在专利的，申请人应当提交对他人的专利不构成侵权的声明。对申请人提交的说明或者声明，药品监督管理部门应当在行政机关网站予以公示。药品注册过程中发生专利权纠纷的，按照有关专利的法律法规解决。

根据此规定，药品注册申请人应保证不侵犯专利权。但是仅靠申请人单方声明，可能会出现故意隐瞒或者疏忽遗漏专利信息的情况，并且仅由申请人说明自己不侵权，其约束力有限，由此很难达到提前解决专利纠纷的目的。同时，由于查询的困难，药品注册申请人需要花费较大成本获取他人在中国的专利及其权属状态。

第二是规定提出注册申请的时间。第 19 条规定，对他人已获得中国专利权的药品，申请人可以在该药品专利期届满前 2 年内提出注册申请。国家食品药品监督管理局按照本办法予以审查，符合规定的，在专利期满后核发药品批准文号、《进口药品注册证》或《医药产品注册证》。

根据此规定，药品注册申请人能够提前提出申请，而不一定等到专利权届满时再申请，可以尽可能争取到最快的上市时间。但是，实践中存在一些问题，如原研药专利权人与仿制药企之间如果产生纠纷，仿制药审批程序就无法继续进行，一直等到专利期限届满。由于专利法第 69 条规定，为提供行政审批所需的信息，制造、使用、进口专利药品或者专利医疗器械的，不视为侵犯专利权，此时法院也无法做出判决。这种机制容易产生原研药专利权人的权利滥用问题，即只要有人提出仿制药申请，专利权人就制造权利纠纷导致仿制药无法审批。因而制度实际运行效果上没有实现双方的权利义务平衡。

二、我国对药品专利链接制度的进一步探索

（一）深化审评审批制度改革

2017 年 10 月，中共中央办公厅、国务院办公厅印发了《关于深化审评审批制度改革鼓励药品医疗器械创新的意见》，其中有两项与专利链接制度直接相关。

第 15 项："建立上市药品目录集。新批准上市或通过仿制药质量和疗效一致性评价的药品，载入中国上市药品目录集，注明创新药、改良型新药及与原研药品质量和疗效一致的仿制药等属性，以及有效成分、剂型、规格、上市许可持有人、取得的专利权、试验数据保护期等信息。"

第 16 项："探索建立药品专利链接制度。为保护专利权人合法权益，降低仿制药专利侵权风险，鼓励仿制药发展，探索建立药品审评审批与药品专利链接制度。药品注册申请人提交注册申请时，应说明涉及的相关专利及其权属状态，并在规定期限内告知相关药品专利权人。专利权存在纠纷的，当事人可以向法院起诉，其间不停止药品技术审评。对通过技术审评的药品，食品药品监管部门根据法院生效判决、裁定或调解书作出是否批准上市的决定；超过一定期限未取得生效判决、裁定或调解书的，食品药品监管部门可批准上市。"

由此可以看出，正在探索的制度改革与现行《药品注册管理办法》相比，至少在两个方面有较大突破，一是建立上市药品目录集，作为重要基础支撑，降低了仿制药申请人提供他人专利信息的成本及错误率；二是明确了专利权存在纠纷的，当事人可以向法院起诉，其间不停止药品技术审评，从而有利于纠纷的提前解决，并且保障仿制药审评的正常进行，促进仿制药的合理发展。

2017年10月，食品药品监管总局公开征求《药品注册管理办法(修订稿)》意见，其中第98条规定：申请人提交药品上市许可申请时，应明确是否涉及中国政府承认的发明专利、所涉专利权属状态及是否存在侵权，并在规定期限内告知相关专利的专利权人涉及该专利的相应药品正在提交上市申请。药品审评审批与药品专利链接的相关制度另行制定。[1]这也反映出在出台政策文件后，继续在立法层面的进一步工作，通过对专利权人的告知，有助于专利权人考虑是否采取维权措施，也有助于将可能发生的侵权纠纷及时处理。

（二）美国药品专利链接制度的经验教训

药品专利链接制度最早出现于1984年美国《药品价格竞争与专利期补偿法》，从其制度设计和发展过程看，以下几个环节最为关键。

1. 专利登记

当创新药获得FDA批准上市后，FDA将其批准的创新药名单、药品专利情况、数据保护期等信息通过桔皮书公布。仿制药申请人可以通过桔皮书来了解其拟仿制的创新药的专利情况，以避免不必要的侵权。桔皮书具有法律效力，是注册时的重要依据，每月更新一次，超过期限的会被删除掉。

由于哪些专利需要登记在桔皮书上并不明确，并且是否与创新药直接相关也不会审查，所以有些创新药企业将一些关系不大的专利登记在桔皮书上，以延缓或阻碍仿制药上市，这些专利包括代谢物专利、包装专利、中间体专利等。例如，GSK公司曾陆续提出9件专利登记在桔皮书上，最后延

[1]《药品注册管理办法（修订稿）》，中国政府网，http://www.gov.cn/xinwen/2017-10/24/content_5233992.htm，2017年5月25日。

缓 Apotex 公司生产的仿制药上市时间长达 65 个月。[1]

为了解决这一问题，2003 年的《处方药和医疗保险促进现代化法》（MMA）对哪些应当列入桔皮书进行了进一步明确，规定包装专利、代谢物专利和中间体专利等不能列入桔皮书，只能列入活性化合物、配方、组合物、药品用途等。同时规定，仿制药企业提出专利挑战后，再登记的专利不属于需要挑战的范围，从而真正将专利焦点集中在有实际技术贡献的专利上，保障这一制度的应有之意。

2. 专利声明的内容

根据美国 1984 年《药品价格竞争与专利期限补偿法》第 101 条，仿制药申请人应首先查阅桔皮书上登记的专利，对照桔皮书提供以下四种声明之一。

声明 I：创新药在橙皮书中无专利；声明 II：创新药在橙皮书中有专利，但该专利已过期；声明 III：在创新药专利过期前，不要求得到批准；声明 IV：与仿制药相关的创新药专利是无效的，或者仿制药并不侵权。这四种声明类型清楚地区分出是否存在专利侵权的可能性。

3. 药品审批的等待期

仿制药申请人如果做出了声明 IV，应提供相应的证据，并通知创新药企业，创新药企业有 45 日的时间考虑是否提起专利侵权诉讼。如果不提起诉讼，则 FDA 将不中止仿制药申请审查；如果提起诉讼，则在诉讼开始的 30 个月内，FDA 将中止仿制药申请审查，这一期限就是等待期。如果法院在 30 个月做出了判决并且判决结果是专利无效或者仿制药申请人并不构成侵权，则等待期就提前结束了，FDA 继续审批程序。如果法院认定侵权成立，则 FDA 需要在专利到期后才能批准仿制申请。

---

[1] 杨悦，董丽：《美国 FDA 处理药品注册专利链接问题的研究》，载《中国医药导刊》2006 年第 5 期。

4. 首仿药的独占期

在制度设计时，既要关注专利药企的研发热情和专利权保障，也要兼顾仿制药企业的利益，而首仿药的独占期就是天平偏向了仿制药企业。对于首个提出上述第Ⅳ类声明的仿制药申请人，如果最终获得上市批准，则在仿制药上市之日起180日内，FDA不会批准其他仿制药上市申请，形成只有专利药企和一家仿制药企分享市场的局面。如果没有这一鼓励政策，那由于专利权无效或者不侵权，立即有众多企业申请仿制，形成众多企业瓜分市场的结果。因此，这一制度的设立意在鼓励首家提出上市申请并成功做到了专利权无效或者不侵权的仿制药企业。

现实中，也有专利药企进行了规避。在阿特维斯案、控释氯化钾案和高特灵案中，专利药企与成功取得180天市场独占期的仿制药企业签订协议，支付其一定费用，仿制药企业承诺暂不上市仿制药，从而拖延了仿制药进入市场时间，提高了公众用药成本。[1]

（三）未来我国专利链接制度仍需考虑的关键问题

由于美国的药品专利链接制度具有几十年的历史，经过了一些运行实践，因此，在充分考虑我国国情的前提下，可以在制度设计时借鉴其合理之处并避免其缺陷。

我国的药品专利连接制度的探索，目前是通过《关于深化审评审批制度改革鼓励药品医疗器械创新的意见》进行的，伴随对《药品注册管理办法》的修订工作，在内容上对现行法律向前迈了一步进行探索。但是，与美国的专利链接制度相比，也缺少几个方面的规定，这些也是未来思考的问题。第一，提出的申请上市的药品如果落入专利权保护范围，那么此提交申请的行为是否视为侵犯专利权的行为？在美国是。我国的法律和司法解释中都没有明确。第二，关于首仿药的市场独占期，美国有规定，我国还没有。第三，美国的药品专利链接制度区分了生物药与化学药，其考虑生物制品与小分子化合物

[1] 曹志明：《美国药品专利链接制度存在的问题》，载《中国发明与专利》2017年第9期。

药大不相同而规定了生物仿制药快速审批制度，而我国目前没有区分。[1]

《关于深化审评审批制度改革鼓励药品医疗器械创新的意见》提出要建立上市药品目录集，需要在实践中探索哪类专利可以进入目录集，哪类不能进入，以防止专利权人的滥用；需要明确目录集是否有法律效力。另外，对于申请人登记的专利信息，药品审批机构其实很难确定专利信息登记是否准确、专利权是否还处于有效期。解决这一问题比较有效的途径是增强对专利药企造假的后果威慑，并且加强社会公众的监督，将登记的专利信息进行充分公示，给公众畅通的异议渠道，[2]从而避免后续专利纠纷的基础出现大量错误。

而对于超过一定期限未取得生效判决、裁定或调解书的，需要明确这个期限多长才是合理的。我国无效纠纷审理周期、调解解决周期与美国情况不同，例如我国无效审理周期目前平均仅有 5 个月，所以不能机械套用美国等待期的时长，而需要我们根据自己国情确定。

探索首仿药市场独占期制度。目前我国还未给予第一个挑战仿制药企业市场独占期。这里的挑战包括宣告专利无效和抗辩申请上市的仿制药没有落入药品专利的保护范围。如果没有这样的激励机制，可能会出现第一家成功挑战专利后，很多家药企搭便车马上提出仿制药申请的情况。[3]这一制度在一定程度上可以鼓励仿制药企业挑战专利权，以便宜的价格进入市场，同时限制了其他仿制药企业搭便车的情况。

关注拟制侵权与现行专利法的衔接问题。为了加快仿制药的上市，2008 年修改后的《专利法》第 69 条规定了“为提供行政审批所需要的信息，制造、使用、进口专利药品或者专利医疗器械的，以及专门为其制造、进口专利药品或者专利医疗器械的不视为侵犯专利权。”而对于提出仿制药注册这一行为，是否算是专利侵权，目前尚有争议，甚至有人认为与现行专利法冲突，从法律依据上来看，在仿制药申请者仅仅提起药品申请程序，而没有实际销

---

[1] 梁志文：《论以信息公示为中心的药品专利链接制度》，载《中国专利与商标》2018 年第 1 期。

[2] 杨悦：《我国应建立怎样的专利链接制度及配套制度》，载《中国食品药品监管》2018 年第 3 期。

[3] 肖建玉，沈爱玲：《构建符合我国国情的药品专利链接制度》，载《现代中药研究与实践》2010 年第 5 期。

售仿制药的情况下，专利权人提起专利侵权诉讼缺乏依据。[1]

三、药品专利链接制度对制药企业的影响

目前我国的药物创新及仿制都与世界先进水平有较大差距，低水平重复较多，急需建立激发科技人员潜能的制度和政策。我国专利保护力度不断加强，《关于深化审评审批制度改革鼓励药品医疗器械创新的意见》的推出也受到了一些药企[2]和专家[3]的肯定。不过不同企业发展阶段不同，需要结合自身特点做不同的准备。

（一）逐步转向重视自主创新

目前有一种观点认为应当弱化专利保护，给我国制药企业逐步发展的喘息期。但是，事实来看，由于专利保护不严格，企业处在舒适圈内，反而更没有动力去投入资源研发，经过多年的时间，仍未达到期待中的赶超。而如果仅靠国家设立重大专项投入研发资金，很难激发企业自身活力。

从政策导向看，无论是创新驱动发展的国家战略，还是《关于深化审评审批制度改革鼓励药品医疗器械创新的意见》和《北京市加快医药健康协同创新行动计划(2018—2020 年)》等政策文件，实际上已经在督促国内制药企业加快向自主创新转型，逐渐转型的企业会获得越来越多的政策支持，而仅能跟跑的企业生存会越来越艰难。此外，通过近期“4+7”城市带量采购试点来看，平均降价幅度 52%，[4]由此可见，如果仅仅依靠仿制药，那么价格战不可避免，企业利润空间将被大大压缩，未来将是国内仿制药企业的转型窗口期，创新升级是重要方向之一。

[1] 张伟君，陈滢：《论药品专利链接制度与现行〈专利法〉的衔接》，载《中国发明与专利》2018 年第 3 期。

[2] 刘博，落楠，窦洁：《拥抱药物研发创新春天》，载《中国医药报》2017 年 10 月 11 日第 3 版。

[3] 张清奎：《加强医药创新的专利保护改善发展不平衡的政策环境》，载《中国发明与专利》2018 年第 4 期。

[4] “医药行业重大事件快评：带量采购力度超预期，寒冬将至春已不远”，搜狐网，mt.sohu.com，2018 年 12 月 10 日。

（二）及时跟踪药品专利链接制度的最新发展

很多药企可能更熟悉药品注册程序而对专利无效程序和侵权诉讼不熟悉，或者各程序工作人员之间衔接未必充分，因此需要统筹考虑药品上市审批和专利纠纷问题。药品专利链接制度自中办和国办发文后，仍处于试行期，药企应及时关注最新的进展情况，如有机会也可参与其中的试点或者意见征求环节中，以尽可能熟悉规则，做好相应的调整。[1]

药品专利链接制度对专利药企和仿制药企来讲其实是双赢的作用，其能够在仿制药获批前就提前考虑专利纠纷的解决。在仿制药申请上市时，专利药企能够得到通知并考虑相应对策，而仿制药企也能提前进行充分检索以及判断是否侵权，避免做了大量生产准备之后可能面临高额赔偿的风险。

（三）统筹考虑相关制度的影响

药品专利制度包含了众多方面，《关于深化审评审批制度改革鼓励药品医疗器械创新的意见》中提出了药品专利期限补偿制度试点工作，对因临床试验和审评审批延误上市的时间，给予适当专利期限补偿；还提出了完善和落实药品试验数据保护制度，药品注册申请人在提交注册申请时可以同时提交试验数据保护申请，数据保护期内，不批准其他申请人同品种上市申请。《中华人民共和国专利法（修正案草案）》中也建议增加创新药品发明专利期限补偿制度，为补偿创新药品上市审批时间，对在中国境内与境外同步申请上市的创新药品发明专利，国务院可以决定延长专利权期限，延长期限不超过五年，创新药上市后总有效专利权期限不超过十四年。[2]这些制度设计与专利链接一起，对专利药企和仿制药企的各项决策产生影响，需要企业一并考虑。

---

❶ 张永华：《药品专利链接制度的解读与建议》，载《中国食品药品监管》2018 年第 6 期。

❷《专利法修正案草案征求意见》，中国人大网，www.npc.gov.cn，2019 年 1 月 4 日。

人工智能

人工智能引发的法律与伦理问题思考

蔡雄山[1]

一、人工智能掀起新一波产业浪潮

面对迅猛发展的人工智能产业，欧、美、日、韩、中等各国纷纷出台人工智能国家战略，抢占战略制高点。全球互联网巨头如Google、Facebook等也正是看重人工智能未来发展的巨大商机，纷纷布局人工智能产业链，实现从“Mobile First”到“AI first”的战略转变。

在基础研究方面，深度学习、人机交互系统、人脑研究等人工智能基础研究不断推进。在应用方面，人工智能在交通、医疗、制造业、社交、环保等领域应用不断深化，包括无人驾驶、智慧医疗、智能制造、语音识别与互动、机器人等众多方面。以无人驾驶为例，Google及Tesla等开发的无人驾驶汽车已累计行驶了数亿公里，技术日益成熟。

二、人工智能引发的法律与伦理问题

人工智能掀起的新一波产业浪潮将深刻影响人们的生产与生活，同时也会带来一系列法律问题，值得研究。

[1] 蔡雄山，男，腾讯研究院法律研究中心副主任，首席研究员，法学博士。

（一）隐私与数据问题

2018 年 3 月美国纽约时报和英国卫报共同发布报道，曝光 Facebook 上超过 5000 万用户信息数据被一家名为“剑桥分析”（Cambridge Analytica）的公司不当获取，用于在 2016 年美国总统大选中针对目标受众推送广告，从而影响大选结果。而事后证实，有 8700 万用户数据被不当获取。该“数据门”事件引发了全球范围内对社交媒体时代数据保护的激烈讨论。

当前人工智能的发展，很大程度上得益于大数据的喂养。相比于工业时代，“数据”就是人工智能时代的石油和天然气。这里的数据，不仅包括个人数据，还包括不属于个人数据，但有商业价值的数据。个人数据方面存在以下挑战：技术与商业模式变革，导致个人数据概念不断扩展，界限模糊；个人数据财产权性质凸显，挑战传统制度框架；国家安全价值与个人数据保护价值冲突与选择；数据跨境流动日益频繁，域外管辖情况复杂。除此之外，数据的权属问题也是当前讨论的焦点。谁拥有包括个人数据在内的数据权属？用户，企业还是其他？在 2017 年发布的《建立欧盟数据经济》报告中，欧盟开始考虑设立数据产权，即“数据生产者权利”，其客体主要是“非个人的和计算机生成的匿名化数据”。数据生产者（设备的所有者或长期用户）权利可以是排他性的财产权，数据生产者有权分配或许可他人使用其数据，并独立于其与第三方之间的合同关系；或者仅仅是纯粹的防御性权利，只允许在非法盗用数据的案件中提起诉讼。

（二）算法歧视

机器学习的自主或者自动化的决策系统日益被广泛应用在推荐引擎、精准广告、信贷、保险等诸多领域，甚至政府部门也利用自动化决策来处理给犯人定罪量刑等公共事务。然而，算法模型的设计都是编程人员的主观选择和判断，所使用的数据也可能是不相关和不准确的，这就可能导致自动化决策的结果会影响个人权益，或者对某些群体造成歧视。确保算法及其决策可以有效接受中立第三方或者监管机构的审查，实现算法决策的透明性和公平性，是国际社会的一个主要共识。美国联邦贸易委员会（简称 FTC）在

2016年1月发布的《大数据：包容性工具抑或排斥性工具？》（*Big Data: a Tool for Inclusion or Exclusion?*）特别关注大数据中的歧视和偏见问题。对于消费者，一方面需要确保公平法律得到有效执行；另一方面需要防止大数据分析中采取歧视等不公平行为。对于企业，FTC建议企业考察数据集是否具有代表性，所使用的数据模型是否会导致偏见，基于大数据进行预测的准确性如何，以及对大数据的依赖是否会导致道德或者公平性问题。

（三）监管与责任承担问题

以自动驾驶为例，作为人工智能的重要应用之一，美、德等发达国家积极推动立法，鼓励自动驾驶车辆测试及应用。2016年9月21日，美国交通运输部（DOT）颁布《联邦自动驾驶汽车政策》，提出自动驾驶汽车安全评估、联邦与州监管政策协调等四部分内容，进一步为自动驾驶技术提供了制度保障。2016年4月，德国政府批准了交通部起草的相关法案，将“驾驶员”定义扩大到能够完全控制车辆的自动系统。目前我国自动驾驶方面立法政策相对滞后，如何对自动驾驶等产业进行规制，如何确定事故责任承担等也是值得思考的法律问题。

（四）知识产权问题

如今，人工智能软件可以写诗，也可以进行美术创作。这些作品是否具有独创性？谁可以拥有这些作品的版权？2017年，微软在北京发布了人工智能小冰的诗集《阳光失去了玻璃》，包含了139首现代诗，全部是小冰的创作。此类创作伴随着人工智能技术发展将会越来越普遍，欧盟法律事务委员会建议欧盟委员会就“与软硬件标准、代码有关的知识产权”提出一个更平衡的路径，以便在保护创新的同时，也促进创新。同时，对于计算机或者机器人创作的可版权作品，需要提出界定人工智能的“独立智力创造”的标准，以便可以明确版权归属。国际标准化组织IEEE在其标准文件草案《合伦理设计：利用人工智能和自主系统（AI/AS）最大化人类福祉的愿景》中也提出，应对知识产权领域的法规进行审查，以便明确是否需对人工智能参与创作的作品的保护作出修订。其中基本原则是：如果人工智能依靠人类的交互而实现新内容或者发明创造，那么使用人工智能的人应作为作者或发明者，受到与未借助人工智能进行的创作和发明相同的知识产权保护。

（五）机器人法律人格问题

机器人是否可以被赋予法律人格？享有法律权利并承担法律责任？欧盟在机器人立法方面进行了积极探索。2015 年，欧盟议会法律事务委员会决定成立一个工作小组，专门研究与机器人和人工智能发展相关的法律问题。2016 年，该委员会发布《就机器人民事法律规则向欧盟委员会提出立法建议的报告》，2017 年 2 月，欧盟议会已通过一份呼吁出台机器人立法的决议。

此外，人工智能发展所带来的伦理问题等也值得关注。人工智能因其自主性和学习能力而带来新的伦理问题，包括安全问题、歧视问题、失业问题、是否能最终被人控制的问题等，对人类社会各方面将带来重大影响。目前 IEEE 及联合国等已发布人工智能相关伦理原则，如保障人类利益和基本权利原则、安全性原则、透明性原则、推动人工智能普惠和有益原则等。

三、建议与对策

（一）加强人工智能相关法律问题的前沿研究，积极借鉴国际先进经验

人工智能作为新一波的产业浪潮，其所带来的法律问题也是各国关注的焦点，我们的问题意识基本与国际同步。目前美、欧等理论界已在逐步探讨并陆续推出成果，我们应加强人工智能前沿理论研究和探讨，尤其在数据保护与数据产权、算法监管、无人驾驶责任承担、人工智能知识产权保护等方面，为未来人工智能相关立法及司法审判提供智力储备。

（二）积极探索人工智能前沿立法

美国已经在自动驾驶立法等方面推出了前沿立法，欧盟已经在讨论机器人相关立法等。对于自动驾驶等人工智能前沿领域，应积极借鉴国外先进经

验，积极探索相关立法与制度，促进产业健康良性发展。具体包括无人驾驶汽车的安全测试标准、市场准入制度、事故发生责任承担机制等，修改《道路安全法》等以适应无人驾驶产业发展的趋势。总体而言，在促进产业发展的同时，应该加强制度建设，提升“软实力”与规则的国际话语权。

（三）加强教育和培训，提高法律从业者人工智能应用相关知识和技能

人工智能技术的发展对法律服务及司法审判等都将带来相应影响。教育与人才培养方面，需要建立与未来人工智能产业发展相适应的法律从业者教育体系。应鼓励相关研究机构、高等院校和专家开展法律服务及司法审判等相关人工智能基础知识和应用培训，提高法律从业者人工智能应用相关知识和技能。加强国际合作，共同探讨应对人工智能技术发展对法律服务及司法审判带来的影响。

（四）出台中国人工智能发展相关伦理指南与原则

当前国际社会对于人工智能伦理问题有一些探讨，也推出了一些伦理指南或原则。我们产业发展较为迅速，也应该积极构建相关伦理指南或原则。为了确保人工智能朝着普惠（broadly shared）和有益（beneficial）的方向发展，我们认为人工智能发展应遵循自由、伦理、正义、安全、福祉、责任六大原则。

第一，自由原则。人工智能设计与应用应符合人的尊严，保障人的权利与自由；人工智能的发展应加强隐私保护，加强个人对数据的控制，防止数据滥用。

第二，伦理原则。将伦理设计嵌入系统，使其成为有道德的机器，保证伦理规范的多样性和包容性；保证人工智能系统遵守人类社会伦理规范；不断检验伦理设计是否与现实人类规范相符合。

第三，正义原则。确保算法决策的透明性，确保算法设定公平、合理、无歧视；人工智能决策可能影响个人权益，应该提供救济途径；推动人工智能的效益在世界范围内公平分配，缩小数字鸿沟。

第四，安全原则。人工智能研发、设计及应用应保障人身安全、财产安

全及网络信息安全；个人数据的收集与使用应符合规范与法律制度，保障数据安全；针对人工智能的风险，需要有针对性地准备措施及预案；不断加强民众对于人工智能的教育，提高安全等相关意识。

第五，福祉原则。人工智能的发展应以促进人类福祉为目的，推动经济社会可持续发展；和平利用人工智能及相关技术，避免致命性人工智能武器的军备竞赛；人工智能的发展应促进数字经济发展，积极应对人工智能带来的就业影响；应不断完善教育体系，培养与人工智能时代相适应的人才。

第六，责任原则。立法与司法应明晰人工智能责任相关立法与规则，不断完善人工智能相关标准，确保人工智能研发及应用的可追责性；积极探索人工智能应用领域的监管机制及监管制度，保障安全，促进发展；加强人工智能研究国际合作，共同探讨并应对人工智能带来的挑战。

人工智能侵权责任的伦理和法律构建

——以自动驾驶为例

栾　群　郑志峰[1]

人工智能技术飞速发展，行业应用广泛而深刻，在自动驾驶等领域产生实质性进步，得到国家和社会各层面的重视与关注。国务院《新一代人工智能发展规划》（国发〔2017〕35号）明确提出，重视人工智能法律伦理的基础理论问题研究，制定促进人工智能发展的法律法规和伦理规范。[2]特别是，在我国北京、上海、重庆、天津、长沙等地方自动驾驶车辆路测工作获得实质性进展，而国际自动驾驶企业路测伤害事件频发，Uber、Waymo等自动驾驶侵权甚至撞人致死事件发酵，持续引发各界对人工智能（自动驾驶）侵权的法律和伦理思考。

人工智能侵权究竟是谁的责任？

人工智能快速发展，随之由人工智能系统引起的侵害和侵权事件也层出不穷，一部分案件是因自动交通、智能制造事故引发的人身伤害，另一部分因智能系统故障引发的财产损失或利益贬损。自动驾驶是人工智能当前可见的最大规模的应用场景，也是研究人工智能侵权责任伦理和法律构建的典型代表。

首先要明确，人工智能侵权案件与传统侵权案件有所不同，引发损害和

---

[1] 栾群，男，中国电子信息产业发展研究院政策法规所所长，法学博士；郑志峰，男，西南政法大学自动驾驶法律研究中心主任，法学博士。本文是2019年度教育部人文社会科学研究青年基金项目《民法典编纂视野下人工智能侵权责任研究》（19YJC820079）阶段性成果。

[2] 参见《国务院关于印发新一代人工智能发展规划的通知》，中国政府网，http://www.gov.cn/zhengce/content/2017-07/20/content_5211996.htm，最后访问日期2019年1月15日。

风险的形式也有所不同。根据传统侵权法规定，制造商和销售商是主要责任主体，但是人工智能情景下，还应当明确开发者的安全注意义务，建立新的人工智能侵权责任机制，保障行业持续健康发展。从不同的学术观点看，人工智能与侵权责任主体之间至少有以下四种关系。

第一，人工智能工具论——由使用者承担责任。有学者认为，尽管人工智能能够模拟人类的智能，但其并无自身意义上的行为目的，其行为范围和动机都是人类设定的，多是出于为人类工作的目的而运行，这种行为或目的与人类的行为和目的有着本质不同。同时当前人工智能的智能与人类的智能还不可同日而语，它们没有自身积累的知识，其机器知识库的知识都是特定领域的，并且都是人类输入的。[1]换言之，这种观点认为目前人工智能尚不具备自主意识，其行为是在人类授意下做出的，人工智能只是一种工具，因此，人工智能侵权应由使用该工具的人来承担责任。使用者是人工智能程序和设备的控制者，也是受益者，人工智能引发的侵权风险是使用者的使用行为引起的，让受益者承担由其控制的工具引发的侵权责任是公平合理的。在此前提下，有学者提出要参照电梯、高度危险物来解决人工智能的侵权责任。[2]

第二，人工智能产品论——由生产者承担责任。根据《产品质量法》，产品质量应当检验合格，符合保障人体健康和人身、财产安全的标准或要求，生产者、销售者依法承担产品质量责任。从人工智能的产生过程来看，它们本质上通常是一种产品，符合《产品质量法》关于产品的界定。故此，除了个别由于使用者或者第三人故意引起的侵权以外，大多数人工智能侵权是由于产品存在缺陷造成的，故而适用产品责任来解决责任承担再合适不过。例如，欧盟《机器人民事法律规则》就明确规定，生产者应当就人工智能引发的故障损害承担产品责任。此外，消费者对于人工智能产品缺陷，既难以理解也难以发现且难以举证，故应当由生产者、销售者依据《侵权责任法》的规定承担不真正连带责任。

第三，人工智能动物论——由管理者承担责任。有学者认为，人工智能具有一定的自主行为能力，甚至可能展现一定的自由意志，与以往的单纯工

[1] 吴汉东：《人工智能时代的制度安排与法律规制》，《法律科学（西北政法大学学报）》2017年第5期。

[2] 郑志峰：《自动驾驶汽车的交通事故侵权责任》，《法学》2018 年第 4 期。

不同，不完全受人类控制，这与饲养的动物颇为相似，因为动物可能在有人类授意下实施侵权，也可能无人类授意下发生侵权，同时动物存在的目的是为了更好地服务人类，而人工智能的存在目的也是如此，这让两者之间存在诸多相似之处。[1]尽管古代立法中有让动物承担法律责任的规定，但现代立法不再将动物视作法律主体，因此动物的侵权行为应由饲养人或者管理人承担侵权责任。如借鉴动物侵权法律规定，人工智能侵权也应由对其负有管理义务的人承担。

第四，人工智能主体论——由人工智能承担责任。人工智能最大的特点在于其拥有智能，不但可以做出行为，而且能够自主做出分析判断，同时拥有比人类更加强大的数据收集、记忆和计算能力，这使得其法律地位问题存在极大争议。有学者认为，从法律主体的发展历史来看，法律人格已经从伦理性转向工具性，法律主体与自然人之间并非一一对应的关系，考虑人工智能的智能属性，为了更好地服务于人类社会，应当赋予人工智能工具性人格。[2]与此同时，有学者认为，法律可以将自然人以外的实体规定为法律主体，例如赋予法人以法律人格，那么对于人工智能也可以参照这种做法。[3]此外，实践中已经有一些国家赋予或正在考虑赋予人工智能法律主体资格，如沙特赋予索菲亚机器人公民资格，欧盟《机器人民事法律规则》建议给予先进的人工智能以“电子人”（electronic person）的法律地位。如果人工智能成为法律主体，则应当承担其侵权行为引起的法律责任。[4]

一、人工智能（自动驾驶）侵权的特殊性与立法必要性

（一）自动驾驶产业发展情况

目前，自动驾驶已经进入高级别自动驾驶发展阶段。业界公认的自动驾驶分级技术标准有两个：一是NHTSA（美国高速公路安全管理局）提出的

[1] 郑志峰：《自动驾驶汽车的交通事故侵权责任》，《法学》2018年第4期。
[2] 许中缘：《论智能机器人的工具性人格》，《法学评论》2018年第5期。
[3] 张玉洁：《论人工智能时代的机器人权利及其风险规制》，《东方法学》2017年第6期。
[4] 陈全思，张浩，栾群：《人工智能的侵权责任与归责机制》，赛迪《前瞻》2019年第9期。

标准，一是 SAE（国际汽车工程师协会）提出的标准。NHTSA 分为 L0–L4 五个级别，而 SAE 分为 L0–L5 六个级别。相比较而言，SAE 的六级划分市场接受度更广：非自动（Level 0）、驾驶员辅助（Level 1）、部分自动（Level 2）、有条件自动（Level 3）、高度自动（Level 4）以及完全自动（Level 5）。与此同时，我国《国家车联网产业标准体系建设指南（智能网联汽车）》针对自动驾驶采取了 DA（驾驶辅助）、PA（部分自动驾驶）、CA（有条件自动驾驶）、HA（高度自动驾驶）、FA（完全自动驾驶）的分级。2018 年出台的《智能网联汽车道路测试管理规范（试行）》则将自动驾驶汽车分为三个阶段，分别是有条件的自动驾驶、高度自动驾驶和完全自动驾驶。有条件自动驾驶是指系统完成所有驾驶操作，根据系统请求，驾驶人需要提供适当的干预；高度自动驾驶是指系统完成所有驾驶操作，特定环境下系统会向驾驶人提出响应请求，驾驶人可以对系统请求不进行响应；完全自动驾驶是指系统可以完成驾驶人能够完成的所有道路环境下的操作，不需要驾驶人介入。一般业界认为，L4 级别及以上的自动驾驶为高级别自动驾驶，但现在广义上也包括 L3 级，即 L3 级别为 Hands off（解放双手），L4 级别为 Eyes off（解放双眼），L5 级别为 Drivers off（解放驾驶员）。总体上，由于汽车行业和技术发展多年，L2 级别的驾驶辅助技术已较为普遍，但当前各大车企都在加速推进 L3 级别及以上的自动驾驶产业化落地。虽然各个企业选择的技术路线不同，但基本都是瞄准部分自动驾驶和高度自动驾驶（L4）之间的区域，只不过有的选择宣传为 L2.5 级，有的宣传 L3 级，也有直接宣传 L4 级的。

当前，各国都在抢占自动驾驶行业发展的高地，出台了一系列的发展规划。与此同时，我国也颁布了一系列指导性文件，明确自动驾驶汽车行业的发展规划和发展目标。例如，《汽车产业中长期发展规划》就明确提到了我国“智能网联汽车推进工程”，到 2020 年，汽车 DA、PA、CA 系统新车装配率超过 50%，网联式驾驶辅助系统装配率达到 10%，满足智慧交通城市建设需求。到 2025 年，汽车 DA、PA、CA 新车装配率达 80%，其中 PA、CA 级新车装配率达 25%，高度和完全自动驾驶汽车开始进入市场。再比如，根据国家制造强国建设战略咨询委员会、工业和信息化部委托，中国汽车工程学会2017年11月发布了《节能与新能源汽车技术路线图》，计划智能网联汽车在2020年DA、PA、CA系统新车装配率超过50%，2025年超过80%，这与《汽车产业中长期发展规划》目标基本是一致的（见表1 智能网联汽车自动驾驶技术路线）。

表1　智能网联汽车自动驾驶技术路线

发展目标	技术路径	发展重点	路线图概要
起步期（2020）： 汽车DA、PA、CA新车装配率超过50%，网联式驾驶辅助系统装配率达到10% 发展期（2025）： 汽车DA、PA、CA新车装配率达到80%，其中，PA、CA新车装配率达25%，HA/FA级自动驾驶开始进入市场 成熟期： DA、PA、CA新车装配率80%，HA/FA达到10%	以感知、定位、信息等技术为基础 以信息融合技术为核心 以车辆协同控制为载体 完善智能网联相关技术标准 加强核心零部件的研发 逐步推进智能网联汽车的发展	集成控制技术研究 车载V2X无线通信技术的应用研究 智能网联汽车信息安全 检测与防护关键技术研究 机器视觉深度认知技术 云网一体化技术环境感知系统搭建 动态高精度地图综合研究 测试评价体系与测试环境建设	近期以自主环境感知为主，推进网联信息服务为辅的部分自动驾驶（PA级）应用 中期重点形成网联式环境感知能力，实现可在复杂工况下的半自动驾驶（CA级） 远期推动可实现V2X协同控制、具备高度/完全自动驾驶功能的智能化技术

来源：根据《节能与新能源汽车技术路线图》整理。

此外，根据2018年底发布的《车联网（智能网联汽车）产业发展行动计划》中的发展目标，到2020年，要实现智能网联汽车产业跨行业融合取得突破，具备高级别自动驾驶功能的智能网联汽车实现特定场景规模应用，综合应用体系基本构建，用户渗透率大幅提高，智能道路基础设施水平明显提升，适应产业发展的政策法规、标准规范和安全保障体系初步建立，开放融合、创新发展的产业生态基本形成。该行动计划在关键技术突破、标准体系搭建、基础设施建设、应用服务推广、安全保障提升五个方面提出发展目标，并计划在2020年以后，高级别自动驾驶功能的智能网联汽车和5G-V2X逐步实现规模化商业应用，“人—车—路—云”实现高度协同。[1]

（二）自动驾驶侵权责任的特殊性

首先，侵权构成要素复杂。现阶段人工智能的技术框架主要以机器学习和深度学习为中心构建。从软件层面，人工智能系统作出的判断、决策等行为，实际上是对人工智能模型输入一定数据而得到的函数输出结果，其基本模型可以用“输出 = 人工智能模型（基础算法 + 训练材料）+ 输入”表示。侵权的输出结果实际受到基础算法、训练材料和输入行为三个要素的影响，这三个要素可能独立导致侵权结果，也可能相互作用累积引起侵权，这使得具体侵权案件的归责难度加大。特别是，现有的司法人员普遍没有接受过人工智能技术相关培训，而技术人员少有精通法律的，对人工智能侵权的事实认定和法律认定都非常困难，这在国际及我国司法机构审判自动驾驶致损案件中可以得到印证。

其次，自然人通常没有主观过错。传统的侵权案件中，通常是侵权人的违法行为造成了损害事实，违法行为与损害事实之间具有因果关系，且行为人对违法行为具有主观过错。但在自动驾驶或其他人工智能侵权案件中，自然人作为使用人或管理人通常不具有侵权的故意或者过失，侵权行为和损害事实是人工智能程序自主判断、决策的结果。法人作为使用或管理人也是同理。以 L4 级别以上的自动驾驶汽车为例，使用人下达给车辆行驶的命令，途中使用人并不参与车辆的转弯、减速、超车、避让等各类行驶决策。在车辆自动行驶的过程中，如果发生侵权事故，尽管使用人最初下达的行驶命令与侵权事实也有一定的关系，但二者之间的因果关系太弱，使用人使用车辆的意志并不包含任何侵权意图，此时归责于使用人，则会给使用人施加过重的事故防范义务，既不符合公平原则，也不利于人工智能推广应用。

最后，人工智能具有一定的自主性。由于难以归咎于自然人，人工智能侵权主要是由产品本身问题引起的，因此应当在产品责任视角下讨论。一般产品侵权是由于存在缺陷而造成他人损害，所谓缺陷是指产品存在危及人身、他人财产安全的不合理的危险，通常在生产阶段按照相应的产品标准或质量

[1] 栾群，张浩：《产业链合作推动高级别自动驾驶产业化》，《智能网联汽车》2019 年 3 月总第 3 期。

要求应当能够发现这种缺陷。但人工智能产品与一般产品不同，人工智能虽然尚不具有类似人类的意志，但具有一定的自主性，具有学习能力，引起侵权事故的原因既可能是设计生产阶段已经存在的缺陷，也可能是人工智能自主学习后产生的“危险”。而因人工智能学习引起的危险是否属于“缺陷”，目前法律规定中尚不明确。

总之，人工智能对侵权责任、产品责任等传统责任框架提出深刻挑战。[1]不但传统法学主观归责（过失）原则几乎在根基上被动摇，甚至《侵权责任法》《产品质量法》《消费者权益保护法》等法律对产品责任的一系列规定也几乎都不能再直接适用。不得不说，以自动驾驶为代表的人工智能侵权责任确实带有之前无法考虑的特殊性。

（三）自动驾驶侵权立法的必要性

自动驾驶汽车、医疗机器人、工业机器人等人工智能产品层出不穷，在带来巨大社会价值的同时，也对现行法律提出了一系列挑战。其中，侵权责任问题可谓首当其冲，成为制约自动驾驶汽车等人工智能发展的关键难题。人工智能的侵权责任之所以特殊，根本原因在于它的出现打破了现有法律的基本假定：现行几乎所有法律都是以人的决定为基础进行构建的，调整的是人的决定、人的行为。然而，人工智能的智能属性使其不同于以往任何形式的产品，其能够在独立于人类干预的情况下做出决定，由此对现行法律提出了根本性挑战。[2]其中，自动驾驶汽车的侵权责任问题尤其值得关注。一方面，自动驾驶汽车被誉为人工智能技术应用之母，是人工智能行业新产品的代表，具有非常强的典型性；另一方面，自动驾驶汽车具有与现实世界进行物理性交互的能力，能够造成实质性损害，这使得其侵权责任的规制具有很强的紧迫性。

自2017年国务院颁布《新一代人工智能发展规划》，北京、上海、重

---

[1] 参见司晓，曹建峰：《论人工智能的民事责任：以自动驾驶汽车和智能机器人为切入点》，载《法律科学》2017年第5期。

[2] [美]约翰·弗兰克·韦弗：《机器人也是人：人工智能时代的法律》，郑志峰译，元照出版集团2018年版，第5页。

庆等城市相继开放了自动驾驶汽车的道路测试，[1]并就测试期间自动驾驶汽车的交通事故侵权责任做了探索。与此同时，我国《民法典》的编撰工作也已经进入下半场，侵权责任编等分编正在紧锣密鼓的制定和征求意见当中。从当前人大法工委发布的征求意见稿中，侵权责任编并未对自动驾驶汽车的侵权责任问题进行回应，这无疑是十分遗憾的。此种背景下，如何在《民法典·侵权责任编》中回应自动驾驶汽车的侵权责任问题变得刻不容缓。

二、人工智能（自动驾驶）侵权责任的法律规则构建

当前，域内外有关自动驾驶汽车侵权责任问题的讨论非常火热，且美国、德国等传统发达国家已经在立法实践上走在了前列。2017 年，美国众议院和参议院都各自提出了一部自动驾驶法案，虽没有获得最终通过，但谷歌等科技巨头在内华达等州区域内的自动驾驶已获地方许可，可见这种立法努力已经取得一定实际效果；德国颁布了“道路交通法第八修正案”，还公布了全球第一部针对自动驾驶的伦理指南，为相关法律法规的制定和完善提供了一定的伦理基础和道德依据。对此，学者们达成了一些共识，如认识到了自动驾驶产品责任和保险制度的重要性，但对于自动驾驶汽车使用人一方承担何种责任还存在较大争议。我们认为，自动驾驶侵权责任法律规则构建的考虑，主要应着眼于以下方面。

第一，赋予自动驾驶汽车法律人格时候未到，也没有必要。一方面，当前并不具备赋予人工智能法律人格的理论基础、心理准备、技术条件，时机不成熟；另一方面，赋予人工智能法律人格也没有从根本上解决问题，自动驾驶汽车获得法律人格仍然没有承担侵权责任的财产，这些财产依旧需要消费者或生产者来支付，赋予其法律人格没有太多必要。

第二，直接借鉴动物侵权、电梯侵权、高度危险责任都不周延。其一，动物和自动驾驶汽车存在许多区别，两者无法等同。其二，自动驾驶汽车和

[1] 栾群，王星：《智能网联汽车路测为何首选直辖市？》，赛迪《前瞻》2018 年第 67 期，载 https://www.ccidgroup.com/sdgc/12249.htm，最后访问日期 2019 年 6 月 15 日。京沪渝津等直辖市城市纷纷推动自动驾驶路测，一方面是都市产业选择的客观需要；另一方面可能更重要的是，与直辖市特殊的政治经济地位和立法权限直接相关，且具有相对完善的产业发展配套可能也是决定性因素之一。

电梯也有不同，电梯的运行环境非常简单，一般是直上直下，但是自动驾驶汽车不同，它们运行的环境非常复杂，要执行识别、感知、决策等一系列动作。其三，自动驾驶汽车和高度危险物也存在本质区别，运营飞机、动车承担高度危险责任是合理的，因为主体是运营者，但是自动驾驶汽车很多是私人所有的，单个的私人和运营者是不同的，所以适用高度危险物也不合适。[1]

第三，生产者一方应当承担产品缺陷责任。一方面，自动驾驶汽车仍然属于产品的范畴；另一方面，自动驾驶汽车发生事故多半是因为汽车存在故障而发生的。故此，自动驾驶汽车发生事故适用产品责任存在合理性。但问题的关键在于，现行产品责任制度很难适用于自动驾驶汽车身上，因为让消费者一方承担自动驾驶汽车存在故障的证明责任极其困难。自动驾驶汽车的算法具有不可预测性、不可重复性等特点，同样的场景测试的结果很可能会不一样，消费者一方面证明缺陷的难度急需解决。为更好地救济受害人，法律可以考虑实行推定规则。[2]

第四，使用人一方需要承担保有者责任。当前，《道路交通安全法》第76条和《侵权责任法》第49条的规定都表明，我国现行机动车交通事故侵权责任属于驾驶人责任，由驾驶者对其驾驶行为承担责任。然而，在自动驾驶汽车到来后，使用人没有实施驾驶行为的可能，现行交通事故侵权责任规则自然无法适用。为此，我们认为让使用人一方承担保有者责任：其一，使用人一方享有自动驾驶汽车带来的利益，自然也应当承担由此带来的风险；其二，使用人一方对于自动驾驶汽车具有保有者的地位。

第五，自动驾驶道路测试期间侵权责任值得关注。当前，自动驾驶汽车的道路测试已经成为现实。域外层面，美国、英国、法国、德国、日本、韩国等都在积极推行自动驾驶汽车道路测试，力争早日实现自动驾驶汽车行业的产业化。与此同时，我国北京、上海、重庆、深圳等20余个城市已经进行自动驾驶汽车的道路测试。此外，考虑自动汽车技术的复杂性，我们有理由相信自动驾驶汽车的道路测试将长期存在，故而应当对自动驾驶汽车道路测试期间的交通事故进行探讨。对此，考虑现有政策法规的限制，沿用现有

[1] 郑志峰：《自动驾驶汽车的交通事故侵权责任》，载《法学》2018年第4期。
[2] 冯珏：《自动驾驶汽车致损的民事责任侵权责任》，载《中国法学》2018年第6期。

的机动车交通事故责任规则是比较合适的。

第六，配套相关的保险制度至关重要。对于自动驾驶汽车这样高风险、高收益的新兴产业来说，尽管产品责任具有很强的调整适应性，但仍有必要引入责任保险制度。首先，依据产品责任制度，受害人要想获得赔偿，必须证明产品存在缺陷以及缺陷与损害之间存在因果关系，这无疑十分困难。其次，实践中自动驾驶汽车引发的事故大多数可能是小事故，但与此相对的是，产品责任诉讼往往是异常复杂和昂贵的。在诉讼中，受害人可能需要翻译成千上万份外文版工程文件，邀请各种专家证人。此种背景下，通过产品责任救济受害人可谓是费时费力，既不充分，也难谓及时。再次，考虑自动驾驶汽车让整个社会都极大地受益，让制造商和消费者就某个具体事故承担全部责任是不道德的。对此，引入责任保险这一救济途径符合社会的伦理价值观念。最后，大量的诉讼对于制造商来说也是沉重的负担，会让其疲于应对，难以集中精力进行技术创新。基于此，引入责任保险制度，可以很好地弥补产品责任的不足，平衡制造商、消费者与受害人之间的利益，既能及时高效地救济受害人，又可让制造商免于诉累，专注于提升自动驾驶汽车产品的安全性能，造福整个社会。[1]

三、负责任的人工智能下自动驾驶伦理构建

（一）自动驾驶侵权责任的基本遵循

第一，生产者、销售者都是侵权责任主体。目前人工智能还处于高级函数的阶段，不具备侵权的主观意志，也不具有承担侵权责任的能力。应当说，人工智能侵权还是表象，本质上仍然是有安全注意义务的人由于故意或过失没有履行相应义务，而导致人工智能侵权危险的发生。对人工智能侵权负有安全注意义务的，应当是有能力知晓人工智能工作机制并控制人工智能行为的人。一般情况下，应该是人工智能的生产者和销售者。与此同时，由于人工智能构成的复杂性，产品的瑕疵或缺陷是发生在算法设计、调试阶段，还

[1] 郑志峰：《自动驾驶汽车的交通事故侵权责任》，载《法学》2018 年第 4 期。

是发生在机器学习训练、测试生产阶段，又会决定该归责于生产者，特别是设计者。在人工智能时代，设计者和生产者常常是分离的，所以这可能是两类不同的侵权主体。

第二，严格限制产品责任免责事由的适用。人工智能侵权主要是适用产品责任，《产品质量法》规定了生产者的三类免责事由：（一）未将产品投入流通的；（二）产品投入流通时，引起损害的缺陷尚不存在的；（三）将产品投入流通时的科学技术水平尚不能发现缺陷的存在的。由于大量人工智能产品属于技术前沿成果，人工智能算法或程序中确实存在一些生产者（设计者）无法预见的瑕疵或缺陷，因此这三类免责事由仍有适用空间。一方面应宽容创新，对于开发者能够证明已尽力避免，而当时认知和技术水平确实无法发现的缺陷风险，应当免除开发者的责任；另一方面应严格适用免责事由，严格规范开发者涉及人身、财产安全的人工智能程序开发行为，强化开发者安全注意义务，预防人工智能侵权风险发生和累积。

第三，合理界定消费者一方的责任。消费者一方是人工智能产品的购买方，是市场的需求方，如何界定其责任十分关键。如果消费者一方的责任过重，那么势必会阻碍人工智能行业的发展，人工智能产品进入市场的脚步将会延缓。与此同时，消费者一方又是人工智能的直接受益者，他们通过使用自动驾驶汽车获得了极大的便利，包括降低伤亡概率、享受了移动便利等，如果不承担任何责任也不公平。故此，应当充分考虑消费者一方的责任。

第四，建立人工智能责任机制。一是逐步建立人工智能产品标准，使开发者明确其开发产品需要满足的保障人体健康和人身、财产安全的国家标准或行业标准，避免出现缺陷产品。引导行业建立人工智能开发者安全注意义务准则，加强行业自律规范。二是建立人工智能缺陷产品召回机制，建立算法变化节点时间表机制。对发现缺陷后的产品应及时召回或停止提供服务，并评估人工智能算法的变化节点，排查变化原因，明确引起变化并导致侵权的责任主体。三是探索类似交强险的人工智能责任险。由于人工智能可能存在无法归责于使用者，也不宜归责于生产设计者的侵权风险，可以设立人工智能责任险，及时为被侵权人提供救济，分担开发者风险，保障行业健康发展。

（二）自动驾驶伦理规范的国际经验

2017年德国运输和数字技术设施部发布了共20条的《自动化和互联化车辆交通伦理准则》。[1]其要旨笔者总结如下，我国在制定自动驾驶伦理规范时可以借鉴：

（1）自动驾驶技术要提高所有相关者的安全，技术发展服从于私法自治；

（2）对人的保护优先于所有其他利益考量；

（3）驾驶系统需要官方的批准及监管；

（4）要实现个人自由决定与他人自由、安全的平衡；

（5）技术的设计应完全避免出现进退两难的情况；

（6）法律不应当超越伦理认知水平强推自动驾驶技术应用；

（7）对人生命的保护在法律考量上高于一切；

（8）对于必须牺牲一方的“两难困境”（如撞左边还是撞右边），禁止事先编程固化；

（9）在发生不可避免的事故时，严格禁止将人群属性作为评判标准；

（10）考虑多元的责任主体；

（11）自动驾驶汽车损害与其他产品责任适用同样的原则；

（12）公众有权利充分了解新技术及其使用方式；

（13）加强数字化交通基础设施完善；

（14）对于自动驾驶不能因为带来的损害而产生根本性的动摇；

（15）智能网联汽车产生的数据服从于交通参与者的自治权及数据主权；

（16）明确分工和记录人机驾驶数据和情况；

（17）机器适应人而非人适应机器；

（18）车辆可以自我学习但不能违反现有规定；

（19）在紧急情况下，车辆必须自主进入安全状态；

---

[1] 德国运输和数字技术设施部：《自动化和互联化车辆交通伦理准则》，载 https://www.bmvi.de/SharedDocs/DE/Publikationen/DG/bericht-der-ethik-kommission.pdf?__blob=publicationFile，最后访问日期2019年6月12日。欧洲在人工智能伦理准则方面走在世界前列，如2018年12月欧盟委员会公布了可信人工智能道德准则草案，2019年4月发布正式版，由于本文聚焦在自动驾驶领域，暂不讨论欧洲可信人工智能道德准则。

（20）人们应当接受自动驾驶培训并接受考核。

在人工智能伦理中，对自动驾驶伦理的评判是非常残酷的，且不说根本无解的“电车困境”如何选择，[1]就是人类驾驶情景下简单的民事、刑事责任，在自动驾驶情境下责任承担都是困难重重。德国《自动化和互联化车辆交通伦理准则》提出了经验借鉴，但也只是标靶方向而已。例如，在不可避免但有可能致命的碰撞中，自动驾驶的汽车必须能作出一个艰难的决定，是撞向路边设施、车辆，还是撞向行人，这种伦理性的选择是未来自动驾驶普及之后必然需要的。至少，这样的事情不能交由一个程序员或公司决定，而必须由公共部门来决定。正如上述第 8 条规定，对于必须牺牲一方的“两难困境”（如撞左边还是撞右边），禁止事先编程固化。但是如果仔细对比和联系上下文，我们会发现第 8 条与第 9 条之间带有部分的矛盾性。因为“在发生不可避免的事故时，严格禁止将人群属性作为评判标准”，本身就已被看作一条应当遵行的自动驾驶伦理原则了。[2]技术不能现时达到最优，所以，几乎所有有自动驾驶的国家都规定了人类驾驶员能够随时接管车辆安全。从带有浓郁危机感的伦理学视角看，车辆危险的发生是一瞬间的事，法律像第 8 条那样规定也许有很大成分是为了宽慰人心。

人类能否经得起诱惑值得怀疑，毕竟自动驾驶对城市基础设施的改善，对疲劳驾驶、酒驾醉驾的完美替代，以及资本和地方政绩冲动的吸引力实在是太大了。笔者认为，自动驾驶与其他人工智能场景相比，真正对人类的考验在于，我们是否真的愿意开发一种能避免绝大多数事故，但又有可能犯下人类不会犯的致命错误的自动驾驶汽车呢？而且，伦理学意义上生命的价值是可以比较的吗？几个人的生命与一个人的生命，老年人的生命和年轻人的生命，在车辆撞击不可避免的情况下，我们能否放心地指望车辆上的传感器、面部识别软件、人工智能系统等做出符合人类伦理价值的选择？

[1] 电车困境，又称火车困境、电车难题，Trolley Problem，是哲学、伦理学领域最为知名的思想实验之一。内容大致是：如果把五个无辜的人绑在电车轨道上，一辆失控的电车朝他们驶来，马上就要碾压到他们。你可以拉一个拉杆，让电车开到另一条只有绑了一个人的轨道上。此时，你该如何做？

[2] 陈晓平，翟文静：《关于自动驾驶汽车的立法及伦理问题——兼评“德国自动驾驶伦理指南”》，《山东科技大学学报》（社会科学版）2018 年第 3 期。

四、结语

经济社会和产业发展有其客观规律，不以人的意志为转移。特别是自动驾驶技术突破并历经工程化、产业化后，一系列的经济合理性获得人们认可，走入寻常百姓家只是时间问题。人类有伦理道德方面的担心在所难免，更务实的做法是在能力的限度内，把现在能考虑到的优化方案及时嵌入现行法律制度等规范体系，即使理性有所局限但也不能只是静待其过。总之，智能革命引发的法律、政策和伦理话题刚刚开始，伴随人类社会的知识创新，我们需要跟进理论创新和制度创新。我们有理由相信，科学技术的智慧之光与法律制度的理性之光，将在人工智能时代交相辉映。

人工智能生成内容的著作权法问题研究

于雯雯[1]

具备作品外观的人工智能生成内容是否应当受到《著作权法》的保护问题是近年来知识产权学界热议的问题之一。2019年4月25日，北京互联网法院在北京菲林律师事务所诉北京百度网讯科技有限公司著作权侵权纠纷一案民事判决书【（2018）京0491民初239号】中，审理法院对由威科先行库自动生成的分析报告的性质、该分析报告的权益归属等问题进行了分析判断，再次引起了理论与实务界的关注。本文从理论与实务研究现状出发，拟从实然与应然角度对该问题展开论证，主要涉及以下问题：第一，在现行《著作权法》下，具备作品外观的人工智能生成内容是否能够获得保护？第二，具备作品外观的人工智能生成内容是否需要受到法律保护？第三，具备作品外观的人工智能生成内容获得法律保护的路径？以下分述之。

一、在现行《著作权法》下具备作品外观的人工智能生成内容难以获得著作权保护

在《现代汉语词典》中，“作品”指文学艺术方面的成品。不区分合法与非法，亦不区分人工与非人工。因此，无论是人工智能写作、人工智能作画、人工智能编曲、人工智能拍照，只要其生成内容是文学艺术方面的成品，就是“作品”。但是《著作权法》并不是对所有的作品都给予法律保护，《著

[1] 于雯雯，女，北京市社会科学院法学所助理研究员，法学博士。

作权法》意义上的"作品"有其特定含义。《著作权法实施条例》第2条规定："著作权法所称作品，是指文学、艺术和科学领域内具有独创性并能以某种有形形式复制的智力成果。"这意味着人工智能生成内容是否属于《著作权法》意义上的作品需要进行法律要件构成分析。争议之点在于是否"具有独创性"以及是否属于"智力成果"。

（一）是否具有"独创性"

一种观点认为："当我们已无法区分所欣赏的作品为人类创作还是机器生成时，就意味着该内容应被认定为作品，所以人工智能生成内容客观上应视为满足独创性要件中对最低创造性的要求，避免未来在此问题上出现因缺少必要证据而无法认定的情形。"[1]另一种观点则认为："'独创性'体现为作品源于作者独立的、富有个性的创作，打上了其聪明才智的独特烙印，是作者精神与意识的产物。"[2]因此，"独创性"属于自然人作者独有。北京菲林律师事务所诉北京百度网讯科技有限公司著作权侵权纠纷一案中，审理法院认为："从分析报告生成过程看，选定相应关键词，使用'可视化'功能自动生成的分析报告，其内容涉及对电影娱乐行业的司法分析，符合文字作品的形式要求，涉及的内容体现出针对相关数据的选择、判断、分析，具有一定的独创性。"[3]可见，司法实践倾向于将独创性与主体相分离，从而进行独立的客观判断。

（二）是否属于智力成果

这取决于智力成果是否必须来源于人类，以及如果来源于人类，那么人工智能生成内容的过程是否与人类智力活动具有同质性。

对于第一个问题，当前知识产权法以人类智力为中心来构建其保护对象，智力成果指的就是人类的智力成果，由自然人创作形成。郑成思教授指出："虽然《伯尔尼公约》未明确规定这一点，但其提及'作者'的各个条

❶ 熊琦：《人工智能生成内容的著作权认定》，《知识产权》2017年第3期。

❷ 王迁：《论人工智能生成的内容在著作权法中的定性》，《法律科学》2017年第5期。

❸（2018）京0491民初239号

款都暗示着其自然人的特征，未予规定的原因是部分国家将法人视为原始版权人，但不是视为作者；然而，即使是承认‘法人视为作者’，这也无法否认真正的作者是‘动了脑子去创作的人’。”[1]而且《著作权法》以激励作品创作为目的，也只有人类的智力活动才需要并且能够受到立法的激励。

对于第二个问题，人工智能生成成果的过程大致包括以下四个步骤：第一步，通过语音识别、图像识别等技术进行感知；第二步，通过深度神经网络算法从大量数据中进行机器学习；第三步，通过模拟神经元从数据中提取信息并循环不断地予以精细化，最终提炼出模型；第四步，根据用户的输入关联相关要素，在模型的基础上生成内容。[2]其本质上是计算机依据大数据和算法而为之计算过程。与之相比，人类的智力活动要更加复杂，不仅包括理性（如对于写作规律的掌握和运用），而且包括思想、情感和灵感。如学者所言："作为有血有肉的自然人，人类理性的运作是心智的整体活动的一部分，其中有逻辑、推理的影响，但也不可避免地与情感、欲望相关，三者混杂在一起，无法截然分开。"[3]2017年5月，微软公司在北京发布了人工智能"小冰"的诗集《阳光失去了玻璃》，微软的技术人员声称："小冰"学习了自1926年以来500多位诗人的现代诗，经过上万次训练，其写作的思维过程与人类相似，也要经过创作诱发源、创作本体活动、创作成果训练等步骤。但就创作方式而言，机器人不是像人类那样根据语法和要表达的意思编句撰文，而是从大量文本语料中学习写作。具言之，计算机的写作过程，大抵以大量文本语料（信息）的数据为基础，通过快速阅读并形成相关专题的写作模板（表达格式），最后通过语言模型对表达意思的信息进行加工、合成（智能），即基于"人机合作"系统而导致的内容生成。[4]因此，纵使人工智能生成内容具有人类智力创作成果的表象，但是由于其生成过程与人类智力创作活动具有本质不同，因此，人工智能生成内容不属于智力成果，不属于现行《著作权法》意义上的作品，难以受到《著作权法》的保护。

---

[1] 郑成思：《版权法》，中国人民大学出版社1997年版，第26-32页。

[2] 陶乾：《论著作权法对人工智能生成成果的保护——作为邻接权的数据处理者权之证立》，《法学》2018年第4期。

[3] 龙文懋：《人工智能法律主体地位的法哲学思考》，《法律科学》2018年第5期。

[4]《人工智能对知识产权法律保护的挑战》，《中国法律评论》2018年第2期。

二、人工智能生成内容应当受到著作权法规范

尽管人工智能生成内容不构成《著作权法》意义上的“作品”，难以通过“作品—创作—作者”的逻辑获得著作权的保护。但是，人工智能生成内容无疑具有与作品市场密切相关的利益关系。而这种利益关系应当获得著作权法的关注和调整。

（一）人工智能生成内容具有财产性

实践中，人工智能生成内容的财产性利用已经出现。如在文学领域，微软公司出版了人工智能“小冰”的诗集《阳光失去了玻璃》；在艺术领域，美国人工智能机器人通过学习已经能够生成极具艺术性和美感的美术作品，并在画廊和博物馆展出；[1]在新闻写作领域，美联社与人工智能公司合作开展的人工智能新闻写作平台 Wordsmith，如今已经达到每季度三千余篇的产量。[2]特别是在财经和体育等需要大量数据分析的新闻报道领域，人工智能在利用大数据和大规模分析数据等方面的优势，使其成为最先介入创作行为的领域。在音乐和视觉艺术领域，谷歌提供的人工智能设备 DeepDream 所生成的绘画已拍卖成功。这些表明，人工智能生成的具有作品外观的内容是有市场需求和市场价值的，而且事实上已经开始成为市场交易的对象。其权益性质和权益归属应当在法律上有所明确。

（二）人工智能生成内容丰富了人类文学艺术科学内容

当人工智能生成的诗歌、绘画等内容与人类创作作品在外观上难以区分时，其客观上构成了人类文学艺术科学的一部分内容。人工智能生成内容虽然并非来自激励人类创作而生的作品，但是其同人类创作的作品共同成为人类文学艺术科学事业发展的组成内容，符合《著作权法》关于“促进社会主义文化和科学事业的发展与繁荣”的立法目标。

---

❶ Annemarie Bridy, The Evolution of Authorship: Work Made by Code, 39 Colum. J.L. & Arts 395 (2016), p. 397. 转引自熊琦：《人工智能生成内容的著作权认定》，《知识产权》2017 年第 3 期。

❷ 付松聚：《从 8 月 CPI 报道看机器新闻与人工新闻差异何在》，载《中国记者》2015 年第 11 期。

虽然人工智能生成内容不属于现行《著作权法》意义上的“作品”，但是其可能引起著作权利益关系的变化,进而需要进行著作权法律关系的评价。（1）人工智能生成内容属于人类再创作资源的一部分。人类的创作不是凭空而来的，往往需要建立在对先前作品或者相关信息的学习、积累、借鉴与思考基础之上。当人工智能生成内容具有作品外观及一定创作高度时，就会客观地成为人类创作作品过程中所参考、借鉴、引用或者评价的对象。当人类创作作品中出现了人工智能生成内容时，就需要对作者的使用行为予以规范。（2）人工智能学习内容来源于人类既有文化艺术科学内容。另外，人工智能生成内容需要建立在大数据收集与算法分析基础之上。大数据来源于作品的数据化以及公有领域的信息。数据化作品中就会包含有著作权保护的作品。也就是说，人工智能生成内容也会与人类作者发生利益关系。那么对于这部分作品信息的收集分析是否需要经过著作权人授权并付费,就需要《著作权法》来规范。

三、人工智能生成内容在《著作权法》上的规范路径

从应然的角度来看，人工智能生成内容具有在《著作权法》中进行规范的必要性。但是如何规范值得探讨。本文认为重点在于以下三方面。

（一）将人工智能生成内容产生的市场利益归于一定法律主体

如果人工智能生成内容产生了商用化的市场利益，那么就需要通过一定法律形式将该利益归于一定的法律主体。对于人工智能生成内容的法律归属问题。主要存在赋权与非赋权两种模式。赋权模式是指赋予特定主体著作权或者相关权。如 Pamela Samuelson 在 1985 年就指出：“向使用者授予权利也是最可行的解决方案，最不可能导致诉讼的解决方案也支持将使用者确认为计算机生成作品的明确且唯一的所有者。”[1]Andres Guadamuz 也认为：“授予人工智能操作的人版权似乎是最明智的做法。因为这将鼓励公司投资

[1] Pamela Samuelson, “Allocating Ownership Rights in Computer-generated Works”, (1985) 47 U. Pitt. L. Rev.1185.

于该技术，因为他们知道自己的投资将获得回报。”[1]Kalin Hristov 认为：“人工智能生成作品的作者身份应当给予程序设计者和设备所有者。”[2]国内学者如熊琦认为：“对于新出现的人工智能生成内容，在肯定其最低限度创造性的基础上，完全可以将人工智能的所有者视为作者，因为从机器学习的训练角度看，所有者即为向人工智能注入其意志的主体，人工智能则可视为代表所有者的意志创作。”[3]陶乾认为：“应在《著作权法》上增设数据处理者权，即数据处理者对其以数据为基础并通过技术获得的数据成果享有的财产权，作为与录音录像制作者权、广播组织者权平行的邻接权。对特定人工智能程序或设备享有使用权者是其所生成数据成果的邻接权人。”[4]从实证法上来看，英国 1988 年《版权、设计和专利法》采用了该模式，其第 9 条（3）规定：“如果文学、戏剧、音乐或艺术作品由计算机生成，作者应当是对作品的创作作出必要安排的自然人。”因此，即使一幅画由机器自动生成，这幅画的作者应当是提供了指导和期待的人，从而将“计算机生成内容”的著作权归于“作出必要安排”的自然人。

非赋权模式是指不授予人工智能生成内容著作权的模式。如 Eran Kahana 认为：“知识产权法旨在使权利人受益，使其得以利用该激励提高工作和生活水平。机器没有这样的需求，不需要给予人工智能生成内容著作权的激励。”[5] Ana Ramalo 认为：“应当将人工智能生成内容作为‘公有领域’。”[6]王迁认为：“人工智能给著作权保护增加了一些复杂性，但尚不足以对著作权制度形成真正的挑战，因为它本质上属于证据规则的范畴，在以往也并不

---

[1] Andres Guadamuz, “Artificial intelligence and copyright”, (October 2017),WIPO Magazine, https://www.wipo.int/wipo_magazine/en/2017/05/article_0003.html, 访问日期：2019 年 6 月 29 日。

[2] Kalin Hristov, “Artificial Intelligence and the Copyright Dilemma” (2016) 57 IDEA: The IP Law Review 431.

[3] 熊琦：《人工智能生成内容的著作权认定》，《知识产权》2017 年第 3 期。

[4] 陶乾：《论著作权法对人工智能生成成果的保护——作为邻接权的数据处理者权之证立》，《法学》2018 年第 4 期。

[5] Robert David Hart, “If an AI Creates a Work of Art, Who Owns the Rights to it?” (15 August 2017), Quarts Media.

[6] Ana Ramalho, “Will Robots Rule the (Artistic) World? A Proposed Model for the Legal Status of Creations by Artificial Intelligence Systems” (2017) 21 Journal of Internet Law 12.

罕见。著作权法对作品构成的相关规定并不会因此改变，也无须改变。”❶从实证法上看，美国《版权法》[17 USC §102(a)] 规定：“原创作品需固定在任何有形表达媒介上，从现在或者将来能够直接或借助机器或装置被感知、复制或以其他方式传播。”尽管美国版权法对计算机程序提供保护，但是该法拒绝对机器自动生成作品提供保护，要求一项创造性作品只有由人创作才能享有版权。《美国版权局做法概要》s.313.2 明确指出：“一部作品必须由人创作。”❷版权局不会为由机器或仅仅机械过程在没有任何人为输入或干预的情况下而随机或自动运行生成的作品进行登记。另外，美国法院已认定“猕猴自拍照”不构成作品。❸这表明其不会给予人工智能生成内容著作权保护。尽管无法获得著作权保护，但并不排除人工智能生成内容可以作为一种法益获得反不正当竞争或者其他特殊形式的法律保护。

（二）使用人工智能生成内容需要明示来源于人工智能生成

使用达不到《著作权法》保护的“作品”独创性标准的人工智能生成内容仍需要注明出处。以机器翻译为例，机器翻译虽然应用了人工智能技术，并且在满足用户需求方面也表现良好，但是机器翻译与翻译家的翻译仍然存在本质不同。翻译家的翻译过程实际上是一个艺术再创造过程，融入了翻译家的情感和思维，这个过程现在计算机还很难做到。尽管机器翻译内容难以达到《著作权法》意义上“作品”的创作高度，但这些内容仍然可能出现在人类创作作品之中，比如学术论文。人类作者在创作作品中如果直接使用了机器翻译的内容，应当注明来源于机器翻译，如来源于“百度翻译”或者“谷歌翻译”。我国《数据安全管理办法》（征求意见稿）第 24 条规定：“网络运营者利用大数据、人工智能等技术自动合成新闻、博文、帖子、评论等信息，应以明显方式标明‘合成’字样。”这表明使用人工智能生成内容的使用者应承担披露义务。假设人工智能生成内容符合《著作权法》意义上“作品”标准，人类也需要标明“人工智能生成”，也就是需要放弃署名，如张

---

❶ 王迁：《论人工智能生成的内容在著作权法中的定性》，《法律科学（西北政法大学学报）》2017 年第 5 期。

❷ See US Copyright Office，Compendium of the U.S. Copyright Office Practices (3rd Edition), § 313. 2.

❸ See Naruto v. David john slater, 2016 U. S. Dist. LEXIS 11041.

平教授所言："这涉及人类的诚信、作品创作的客观事实、未来作品流通的市场秩序等问题。"[1]

（三）人工智能对作品数据的分析使用不属于《著作权法》意义上的作品使用行为

人工智能生成具有《著作权法》意义的内容必然涉及对于人类作品的数据化利用，如人工智能生成莫扎特风格的作曲，必然需要输入大量莫扎特的作品数据，人工智能需要进行大数据和算法分析。与人类作者对于他人作品的学习、借鉴、引用不同，人工智能具有自己的语言系统，也就是说人工智能对于作品数据的利用是通过人类不可感知的机器语言来完成的。其生成内容在人类可感知层面上可能并不会引用或者利用到特定作品。换言之，人工智能通过机器学习和建模，其最终输出内容可能不会对特定作品构成实质性复制或者传播，并不会对特定作品的正常利用以及著作权人的利益造成不当损害。但是，这种利用应当仅限于人工智能在机器学习层面的数据使用，如果人工智能输出内容中利用了人类特定作品，仍应当按照授权许可或者合理使用等法律规则来进行。

[1]《人工智能对知识产权法律保护的挑战》，《中国法律评论》2018 年第 2 期。

刑事法治

检察机关提起刑事附带民事公益诉讼中存在的问题研究

宋　海　赵　格[1]

2018年3月2日施行的《最高人民法院、最高人民检察院关于检察公益诉讼案件适用法律若干问题的解释》（以下简称《解释》）第20条规定："人民检察院对于提起刑事公诉时，可以向人民法院一并提起附带民事公益诉讼。"该《解释》在民事公益诉讼和行政公益诉讼的基础上，正式增加了刑事附带民事公益诉讼这一新的案件类型，明确了人民检察院对破坏生态环境和资源保护、食品药品安全领域侵害众多消费者合法权益等损害社会公共利益的犯罪行为提起刑事公诉时，可以向人民法院一并提起附带民事公益诉讼，由同一审判组织一并审理，以节约司法资源，同时"既能让犯罪分子受到应有的刑事制裁，也能让公众因犯罪受损的民事公共利益得到应有的法律救济"[2]，有着现实的必要性和可行性。

但是，由于公益诉讼制度尚处于进一步探索完善的阶段，立法也并未对刑事附带民事公益诉讼制度作出更为具体细致的规定，《中华人民共和国刑事诉讼法》（以下简称《刑事诉讼法》）所规定的刑事附带民事诉讼制度与当下的刑事附带民事公益诉讼制度并未在我国社会主义法治体系中形成体系化的制度自洽，故检察机关在提起刑事附带民事公益诉讼中仍面临着诸多立

[1] 宋海，北京市人民检察院第三分院第五检察部负责人；赵格，北京市人民检察院第三分院第五检察部检察官助理。

[2] 全国政协委员、最高人民检察院副检察长张雪樵在接受中央电视台《面对面》节目专访时的内容节选。

法层面和实操层面的现实困境。本文拟在肯定刑事附带民事公益诉讼制度具有现实必要性和可行性的基础上，结合司法实践中遇到的具体问题，研究检察机关在诉前、诉中面临的实践问题、内部的衔接配合问题，以及该制度自身在立法层面需要进行的体系化自洽及制度化完善，进而有针对性地为完善该制度提出些许建议。

一、现阶段刑事附带民事公益诉讼制度设立的必要性与可行性

在 2017 年 6 月 26 日民事公益诉讼制度正式确立之初，检察机关提起民事公益诉讼的案件，一般由侵权行为地、损害结果地或者被告住所地的市(分、州)人民检察院管辖，县（区）人民检察院无法直接提起民事公益诉讼。司法实践中便会遇到有的破坏生态环境类案件，刑事公诉案件由县（区）人民检察院提起，而相应的公益诉讼由市（分、州）人民检察院提起，从而形成了基于同一事实提起的刑事公诉和环境公益诉讼分属两级司法机关管辖的模式。

该模式在实际操作中常会遇到以下三方面问题：一是对同一案件事实往往会在刑事案件和民事公益诉讼案件中重复审理，不利于司法资源的有效配置，司法效率较低。二是即便试图通过指定管辖将两个案件在同级法院合并审理，在当时的制度规定下也难以实现。原因在于民事公益诉讼不同于普通的民事案件，检察机关作为公益诉讼起诉人也不同于普通的原告，其作为公共利益的代表在行使公益诉讼起诉权时，应与受理案件的人民法院实现级别对应。如果经高级人民法院指定由县（区）人民法院审理公益诉讼案件，则提起公益诉讼的市（分、州）人民检察院参与县（区）人民法院的案件审理面临着级别不对等的困境；如果刑事案件由市（分、州）人民法院来审理，也会面临着市（分、州）人民检察院、人民法院需要从头审查相关案件情况的问题，也会造成司法效率的低下。三是大量县（区）人民检察院办理的破坏生态环境和资源保护、食品药品安全领域侵害众多消费者合法权益等损害

社会公共利益的刑事犯罪案件线索流转到市（分、州）人民检察院民事部门的程序较为烦琐、流转时间较长。由于提起刑事公诉的部门为县（区）人民检察院公诉部门，与提起民事公益诉讼的市（分、州）人民检察院民事部门，既不属同一单位、同一级别，也不属同一部门条线，案件线索无法在两个直接行使诉权的部门直接流转。在案件线索移送机制尚不健全，同一检察机关内部尚正在建立线索移送机制之时，案件线索的一级级传送、一步步审查虽然在公益诉讼制度探索之初可以强化线索审查，但与此同时会带来线索流转不及时、收集不充分等问题，对于后续公益诉讼的常态化开展、高效率运行存有潜在的不利影响。

随着公益诉讼制度的不断探索、成熟，刑事附带民事公益诉讼制度作为新的诉讼形式应运而生，具有很强的现实必要性。首先，该制度赋予了县（区）人民检察院附带提起民事公益诉讼的权力，那么避免分开审理带来的程序困境便是其中应有之义；其次，由同一检察机关提起刑事公诉及附带的民事公益诉讼，可以更好地利用刑事公诉案件中的已经取得的证据资源，省去公益诉讼过程中较为烦琐、耗时较长、过程艰难的取证环节，从而提升诉讼效率；最后，对于刑事线索的移送流转而言，在同一检察机关内部进行无疑增加了线索移送效率，使线索移送更加便捷、更加充分，更有利于提升线索转化率。整体而言，刑事附带民事公益诉讼制度有利于进一步提升司法效率、节约司法资源，在检察机关内部更好地整合协调刑事线索和证据资源，具有非常积极的现实意义。

在我国刑法体系中，《中华人民共和国刑法》（以下简称《刑法》）第二编分则第三章第一节“生产、销售伪劣商品罪”中的生产、销售假药、劣药、不符合安全标准的食品以及有害食品罪，以及第六章“妨害社会管理秩序罪”第六节的“破坏环境资源保护罪”等基本都会造成生态环境和资源保护不同程度的破坏，也会在食品药品安全领域造成侵害众多消费者合法权益的侵权后果。对于这些行为不仅要追究其刑事责任，更需要从修复受损公益的角度同时提起附带民事公益诉讼。因此，如何在一个程序中将打击犯罪、保护公益相结合，如何在制裁犯罪的同时着眼于受损害公共利益的修复与救济？刑事附带民事公益诉讼制度恰是可以同时发挥双重作用的不二选择。

从司法实践的探索来看，刑事附带民事公益诉讼制度在确立之前便具有一定的实践基础。在2018年之前，虽未正式确立刑事附带民事公益诉讼制度，但多地已根据现实需要进行了相关探索。根据《全国检察机关公益诉讼办案工作2017年12月份情况通报》（高检办字〔2018〕4号）发布的数据，截至2017年12月，全国检察机关共提起公益诉讼233件，其中民事公益诉讼29件，占12.45%，刑事附带民事公益诉讼74件，占31.76%。可见，在全国检察机关提起公益诉讼案件的总数中，检察机关提起刑事附带民事公益诉讼的比例要比单纯提起民事公益诉讼的比例还要多出9.31%，具有很强的现实可行性。随着刑事附带民事公益诉讼制度的正式确立，2018年1月至8月，全国检察机关共提起公益诉讼1327件，从诉讼类型看，民事公益诉讼69件，占5.20%；刑事附带民事公益诉讼991件，占74.68%，可见刑事附带民事公益诉讼占比远高于民事公益诉讼，该诉讼方式被广泛采用，具有很强的现实可行性。

二、司法实践中存在的问题及对策

刑事附带民事公益诉讼的难点在于，刑事诉讼和民事公益诉讼是两种性质不同的诉讼，需要"在一个庭审中实现紧密衔接、自然过渡和合理分离"[1]。但是，由于目前刑事附带民事公益诉讼的立法供给不足，在诉前公告、证明标准、庭审配合等问题上，仍存在不同观点、不同做法，尚需进一步明确。同时，由于刑事诉讼和公益诉讼两个诉讼体系所要求的证据规则和证明标准等也不同，如何在一个诉讼程序中满足两类诉讼体系各自的内生需求，如何针对同一事实做出不同性质的价值判断，如何在不同的证明标准、构成要件下认定同一个事实，成为司法实践中亟待研究解决的问题。

（一）是否需要进行诉前公告

对比《解释》第13条和第20条的规定，可以发现仅规定了检察机关拟

[1] 王栋：《刑事附带民事公益诉讼也应注重客观公正义务》，《检察日报》2018年5月30日。

提起公益诉讼时应当履行诉前公告程序，并未直接规定检察机关提起公诉时一并提起附带民事公益诉讼前也要履行诉前公告程序。由此，在司法实践中便存在检察机关在提起刑事附带民事公益诉讼是否也应当履行诉前公告程序的争议。

一种观点认为，检察机关在提起刑事附带民事公益诉讼时不用履行诉前公告程序。因为刑事附带民事公益诉讼的性质特殊，在立法未明文规定的情况下，不宜套用公益诉讼所必需的诉前公告程序；附带公益诉讼部分的诉前公告，可能不利于刑事部分的案件线索保密；并且，三十天的公告期可能导致刑事部分时间延长，有违提升司法效率的立法初衷。

另一种观点认为，刑事附带民事公益诉讼只是公益诉讼的一种诉讼形式，不应该脱离公益诉讼进行诉前公告的程序要求，也应进行诉前公告。因为《解释》虽未对于附带民事部分进行明确规定，但可以比照公益诉讼的相关规定；如不履行诉前公告程序，则相当于剥夺了法律规定的机关和有关组织“对于公益诉讼案件的知情权和诉讼权，使得检察机关支持起诉的职能形同虚设”，[1]其作用是法院受案公告无法替代的；且诉前公告的内容较为简略，并非极易违反保密规定。

笔者更倾向于第一种观点，即刑事附带民事公益诉讼不需要进行诉前公告程序。理由如下。

一是刑事附带民事公益诉讼具有相对独立的法律地位，它解决的是检察机关在刑事公诉过程中发现涉及民事公益诉讼的案件线索时如何处理的问题。《解释》已经明确规定，在此种情况下提起刑事公诉的人民检察院可以一并提起附带民事公益诉讼，从而节约司法资源、提升诉讼效率，在一个程序中解决刑事诉讼和民事公益诉讼的问题。

如果在刑事附带民事公益诉讼中仍需要检察机关进行诉前公告，便可能存在由法律规定的机关和社会组织行使诉权的可能，此时又回到了公益诉讼与刑事诉讼由不同主体分开提起、不同层级法院管辖的初始阶段，刑事附带民事公益诉讼制度设计的意义便无法得以实现。

---

[1] 罗田田：《刑事附带民事公益诉讼应当使用审前公告程序》，360 图书馆，http://www.360doc.com/content/18/1008/17/60485325_793013528.shtml。

二是《解释》已经明确了提起刑事附带民事公益诉讼的检察机关为提起刑事公诉的人民检察院，审判机关为进行刑事审判的人民法院。对于普通公益诉讼案件的诉前公告程序进行了明确规定，但由于刑事附带民事公益诉讼的诉讼主体已经确定，则《解释》并未规定需要另行进行诉前公告。

三是刑事附带民事公益诉讼的特殊性在于，其案件线索是在检察机关办理刑事公诉案件中发现并移送给民事部门的，因此该案件的处理要兼顾刑事公诉案件的办案流程、期限和保密规定。如果不考虑退回公安机关补充侦查的期限，尤其是一些证据确实充分、案情较为简单的案件，“检察院在‘一个月 + 十五日’的审查起诉期间内发现可以附带民事公益诉讼后，再履行三十日的公告程序，可能导致审查起诉期间的延长，有违节约司法资源、提高诉讼效率的立法目的”。[1] 并且，有些时候案件线索移送到民事部门后，刑事公诉案件可能又被公诉机关退回补充侦查，那么对于正在侦查中的刑事案件，如果民事部门提前将案件部分线索作为诉前公告的内容进行了公告，则可能会影响公安机关的进一步侦查，甚至违反相关的保密规定。

因此，为了确保刑事附带民事公益诉讼在提升司法效率方面的积极作用得以实现，根据《解释》对于该制度的具体规定，兼顾刑事公诉案件的办理期限及保密规定，笔者认为检察机关在提起刑事附带民事公益诉讼时不需要进行诉前公告。

（二）审判中的证明标准问题

刑事附带民事公益诉讼虽基于同一案件事实，但涉及不同诉讼体系下的不同诉讼规则和证明标准，故在同一审判程序中就同一事实如何切换不同证明标准、对应不同构成要件，从而得出更为准确的结论便成为实践难点。

我国刑事诉讼采用“排除合理怀疑”的证明标准，而民事诉讼采用“高度盖然性”的证明标准，前者的证明标准高于后者。当两种诉讼体系集于同一诉讼程序中，附带民事公益诉讼中的证据应当适用刑事诉讼的证据标准还是适用民事诉讼的证据标准，司法实践中存在两种不同的观点：一种观点认

[1] 杨翔：《刑事附带民事公益诉讼应无需公告》，《江苏法制报》第 07 版“法学研究版”，2018 年 5 月 21 日。

为，附带民事公益诉讼部分应该适用刑事诉讼的证明标准，“因为附带民事公益诉讼判决的基础是刑事诉讼认定的案件事实，而在同一个案件中就同一个事实认定不能存在两种不同的证明标准；”[1]另一种观点认为，“附带民事公益诉讼虽然与刑事诉讼一同起诉，但其本质仍然是民事公益诉讼，自然应当适用民事诉讼的证明标准。”[2]

笔者倾向于第二种观点，即附带民事公益诉讼部分应适用民事公益诉讼的证明标准。

首先，附带民事公益诉讼与刑事诉讼的价值判断侧重点不同，进而在事实认定方面附带民事公益诉讼不局限于刑事诉讼认定的案件事实，它有独立的诉讼体系、构成要件和证明标准。刑事附带民事诉讼中所附带的民事诉讼，主要目的在于确定犯罪嫌疑人因犯罪行为对被害人或者国家、集体造成的直接物质损失并加以赔偿，其以刑事部分认定的犯罪事实为基础，再基于此认定其造成的直接物质损失。因此，刑事部分所认定的案件事实既是定罪的基础，也是附带民事诉讼中认定直接物质损失的基础。故刑事附带民事诉讼中民事诉讼的附属性更强，更依托于刑事诉讼对于案件事实的认定。

但是，附带民事公益诉讼并非完全基于犯罪嫌疑人的犯罪行为而要求其对造成的直接物质损失进行赔偿，而是首先需要认定其是否具有损害公共利益的违法行为，进而认定是否承担相应的侵权责任。附带民事公益诉讼部分并不完全基于刑事部分认定的案件事实，其有公益诉讼规则下自成体系的违法行为的认定标准和构成要件。因此，需要在一个诉讼程序中将刑事部分和附带民事公益诉讼部分相对独立地按照各自证据标准，对同一事实进行不同的价值判断，满足不同诉讼体系下的构成要件和证明标准。

以环境污染类刑事附带民事公益诉讼案件为例，比如行为人赵某开设电镀厂，将未经处理的废水通过渗坑直排，导致土壤中的重金属超标，造成严重的土壤污染。如检察机关在提起刑事公诉时，一并提起附带民事公益诉讼。在刑事公诉部分，检察机关主要通过犯罪嫌疑人赵某将未经处理的废水通过渗坑直排这一事实的认定，经适用《关于办理环境污染刑事案件适用法律若

[1] 户恩波：《附带民事公益诉讼不能适用刑事诉讼证明标准》，《检察日报》2018年5月2日。

[2] 户恩波：《附带民事公益诉讼不能适用刑事诉讼证明标准》，《检察日报》2018年5月2日。

干问题的解释》第 1 条第 5 款的规定，认定其符合《刑法》第 338 条中“严重污染环境”情形，认定其构成污染环境罪。但对于“将未经处理的废水通过渗坑直排”这一事实以及其构成污染环境罪的认定，是否可以以此直接判定其承担相应的民事责任呢？答案是否定的。刑事部分对于这一事实的认定，并不完全符合《中华人民共和国侵权责任法》（以下简称《侵权责任法》）所规定的污染环境的情形，公益诉讼中除了要认定行为人赵某实施的污染环境的行为，还需认定其污染环境的损害后果，即对于土壤造成的重金属污染的损害后果，以及其排放废水与土壤重金属污染之间的关联关系，方可认定被告赵某造成土壤重金属超标，危害公共利益的行为，使其承担相应的环境修复责任。

其次，刑事诉讼证明标准客观上高于民事公益诉讼的证明标准，若依照过高标准，有可能会使一部分受损公益无法得到及时有效的保护。

一方面，生态环境、自然资源等方面的损害结果随着自然因素、气候因素、生物因素等客观因素的介入和影响，往往固定证据并不容易获取，且由于现在科学技术的局限，其对于污染物质的鉴定等并非可以得到准确而确定的结论，因此，如果对于公益诉讼起诉人苛以严格的举证责任，则很可能因受到自然因素和社会因素等客观因素的制约，放纵一部分违法行为，从而不利于受损害公共利益得到及时修复和救济。

另一方面，有的行为人虽然其行为在刑事诉讼证据规则的评价之下不构成犯罪，但可能与其他犯罪嫌疑人的行为共同造成了侵权后果，在民事公益诉讼规则下仍应当承担相应的责任。仍以环境污染类刑事附带民事公益诉讼案件为例，比如七位行为人从事废机油等收购工作，因废机油遗撒、泄漏，污染了存放废机油等院落内土壤，其中一人的情节较轻，故公诉部门仅对其余六人提起公诉。对于附带民事公益诉讼案件来说，该七人的行为共同造成了污染土壤的危害后果，其应当在公益诉讼规则下承担环境侵权责任，虽然不构成犯罪，但也应当承担修复土壤的侵权责任。

最后，就不同诉讼体系下的行为构成要件来说，检察机关在刑事公诉案件中，承担的是全面而严格的举证责任，需要全面搜集证据，并且证据之间形成锁链方能证明犯罪嫌疑人有罪。在民事公益诉讼案件中，行为人的行为是否构成侵权，在起诉时公益诉讼起诉人只需提供被告的行为已经损害社会公共利益的初步证明材料，其构成要件并非全部需要公益诉讼起诉人来证实，比如侵权人实施的污染环境行为与损害结果之间是否存在因果关系，公益诉讼起诉人只需在诉讼中进行初步证明，如被告否认因果关系的存在，则适用证明责任倒置的规则由被告加以证明。

因此，笔者认为基于同一事实的刑事公诉案件与民事公益诉讼案件集中于同一程序审理，更多是基于提升诉讼效率的考量。而在对于事实的实体认定中，两者的价值判断标准应当相对独立，保持对于同一事实在各自诉讼体系框架内的独立判断。具体而言，附带民事公益诉讼并非完全以刑事公诉案件所认定的事实为基础，在构成要件、证据标准等方面有自己的独立体系，故在附带民事公益诉讼中不应按照刑事公诉的证明标准，而应在公益诉讼的价值体系内进行审理。

（三）检察机关内部的协调配合问题

如何通过检察机关内部的资源优化配置，将刑事附带民事公益诉讼制度在提升司法效率方面的作用充分发挥出来，是司法实践中面临的又一具体问题。公诉部门与民事部门的衔接配合将不仅局限于案件线索的移送上，更是扩展到了证据收集、庭前证据交换、出庭预案制定、庭审衔接配合等诸多方面。

在证据收集方面，民事部门在附带民事公益诉讼部分可以直接采用公安机关收集的证据及公诉部门审查的证据，自然为附带民事公益诉讼部分减轻了很多证据收集工作。但不可避免的是，有的证据刑事公诉案件可能不需要，但确是附带民事公益诉讼案件所必不可少的。比如行为人对于土壤、大气或者其他环境资源造成损害的损害结果鉴定报告。由于鉴定报告耗时较长，民事部门在委托有资质的机构进行鉴定的过程中刑事公诉的审查期限可能即将期满，双方该如何协调配合？笔者认为从刑事附带民事公益诉讼的立法目的来看，该制度设计的初衷是为了提升诉讼效率，而实践中如果因为某一部分的鉴定等取证耗时过长，反而可能会延误另一部分的期限，造成不必要的时间浪费，甚至可能带来超期羁押等问题，这便得不偿失，与提升司法效率南辕北辙，此时可以考虑分开诉讼。

在庭前证据交换方面，刑事附带民事公益诉讼案件中很多证据是刑事、民事公益诉讼部分同时包含在内的，有时民事部门面临无法判断该证据交换给被告是否会对刑事诉讼部分造成不利影响的问题。那么，庭前证据交换的范围、内容可以由两部门提前沟通协调，或者在充分进行实践调研及理论研究的基础上，出台具体的庭前证据交换规程，以在保证效率的同时不违反相关的保密规定。

在出庭预案制定和具体的庭审中，由于刑事部分与民事公益诉讼部分的证明标准不同，对于涉案行为的价值判断不同，公诉部门和民事部门可以在确定审判程序之后，共同制定出庭预案，对于同一事实的不同方面有侧重、有配合地进行举证，从不同诉讼体系下不同构成要件的具体需要入手，在独立进行举证的同时研究相互配合的具体方案，使刑事附带民事公益诉讼真正在举证等方面提升司法效率，而非纯粹将两个程序简单合并。

三、立法层面存在的问题及对策

检察机关提起刑事附带民事公益诉讼在司法实践中遇到的一些问题，与立法层面尚缺乏同一法治体系下的制度自洽以及具体的细化规定有关。立法层面存在的问题主要体现在以下两方面，问题一是在我国社会主义法治体系内，《刑事诉讼法》所规定的刑事附带民事诉讼制度与《解释》新确立的刑事附带民事公益诉讼制度之间的体系自洽问题；问题二是《解释》只是正式确立了刑事附带民事公益诉讼制度，但并未做出细化规定，导致司法实践中遇到的一些具体问题无法可依，存在立法供给不足问题。

（一）刑事附带民事诉讼制度与刑事附带民事公益诉讼制度缺乏体系化的制度自洽

刑事附带民事公益诉讼作为公益诉讼的一种新型诉讼模式，与传统刑事附带民事诉讼既有联系又有区别。两者最显著的联系在于诉讼形式的相似性，检察机关在提起刑事公诉时，可以一并向同一法院同时提起附带的民事类诉讼。两者的区别有很多，主要在于附带民事公益诉讼的主体、案件范围和责任承担方式都显著区别于传统附带民事诉讼。

就适用情形和受案范围来说，根据《刑事诉讼法》及《最高人民法院关于刑事附带民事诉讼范围问题的规定》的规定，刑事附带民事诉讼制度适用的情形是：由于被告人的犯罪行为使国家财产、集体财产遭受损失的，人民检察院在提起公诉时可以提起附带民事诉讼；其中所遭受的物质损失，必须是"因犯罪行为已经遭受的实际损失和必然遭受的损失"。而刑事附带民事公益诉讼所适用的情形是：人民检察院对破坏生态环境和资源保护、食品药品安全领域侵害众多消费者合法权益等损害社会公共利益的犯罪行为提起刑事公诉时，可以向人民法院一并提起附带民事公益诉讼。

比较而言，刑事附带民事诉讼必须是由犯罪行为造成了国家、集体财产直接物质损失的方可适用，而刑事附带民事公益诉讼所保护的并非仅限于直接物质损失，很多时候对于环境、资源造成的破坏并无法直接用物质损失来衡量，甚至生态环境的修复费用都难以确定，在此种情形下只能适用刑事附带民事公益诉讼。

就责任承担方式来说，刑事附带民事诉讼只能对直接物质损失进行赔偿，并没有涵盖其他责任承担方式，对此，有观点认为"《刑事诉讼法》规定的刑事附带民事诉讼只能对物质类、财产类损失进行赔偿，并没有涵盖其他责任承担方式，有违侵权之诉的一般原理，"[1]且在实际效果上也无法起到对受侵害的公共利益修复和保护的作用。

而附带民事公益诉讼则可以涵盖《侵权责任法》确立的八种侵权责任承担方式，比照检察机关提起环境民事公益诉讼来说，检察机关可以"结合具体案情和相关证据合理确定污染者承担停止侵害、排除妨碍、消除危险、恢复原状、赔礼道歉、赔偿损失等民事责任。检察机关提起环境民事公益诉讼的第一诉求应是停止侵害、排除危险和恢复原状。其中恢复原状应当是在有恢复原状的可能和必要的前提下，要求损害者承担治理污染和修复生态的责任。无法完全恢复或恢复成本远远大于其收益的，可以准许采用替代性修复

[1] 秦玲：《刑事附带民事公益诉讼制度的缺陷与完善》，来源于湖北省宜昌市人民检察院网调查研究板块，http://yc.hbjc.gov.cn/jcyj/201807/t20180718_1317721.shtml。

方式，也可以要求被告承担生态环境修复费用[1]。可见，附带民事公益诉讼的目的更多着眼于受损公共利益的修复，其责任承担方式以《侵权责任法》确立的侵权责任承担方式为主要内容。

因此，刑事附带民事诉讼的受案范围与责任承担方式与刑事附带民事公益诉讼有较大区别，刑事附带民事公益诉讼在以上两方面均更为宽泛。那么如何在同一法治体系内形成刑事附带民事诉讼与刑事附带民事公益诉讼的制度自洽？刑事附带民事公益诉讼是作为刑事附带民事诉讼的一个特别类型，还是作为公益诉讼的一种新型诉讼方式呢？

笔者认为现在的制度设计可能更多地是将刑事附带民事公益诉讼作为公益诉讼的一种新型诉讼方式，只是在程序设计上使用了类似于刑事附带民事诉讼的诉讼方式以提升特定类型案件的诉讼效率。但是，在同一法治体系内，如果刑事附带民事公益诉讼与刑事附带民事诉讼相互独立存在，对于国家、集体财产遭受损失需要赔偿的与公共利益遭受损失需要修复救济的分开适用不同的诉讼程序，仍会引发一些具体问题，比如说某个犯罪行为既损害了国家利益，又损害了社会公共利益，如非法采矿案中，行为人非法采矿的行为既导致国家矿产资源遭受损失，又因为采矿挖山的行为导致森林覆盖率下降，这种侵害了双重利益的行为如何适用法律需要完善[2]。

因此，在《刑事诉讼法》进行修订之际，可以进一步完善第一编第七章“刑事附带民事诉讼”，如果将刑事附带民事诉讼作为刑事附带民事公益诉讼的上位概念，则应当扩展刑事附带民事诉讼的适用范围，增加责任承担方式；如果将刑事附带民事公益诉讼作为独立的诉讼类型，则应明确其与刑事附带民事诉讼的具体关系，尤其是规范侵害双重利益发生竞合时的适用指引，以完善二者在中国特色社会主义法律体系中的逻辑自洽和体系化。

（二）刑事附带民事公益诉讼尚需细化具体规定

司法实践中遇到的很多具体问题往往是由于缺乏具体的制度设计，但由

[1] 最高人民检察院第八批指导性案例。

[2] 秦玲：《刑事附带民事公益诉讼制度的缺陷与完善》，来源于湖北省宜昌市人民检察院网调查研究板块，http://yc.hbjc.gov.cn/jcyj/201807/t20180718_1317721.shtml。

于刑事附带民事公益诉讼尚处于探索阶段，具体的制度设计也有待于司法实践的进一步摸索、总结和提炼。

随着理论研究的不断深入和司法实践的不断探索，公益诉讼制度已在不断完善，检察机关从最开始的公益诉讼人到如今确定为公益诉讼起诉人等，都是在发展中进行了更为具体明确的规定。而对于刑事附带民事公益诉讼而言，就以上所研究的具体问题，如程序上如何将刑事诉讼与附带民事公益诉讼更好地衔接，刑事公诉人与公益诉讼起诉人在庭前证据收集、庭前公告、庭审中举证、质证、辩论等各环节中如何实现优势配合，实体方面证明标准的确立、案件范围的确定等，仍需在实践积累和理论研究的基础上进一步由立法做出细化规定，通过加强立法供给以更好地指导司法实践，更充分地发挥出刑事附带民事公益诉讼在制裁犯罪的同时，高效而全面地保护公共利益的重要价值。

汽车租赁诈骗的司法认定问题研究

薄 亮[1]

一、问题的提出

案例一：2015 年 2 月，桑某、黄某等人通过某租车软件以租赁汽车为由，骗取刘某大众牌帕萨特型汽车一辆（经鉴定价值 18.7 万元），后谎称该汽车系桑某妻子所有，通过签订个人（质）抵押借款协议欲以 6 万元的价格将该车质押给陈某时被发现，后被抓获。公安机关以桑某、黄某等人涉嫌诈骗罪移送审查起诉，检察机关审查后也以涉嫌诈骗罪提起公诉，但法院经审理后改变定性，以构成合同诈骗罪定罪判刑。

案例二：2014 年 7 月，张某以租赁汽车为由，骗取北京某汽车租赁公司大众牌宝来轿车一辆（经鉴定价值 5.5 万元），后张某将该车质押给阳某借款 3 万元。2014 年 10 月，汽车租赁公司发现该车逾期未归还后联系张某未果，便通过车载定位装置找到汽车，并使用备用钥匙取回。出借人阳某发现被骗后报案。公安机关以张某使用骗租的车辆进行质押借款，骗取阳某借款 3 万元的行为涉嫌诈骗罪移送审查起诉，但检察机关审查后改变认定的事实及定性，认为张某以租车为由，骗取汽车租赁公司汽车，后对外质押借款的行为涉嫌合同诈骗罪并提起公诉,法院审理后以构成合同诈骗罪定罪判刑。

案例三：2015 年 4 月 28—29 日，戴某伙同苏某、宋某等人，先后通过租车平台或者租车公司，以租赁汽车为由，分别骗取他人别克牌 GL8 型汽

[1] 薄亮，北京市丰台区人民检察院第二检察部，检察官助理。

车一辆（经鉴定价值 211463.45 元）、别克牌凯越型汽车一辆（经鉴定价值 5.5 万元）、本田牌奥德赛型汽车一辆（经鉴定价值 24 万元），骗租车辆过程中支付押金和租金共计 18900 元，后将上述车辆非法处置变现。公安机关以涉嫌诈骗罪移送审查起诉，检察机关审查后改变定性，以戴某等人涉嫌合同诈骗罪提起公诉，认定戴某犯罪数额特别巨大（共计 506463.45 元），建议对其判处十年以上有期徒刑，并处罚金或者没收财产。但法院审理后认为应将租车押金和租金从犯罪数额中扣除，扣除后的数额未达到 50 万元数额特别巨大的标准，因此认定戴某犯合同诈骗罪，诈骗数额巨大，判处其有期徒刑四年六个月，并处罚金 5000 元。

汽车租赁诈骗犯罪主要表现为行为人以非法占有为目的，以租赁为名骗取他人汽车，后将车辆非法对外出售或者质押[1]借款不还的行为。该类案件区别于传统的诈骗犯罪，具有一定特殊性，上述三个案例也反映出司法实践中，不同司法机关对汽车租赁诈骗行为定性、被害人认定、犯罪数额认定等方面存在分歧。

二、汽车租赁诈骗行为性质的认定

对于上述三个案例中行为人行为性质的认定，不同司法机关间存在明显差异，有的将其认定为诈骗罪，有的则将其认定为合同诈骗罪。在当前司法理论中，对于租赁他人汽车后对外出售或者质押借款不还的行为性质也有三种不同观点，一种认为构成诈骗罪，另一种认为构成合同诈骗罪，还有一种认为构成侵占罪。

首先，诈骗犯罪和侵占罪的区别主要在于行为人在租赁车辆时主观上是否已具有非法占有的目的。在行为人租赁他人汽车后对外出售或者质押借款不还的情况下，如能够认定行为人在租赁汽车时主观上已具有了非法占有和处置该车辆的目的，其行为构成诈骗犯罪，如不能认定，则仅能认为行为人

[1] 实践中行为人往往以抵押为名将车辆转移占有以担保相应的借款，理论中也有文章将该行为认定为抵押，但根据民法理论和我国物权法的规定，转移财产占有的担保形式为质押，不转移财产占有的担保形式才是抵押，因此，汽车租赁诈骗案件中将车辆转移占有担保借款的形式实质上应为质押。

是在合法占有该车辆后，在合法占有过程中产生了非法处置占有目的，则其行为只能认定为侵占，难以认定为诈骗犯罪。因此，诈骗犯罪和侵占罪的差异主要是由行为人的行为方式不同，抑或是在案证据不足而导致。

其次，对于能够认定行为人以非法占有为目的，以租赁为名骗取他人车辆后，将车辆对外出售或者质押借款不还的，也存在认定为诈骗罪和合同诈骗罪的不同认识。我国刑法通说认为，合同诈骗罪与普通诈骗罪是特殊与一般的关系，二者在犯罪构成上的主要区别在于行为人在诈骗过程中是否利用了合同，其行为在侵犯公私财物所有权的同时是否还侵犯了市场经济秩序。因而，如何理解和认定合同就成为区分合同诈骗罪和普通诈骗罪的关键。[1]

汽车租赁诈骗案件中，行为人是以租赁为名骗取他人车辆的，行为人与汽车出租人之间应订立合同，无论是签订正式书面合同、还是通过网络平台提交电子合同、抑或是达成口头合同等，其均具备了合同的实质要件，均应被认定为合同。汽车出租人主要是汽车租赁公司或者是使用租车平台对外出租汽车的车辆所有人，但无论出租人是公司还是个人，其在对外出租汽车过程中均是以营利为目的，均是从事经营活动的市场主体，因而行为人与出租人签订或达成的汽车租赁合同应属于市场经济合同的范畴。此外，行为人租赁他人汽车后对外出售或者质押借款不还的行为不仅侵犯车辆所有人的财产所有权，还严重扰乱了租车市场的正常交易秩序，完全符合合同诈骗罪的犯罪构成，因而汽车租赁诈骗行为应当被认定为合同诈骗罪。

三、汽车租赁诈骗中被害人的认定

司法实践中，汽车租赁诈骗的行为人在以租赁为名骗取他人车辆后，因需要及时处置变现，其可能将骗租的车辆非法出售或者以质押借款的名义处置给“职业收车人”，“职业收车人”在主观上明知或者应知车辆来源不合法的事实。此时，由于购车人或者出借人主观上明知车辆的真实来源及性质，客观上不存在被骗的事实，因而汽车租赁诈骗的行为人仅成立对汽车出租人

[1] 参见张明楷：《刑法学（下）》（第五版），法律出版社2016年版，第835页。

的诈骗，行为系赃物处置行为，此时，被害人的认定便不存在争议，应为车辆出租人为被害人。

但当汽车租赁诈骗案件中行为人既以非法占有为目的，租赁他人车辆后非法处置不返还车辆，以骗取他人车辆（前行为），又以非法占有为目的，虚构车辆所有或来源，将他人车辆对外出售或者质押借款不还，以骗取他人价款或者借款（后行为）的，行为人的前后两个行为便成立“两头骗”。[1]在此情况下，如何认定案件被害人及犯罪数额的认定便存在疑问。在案例二中，公安机关便将实际受损的出借人（质权人）认定为被害人，但检察机关和法院则均认定车辆出租人为被害人，被害人认定的不同也势必影响犯罪数额的认定。

笔者认为，准确认定汽车租赁“两头骗”案件中的被害人的关键在于准确理解和认定行为人前后两个行为的性质，但对此问题司法实践和理论中争论不断。司法实践中，部分侦查机关采取案例二中公安机关的类似做法，根据何方实际受到财产损失来确定何方是案件被害人。在被骗租车辆没有被汽车出租人自行找回的情况下，认定出租人为被害人，在被骗租车辆被汽车出租人自行找回的情况下，出租人财产未实际受损，此时善意的购车人或者出借人实际受损，因而认定善意的购车人或者出借人为被害人。但该种做法是在犯罪既遂的情况下，根据行为人自行追赃情况来认定行为人的犯罪行为是否成立，在理论上明显具有不可逾越的障碍，难以成立。

在理论探讨中，普遍认为对于行为人前后两个行为都可能涉嫌诈骗犯罪的情况下，只应根据一个行为对其定罪量刑，而不应将两个行为均认定为诈骗犯罪而数罪并罚或者累计计算犯罪数额,但具体观点和理由则有明显差异。

事后不可罚说认为，尽管行为人在整个犯罪过程中基于一个概括的故意实施了两个欺骗行为，但行为人以租车名义骗取他人车辆的第一个行为实施完毕后，合同诈骗罪既遂，后一个出售或者质押借款的行为属于一种赃物的变现行为，是事后不可罚行为，因而出租人应当是案件被害人。[2]牵连犯

[1] 参见陈兴良：《合同诈骗罪的特殊类型之“两头骗”定性与处理》，载《政治与法律》2016 年第 4 期，第 39 页。

[2] 参见郭晓东，刘轩：《租车诈骗中的法律适用》，载《中国检察官》2017 年第 10 期，第 31 页。

说认为，行为人为了实现非法占有目的实施了两个犯罪行为，从出租人处骗租汽车不返还的行为是手段行为，从购车人和出借人处骗取价款或者借款的行为是目的行为，其主观上有牵连意图，客观上前后两个行为之间具有因果关系，因此前后两个行为之间具有牵连关系，应从一重处罚。[1]连续犯说认为，行为人的前后两个行为是基于一个概括的犯罪故意，连续实施的两个独立的犯罪行为，触犯了同种罪名的犯罪，因而属于连续犯，应按一罪论处。[2]后行为不构罪说认为，在以骗取的车辆质押借款时，出借人的借款具有车辆的担保，尽管出借人受到一定欺诈，但借贷关系真实存在。在行为人不归还借款的情况下，出借人可以通过质押车辆受偿的方式实现债权，因此双方之间的民事法律关系是客观存在的，后行为不构成合同诈骗罪，因而只能以前行为来认定行为人构成合同诈骗罪。[3]前行为不构罪说则认为，行为人骗租车辆的行为不具有非法所有的目的，其实质上侵犯的是出借人对被骗借款的所有权而非出租人对汽车的所有权，因此认为犯罪数额应是行为人实际骗取出借人的借款数额，出借人是被害人。[4]笔者认为在上述观点中，事后不可罚说似乎在刑法理论中存在的障碍最小，而司法实践中，该种观点也是主流做法。

首先，前行为不构罪说和后行为不构罪说均认为，行为人的前后两个行为中仅有一个行为构成诈骗犯罪,另一个行为系民事欺诈行为而非诈骗犯罪。但单独分析行为人的前后两个行为（行为人仅有前后两个行为中的一个行为时），即行为人以非法占有为目的，隐瞒骗租汽车的真实目的，以租车的名义骗取车辆的行为，或者行为人以非法占有为目的，隐瞒车辆真实来源及性质，虚构其具有处分权的事实，以出售或者质押借款的方式骗取价款或者借款的行为，均符合诈骗犯罪的犯罪构成。因而直接否定前行为或者后行为构成犯罪可能的观点值得商榷。

其次，牵连犯说意图通过牵连犯的理论来解决行为人前后两个行为的罪

---

❶ 参见乔大元:《租赁汽车质押借款行为的法律分析》，载《法学杂志》2009 年第 10 期，第 135 页。

❷ 参见乔大元:《租赁汽车质押借款行为的法律分析》，载《法学杂志》2009 年第 10 期，第 135 页。

❸ 参见乔大元:《租赁汽车质押借款行为的法律分析》，载《法学杂志》2009 年第 10 期，第 135 页。

❹ 参见丁琢之:《骗租车辆并质押给他人实施诈骗的犯罪金额认定》，载《中国检察官》2012 年第 3 期，第 49 页。

数问题，认为行为人的前后两个诈骗行为成立牵连犯，进而应从一重处罚，但其忽视了牵连犯必须是手段行为与目的行为或者原因行为与结果行为触犯了不同罪名的要件，当行为人的前后两个行为都涉嫌构成合同诈骗罪时，这种观点在理论上便难以成立。

再次，连续犯说则将行为人的前后两个行为理解为连续犯，其似乎比牵连犯更符合法理，但此时其诈骗的犯罪数额应是骗取车辆的价值和所售或者所借款项的数额之总和，而非仅依据一个行为对行为人进行定罪量刑，难以做到罪责刑相适应。

最后，事后不可罚说则通过吸收犯中不可罚的事后行为来解决行为人的罪数问题，笔者认为该观点虽然可能存在不利于保护后行为中购车人或者出借人权益的缺陷，但该观点在理论中似乎最为合理。与行为人将骗租的车辆非法处置给恶意“职业收车人”的情况相比较，行为人将骗租的车辆以诈骗的方式处置给善意购车人或者出借人的，行为人处置车辆的行为实质上均是一种销赃变现行为。行为人前后实施的骗车和骗钱的两个行为中核心应是骗车行为，后行为仅是骗车行为的延伸和赃物处置行为。在行为人骗租汽车成立诈骗犯罪的情况下，将汽车非法处置给恶意“职业收车人”或者以诈骗的方式处置给善意收车人的，均可认定为前诈骗犯罪的不可罚的事后行为。在此情形下，依据数额相对较大的汽车价值来认定行为人的诈骗犯罪，也可在一定程度上做到罪责刑相适应。

四、汽车租赁诈骗中犯罪数额的认定

犯罪数额的认定对于诈骗犯罪的定罪量刑具有重要意义。在前一部分论证的基础上，在将汽车租赁诈骗案件的被害人认定为汽车出租人的情况下，行为人诈骗的犯罪数额则应是汽车被骗租时的市场价值，而非其事后处置该车辆的实际违法所得数额，在明确了被害人认定的问题后，该问题便不会存在太多疑问。但在案例三中，也反映出在租赁汽车时行为人交纳的押金和租金是否应从犯罪数额中减除的问题上不同司法机关间也存在不同认识。

理论中有观点认为，租车诈骗案件中行为人支付的押金和租金应当被看作其进行犯罪的手段和代价，是犯罪成本，不应当从犯罪数额中扣减。[1]但也有观点认为，在认定诈骗犯罪的犯罪数额时应把被害人获得的财产利益从诈骗数额中扣除，以被害人实际遭受的财产损失为标准计算诈骗数额。[2]案例三中检察机关和法院便分别持有上述两种不同的观点。笔者倾向于后一种观点。

首先，从理论上进行研究可知，诈骗犯罪作为侵犯财产类犯罪，其侵犯的是被害人的财产所有权，因此在认定诈骗数额时，应把被害人获得的财产利益从诈骗数额中扣除,以被害人实际遭受的财产损失为标准计算诈骗数额。

其次，从司法实践层面分析可知，通过对与诈骗犯罪相关的司法解释进行分析，也可得出该种结论或者倾向性意见。《最高人民法院关于审理诈骗案件具体应用法律的若干问题的解释》（已废止）第 9 条规定，对于多次进行诈骗，并以后次诈骗财物归还前次诈骗财物，在计算诈骗数额时，应当将案发前已经归还的数额扣除，按实际未归还的数额认定。《最高人民法院研究室关于申付强诈骗案如何认定诈骗数额问题的电话答复》中规定，在具体认定诈骗犯罪数额时，应把案发前已被追回的被骗款额扣除，按最后实际诈骗所得数额计算。《全国法院审理金融犯罪案件工作座谈会纪要》中也指出，在具体认定金融诈骗犯罪的数额时，应当以行为人实际骗取的数额计算。对于行为人为实施金融诈骗活动而支付的中介费、手续费、回扣等，或者用于行贿、赠与等费用，均应计入金融诈骗的犯罪数额。但应当将案发前已归还的数额扣除。《最高人民法院关于审理非法集资刑事案件具体应用法律若干问题的解释》第 5 条第 3 款规定，集资诈骗的数额以行为人实际骗取的数额计算，案发前已归还的数额应予扣除。行为人为实施集资诈骗活动而支付的广告费、中介费、手续费、回扣，或者用于行贿、赠与等费用，不予扣除。行为人为实施集资诈骗活动而支付的利息,除本金未归还可予折抵本金以外，应当计入诈骗数额。《最高人民法院、最高人民检察院、公安部关于办理非法集资刑事案件适用法律若干问题的意见》第 5 条规定，集资参与人本金尚未归还的，所支付的回报可予折抵本金。根据上述规定也可以看出，在认定

---

[1] 参见刘宗武：《租车抵押获利行为的定性及数额认定》，载《中国检察官》2015 年第 6 期，第 25 页。

[2] 参见张向东：《诈骗犯罪中诈骗数额的认定》，载《人民司法》2009 年第 16 期，第 61 页。

诈骗犯罪的犯罪数额时最高司法机关也一贯更加倾向于以行为人实际骗取的数额予以计算，在未归还本金的范围内，行为人为实施诈骗活动而支付给被害人的利息、回报等费用可以折抵本金，但如果是支付给第三方的中介费、手续费等费用则不应予以从犯罪数额中扣除。

五、汽车租赁诈骗中行为人主观故意的认定

汽车租赁诈骗案件中，行为人到案后通常不会如实供认自己主观上的诈骗故意和非法占有目的，因此在司法实践中，如何准确判断和认定租赁车辆时，行为人主观上是否具有诈骗的故意和非法占有的目的便往往成为定案的关键。笔者认为，应当结合行为人的整个客观行为来准确审查判断其主观上是否具有诈骗的故意和非法占有的目的。结合 2001 年 1 月 21 日最高人民法院《全国法院审理金融诈骗犯罪案件工作座谈会议纪要》中关于非法占有目的的认定的相关规定，笔者认为可重点通过以下几点来进行审查判断。

第一，行为人在租赁车辆时是否使用真实合法的身份证明，有无假冒他人名义的行为。如在无诈骗故意和非法占有目的的情况下，租赁车辆时应使用自己真实合法的身份证明，如果当行为人在租赁车辆时有假冒他人身份信息或者使用虚假身份证明的行为，事后其又实施了将租赁来的车辆用于出售变现或者抵押借款不还的行为，可在一定程度上反映出行为人在租赁车辆时主观上可能已具有了诈骗的故意和非法占有目的。

第二，行为人租赁车辆的行为与将车辆用于出售变现或者质押借款的行为之间的时间间隔。如果行为人在租赁车辆后，在短时间内直接将租赁来的车辆进行出售变现或者质押借款；或者在租赁车辆后直接将车辆驶离租赁所在地区，后在其他地区直接将车辆进行出售变现或者抵押借款的；或者在租赁车辆前与他人就车辆出售变现或者质押借款协商一致，后再进行租赁车辆进行质押的，均能反映出行为人在租赁车辆时便已具有了租赁后非法处置车辆牟利的意图，可反映其主观上具有诈骗的故意和非法占有的目的。但如果行为人在租赁车辆后正常使用，在一段时间后因情势所迫或其他原因将车辆进行质押或抵债的，便难以直接认定行为人对所租赁车辆主观上的非法占有

目的。

第三，行为人使用租赁的车辆进行出售变现或者质押借款后有无逃匿等行为，出售或者质押后有无积极回购车辆或者偿还借款的行为。行为人的事后行为在一定程度上也可反映其租车时的主观心态，如行为人将车辆出售变现或者质押借款后逃匿以躲避车辆出租人的找寻，如更换手机号码、离开居住地等，可以与其他客观行为相结合判断行为人的主观心态，但笔者也认为如果单有该情节难以直接认定行为人主观具有诈骗的故意和非法占有的目的。反之，但如果行为人在事后有积极偿还借款以赎回车辆的行为则可否定其主观诈骗的故意。

第四，行为人此前是否还有类似行为。实践中，许多从事汽车租赁诈骗犯罪的行为人以租车诈骗为主要收入来源，有连续流窜作案的可能，因此，在审查过程中也应注意审查其是否还有类似租赁汽车后进行出售变现或者质押借款的行为，如果行为人在短时间内连续多次租赁车辆后进行出售变现或者质押借款，其主观上诈骗的故意和非法占有的目的便较为明晰。

第五，行为人在租赁车辆后是否有规避出租人对车辆进行追踪定位的行为。许多汽车租赁诈骗的犯罪嫌疑人在租赁车辆后，为了能够顺利将车辆对外处置变现，往往将车辆上安装的车载定位装置进行拆卸或者屏蔽信号，如果行为人在租赁车辆后便有类似行为，后又将车辆对外出售变现或者质押借款的，应也能体现出行为人具有非法占有和处置该车辆的意图。

第六，行为人使用租赁来的车辆对外出售变现或者质押借款的金额。正常的车辆销售和质押借款，应使用与借款金额相近的物品进行质押，或者借取与质押物相近金额的钱款，但租车诈骗的犯罪嫌疑人往往急于将租赁来的车辆变现，销售金额和质押借款金额通常远远低于车辆的正常价值。

北京市检察机关办理行受贿犯罪案件研究分析报告

北京市检察院第三检察部调研组[1]

为在职务犯罪检察工作中贯彻落实“行贿受贿一起查”的要求，分析全市检察机关办理贿赂犯罪案件的变化趋势，为依法打击贿赂犯罪提供指导，市院第三检察部组织开展党的十八大以来全市检察机关对行受贿犯罪查办情况的调研。

一、全市检察机关办理行受贿案件整体概况

经统计，自 2013 年 1 月 1 日至 2018 年 12 月 31 日，全市检察机关共办理受贿案件 689 件 722 人，行贿案件 399 件 437 人。其中，检察机关自侦部门立案受贿案件 571 件 598 人，立案行贿案件 321 件 351 人；检察机关受理监察委员会移送受贿案件 118 件 124 人，行贿案件 78 件 86 人。

（一）党的十八大以来全市检察机关各年行受贿案件办理情况

按照具体年份来看，2013 年，全市检察机关共立案办理受贿案件 117 件 122 人，起诉 104 件 107 人，撤案 0 件 0 人，共立案办理行贿案件 53 件

[1] 本调研小组人员：北京市人民检察院第三检察部主任王滨和检察官助理林小帅，北京市人民检察院第三分院检察官助理苏鸿靖，北京市东城区人民检察院检察官助理贾嘉楠，北京市西城区人民检察院检察官助理袁硕，北京市朝阳区人民检察院检察官助理王泽，北京市大兴院人民检察院检察官助理刘冰。

65 人，起诉 38 件 46 人，撤案 0 件 0 人；2014 年，共立案办理受贿案件 170 件 176 人，起诉 128 件 130 人，撤案 6 件 6 人，共立案办理行贿案件 99 件 106 人，起诉 66 件 74 人，撤案 14 件 14 人；2015 年，共立案办理受贿案件 132 件 140 人，起诉 135 件 145 人，撤案 2 件 2 人，共立案办理行贿案件 49 件 53 人，起诉 43 件 45 人，撤案 5 件 5 人；2016 年，共立案办理受贿案件 125 件 133 人，起诉 127 件 133 人，撤案 1 件 1 人，共立案办理行贿案件 81 件 87 人，起诉 54 件 62 人，撤案 1 件 2 人；2017 年，共立案办理受贿案件 23 件 23 人，起诉 39 件 39 人，撤案 0 件 0 人，共立案办理行贿案件 14 件 14 人，起诉 26 件 27 人，撤案 14 件 18 人；2018 年，共立案办理受贿案件 4 件 4 人，起诉 11 件 13 人，撤案 0 件 0 人，共立案办理行贿案件 8 件 9 人，起诉 12 件 18 人，撤案 0 件 0 人。

此外，2017 年，全市检察机关受理监察委员会受贿案件 25 件 25 人，起诉 14 件 14 人，受理行贿案件 10 件 12 人，起诉 9 件 9 人；2018 年全市检察机关受理监察委员会受贿案件 93 件 99 人，起诉 70 件 72 人，受理行贿案件 68 件 74 人，起诉 51 件 55 人。

（二）监察体制改革试点工作前后，行受贿案件查办情况对比分析

据统计，2013 年 1 月 1 日至 2016 年 12 月 31 日，全市检察机关共立案办理受贿案件 544 件 571 人，立案办理行贿案件 282 件 311 人，受贿案件年均立案受理 136 件，行贿案件年均立案受理 71 件。自 2017 年 6 月 1 日至 2018 年 12 月 31 日，[1] 全市检察机关共受理监委移送受贿案件 118 件 124 人，行贿案件 78 件 86 人，受贿案件年均受理 79 件，行贿案件年均受理 52 件。其中 2018 年全市检察机关受理受贿案件 93 件、行贿案件 68 件。

对比监察体制改革试点工作前后，可以看出，试点后行受贿案件查办数量有了一定程度的下滑，2017 年 6 月 1 日至 2018 年 12 月 31 日监察委员会移送的受贿、行贿年均案件数分别为 2013—2016 年年均办案数的 58.1%、

[1] 2017 年上半年正值全国监察体制改革试点工作开展，为了确保数据对比的客观、有效性，选取 2017 年 6 月至 2018 年 12 月底这一年半检察机关受理监察移送案件作为统计数据的样本。

73.2%。2018年，监察委员会移送的受贿、行贿案件数量较2017年有明显上升，但年均移送受贿案件数仍较试点前有显著下降，为2013—2016年年均办案数的68.4%，移送行贿案件数与2013—2016年的年均办案数相差不多，为年均办案数的95.8%。

（三）行贿犯罪案件具有明显的轻刑化处理倾向

监察体制改革前的2013—2016年，全市检察机关公诉部门审查的379件行贿犯罪案件中，公诉部门审查后作出不起诉的有27件，占7.1%；起诉案件中被告人被免于刑事处罚的有7件，被判处缓刑的有98件，两者共占168件判决案件的62.5%。

综合上述数据分析，对于行贿犯罪案件处理，司法实践中还是存在轻刑化的处理趋势。这一现象也和贿赂案件的司法实践紧密联系，基于贿赂案件中行贿主体的证据固定的重要性，以及一段时期内重点打击受贿主体的政策倾向，使得行贿犯罪案件的处理在客观上普遍出现轻罪、轻判的情形。

（四）行贿类型的案件主要为行贿罪，单位行贿罪比例呈下降趋势

2015—2018年，全市检察机关受理行贿类案件277件，其中行贿罪案件168件，单行行贿罪案件103件，分别占行贿犯罪案件的60.6%、37.2%。其中，2015—2016年，全市检察机关公诉部门受理的199件行贿案件中，行贿罪案件109件，单位行贿罪案件84件，行贿罪占行贿犯罪案件的54.8%，单位行贿罪占行贿犯罪案件的42.2%。2017—2018年，全市检察机关受理监察委员会移送的78件行贿案件中，行贿罪案件59起，单位行贿罪19件，行贿罪占行贿犯罪案件的75.6%，单位行贿罪占行贿犯罪案件的24.4%。

不难看出，行贿罪是行贿犯罪中最常见的犯罪类型，所占比重超过行贿类犯罪案件的一半，单位行贿罪作为行贿类犯罪中比重次高的犯罪类型，也需要进一步加强关注，在近几年来全市检察机关办理的多起受贿案件中，涉及的部分单位行贿行为没有入罪处理。

（五）国有企业单位行贿频发，查处整治工作待加强

全市检察机关公诉部门2015—2016年受理的274件受贿案件中，涉嫌单位行贿的事实一共有469件。按涉嫌犯罪主体划分，国有企业占150件，占单位行贿总数的32.0%，其中央企占21件，占单位行贿总数的4.5%。

近年来，从铁道部窝案到国家信访局、国家发展改革委系列案，国有企业单位行贿的现象屡见不鲜，问题也日益突出，其中不乏部分中央企业。例如原国家发展改革委价格司司长刘某某受贿案中，涉嫌单位行贿的国有企业有数家中央企业。国有企业行贿的问题应当引起充分重视：一方面不同于非国有企业单位行贿，国有企业单位行贿的资金来源往往是单位小金库、项目奖励金等，还存在假借其他名义的报销费用，归根结底大部分都是国有资产，国有企业单位行贿行为直接造成了大量国有资产的流失；另一方面国有企业作为代表国家参与市场经营的主体，其“带头”行贿会极大地损害国家形象，扰乱市场经济秩序，助长行业内的不良风气，造成恶劣影响。对于国有企业单位行贿行为进一步加大查处及整治力度具有现实的紧迫性和必要性。

二、全市检察机关办理行受贿犯罪案件特点

（一）行贿类犯罪行贿数额巨大，重金行贿比例较高

2015—2018年，全市检察机关公诉部门受理的277件行贿案件中，行贿数额在100万元以上的案件有99起，占35.7%；行贿数额在500万元以上的案件有16起，占5.8%，其中还包括10件行贿数额在1000万元以上的案件。如三分院起诉的北京聚利隆投资有限公司、葛某单位行贿一案，被告单位及被告人为谋取不正当利益，请托北京市朝阳区孙河乡党委书记纪某某在被告公司承揽孙河乡康营组团定向安置房项目过程中提供帮助以及请托北京市孙河农工商联合公司总经理骆某某为公司在签订康营住宅项目合同、工程款拨付等方面提供帮助，被告人葛某先后多次给予纪某某、骆某某财物共计折合人民币6700余万元。再如，四分院办理的闫某某单位行贿一案，被告人闫

某某为了帮助其经营的北京乾坤建业科技有限公司、北京北方中泰科技发展有限公司在与北京华胜计算机的合作中获得资金上的帮助，先后给予该公司总经理好处费共计人民币 2600 余万元。

（二）部分行贿犯罪与其他犯罪行为伴随出现，具有较大的危害性

近年来，行贿犯罪所谋取的不正当利益常与其他犯罪相交织，以 2015—2016 年为例，全市公诉部门受理的 199 起行贿犯罪案件中，有 22 起案件的被告人除了行贿犯罪外，还涉嫌其他罪名，包括受贿罪，介绍贿赂罪，贪污罪，滥用职权罪，徇私舞弊不征、少征税款罪，虚开发票罪，诈骗罪等。上述案件中，部分行贿犯罪被告人行贿犯罪行为与其实施的其他犯罪行为存在行为上的关联性。例如，平谷区人民检察院起诉的被告人曹某甲，曹某乙等二人行贿、开设赌场一案，被告人通过向当地公安局派出所民警行贿的方式，达到掩盖组织赌博行为，逃避公安机关的查处的目的。再如，昌平区人民检察院起诉的被告人余某某行贿、虚开发票一案，被告人行贿目的在于实现签订、履行相关协议中顺利获得交易机会、相关要求不达标而免受处罚、使用虚假发票结账等不正当利益，行贿行为与掩盖虚开发票行为及通过虚开发票行为获利之间存在直接的因果联系，行受贿犯罪所涉及的利益触犯其他刑法条文的规定，形成案中案，造成比较大的社会危害。

（三）部分行业“利益链”现象突出，行受贿趋普遍化，窝案、串案比例高

工程建设、采购招投标、资源开发与经销、医药销售等领域中，项目的招投标、资格证书的发放、合同履行的监督等环节都是行贿犯罪的重灾区，行贿犯罪在上述领域一直存在行受贿的“潜规则”，部分领域由于长期盛行的行贿不良风气，甚至形成了默认的权钱交易“行业显规则”。譬如，一分院起诉的被告人马某某行贿一案，被告人马某某曾担任外省电力局驻京办事处司机，离开单位后，其通过原来工作关系联系上时任国家电网公司直流建设分公司的工作人员郭某某，马某某提出想在国家电网公司做电力设备招投

标代理，帮助厂家中标，从厂家赚取代理费。郭某某便和马某某约定，由马某某负责找厂家，其负责在国家电网公司内部找领导疏通关系，多赚取的代理费分三份，马某某拿三分之一，其拿三分之一，给国家电网公司的领导三分之一，后郭某某找到时任国家电网公司招投标管理中心招投标处处长张某某，三人形成了长期的“合作”关系。马某某将代理厂家的名称告诉郭某某，郭某某转告给张某某后，张某某再利用自己的职权帮助公司中标。在2006年至2013年长达7年的时间里，马某某采取将代理费分成的方式，先后多次向张某某、郭某某二人行贿，共计人民币1000余万元。

此外，部分行业领域，行贿常态化、利益链稳定化现象也较为突出，甚至衍生行受贿的窝案、串案。譬如，北京市海淀区税务局第二税务所（以下简称“税务二所”）窝案中，被告人于某某被劳务派遣至税务二所担任司机，后多次向税务二所负责复核二手房屋交易税征收的工作人员张某请托，使后者在工作中徇私舞弊，帮助他人少征房屋交易税款。在2013—2014年，短短一年多的时间里，被告人先后通过张某违规办理了50套左右的房屋交易，每次被告人都给予张某人民币2万~2.5万元的好处费。在这起案件中，行贿主体和受贿主体之间实际上形成了长期的较为稳定的利益输送关系，甚至形成了相应的利益关系网。

（四）长周期权利寻租，围猎与甘于“被围猎”，温水煮青蛙式行贿腐蚀领导干部

行受贿案件中，长期利益寻租现象较为普遍，为了获得长久性利益或者为将来谋取利益做好铺垫，行贿主体往往不是通过一次行贿来促成权钱交易，而是通过节日或房屋乔迁、子女入学、婚礼宴请等以各种名目给予财物，部分领导干部被围猎周期甚至长达十余载。如一分院办理的被告人刘某某单位行贿一案中，被告人为了向时任国家发展改革委价格司司长曹某某请托，于2007—2014年，借每年春节及曹某某过生日之机，给予曹某某人民币共计22万元，并于2010年为其购买价值28.7万元的照相机一部，被告人在8年多的时间里先后行贿共计达14次之多。再如在国家安监总局原局长杨某某受贿案中，行贿人叶某某从2005年杨某某任天津市副市长时就开始向其

行贿，一直到2015年案发，十年间行贿次数达14次，行贿数额折合人民币350多万元。

三、行受贿犯罪原因分析

（一）部分岗位权力过于集中、监督缺位

腐败的根源在于监督不力，权力失控。“一把手”或重要岗位领导干部往往权力过于集中，自由裁量空间大，其掌控的稀缺资源和经济利益必然吸引大批意图通过行贿来实现个人目的或企业发展的不法分子蜂拥而至。同时，许多领导干部抱着“有权不用，过期浪费”的思想大肆进行权力寻租，甘于被围猎，在工作中利用职务便利向业务关系人明示或暗示贿赂，行受贿也就成为双方心照不宣的“规矩”。如一分院办理的原国家发展改革委价格司副巡视员郭某某一案，被告人郭某某自2001年至2013年，先后担任国家发展计划委员会价格司药品医疗价格处副处长、国家发展改革委医药价格处副处长、处长、价格司副巡视员，其利用对医药品具有定价权的职务便利，先后80多次收受58家药企给予的1000余万元贿赂。再如，二分院办理的原国家信访局副局长许某受贿案，被告人许某利用职务便利，接收相关单位或者个人的请托，在修改信访数据、处理信访事项等方面向他人提供帮助，先后收受多达150余人的贿赂共计600余万元。

（二）市场竞争激烈，行业“潜规则”普遍存在

由于市场对资源配置发挥决定性作用的机制还没有真正建立起来，政府公权力在行业监管、宏观调控方面对资源配置仍然发挥着重要作用。在激烈的市场竞争面前，一些企业缺乏公平竞争意识转而投机行贿。对这些企业而言，打通关系是比提高产品、服务质量等正规渠道更加“高效”和实用的击败竞争对手的方式，甚至本身资质和条件不错的企业也将行贿作为必要手段，“项目费”“公关费”等已经成为很多企业内部许可和默认的一笔“合理”支出。如原国家能源局副局长许某某受贿一案，许某某收受8个能源集团的

财物，分别为该8个能源集团在27个电力项目审批上谋取利益，8家能源集团中有6家公司为能源央企，包括中国华能集团公司、中国国电集团公司、中国神华集团、中国华电集团、中国大唐集团、中国电力投资集团，1家省级能源类国有企业，浙江能源集团有限公司。剩下1家北京三吉利能源股份有限公司也是国有出资企业。

（三）人情文化滋生行贿风气，请托送礼成办事常态

我国延续长久的封建社会培养了“熟人文化”“关系文化”，公民个人行为和参与社会事务深受这种文化模式的消极影响。处理事务时首先想到的是“托人”和“送礼”，认为花钱托关系比走正常渠道更牢靠稳妥，导致行贿之风难以遏止。甚至有的行贿人把行贿作为正常办事的捷径和法宝。如密云法院办理的被告人郅某某行贿一案，被告人郅某某为使其本人和亲属应聘上北京市怀柔区卫生系统及教育系统相关岗位，请托时任北京市怀柔区卫生局副局长谢某某，先后两次给予谢某某共计人民币15万元。

（四）“轻处理”导致行贿犯罪成本较低

作为受贿罪的对合性犯罪，立法上对于行贿犯罪的量刑相对偏轻。尽管刑法修正案（九）为从严惩治行贿犯罪进行了调整，但行贿犯罪进入司法程序的比例仍然较低且通常被判处缓刑。此外，由于行贿罪定罪的关键要素“谋取不正当利益”在司法实践中难以准确把握，导致大量司法判例中，一些隐蔽性强、谋取的利益难以界定性质的行贿行为通常不入罪，在此前提下，给潜在行贿者提供了不良的反向暗示，导致为规避法律处罚的新型行贿手段层出不穷。同时，经济利益处罚力度不足是促使行贿犯罪高发的另一原因。依照现行法律，对行贿违法行为的经济处罚是以其被移送司法处理为前提的，实践中，即使被定罪处罚，行贿人的既得经济利益往往也未受到损失。此外，尽管刑法规定行贿罪罚金刑的法定量刑幅度在10万元以上犯罪数额二倍以下，但实践中对行贿人判处罚金与其贿赂数额存在明显的不对称，与谋利数额更相去甚远。如三分院办理的北京聚利隆投资有限公司、葛某单位行贿一案，认定被告人葛某行贿数额高达6700余万元，被告单位北京聚利隆投资

有限公司犯单位行贿罪，判处罚金人民币500万元，被告人葛某犯单位行贿罪，判处有期徒刑三年六个月，并处罚金人民币100万元。

四、对贯彻落实十九大提出的“坚持受贿行贿一起查”要求的建议

（一）提高政治站位，转变“重受贿轻行贿”的办案思维

认识到行受贿一起查是从严治党的必然要求。当前行贿犯罪现象比较严重，但在一定程度上存在着对行贿犯罪打击不力的现象，为从源头上遏制和预防贿赂犯罪，党的十九大报告强调反腐败“坚持无禁区、全覆盖、零容忍，坚持重遏制、强高压、长震慑”，明确提出“坚持受贿行贿一起查”。对于贿赂行为，既追究受贿人的责任，也追究行贿人的责任，对于严明党的纪律，全面净化党内政治生态，坚决纠正各种不正之风，以零容忍态度惩治腐败具有重要意义，是全面从严治党的必然要求。实际工作中要切实提高政治站位，保持政治定力，把全面从严治党的要求体现到行受贿一起查的具体工作中。

加大对惩治行贿行为重要性的认识。行贿是很多贪污腐败行为产生的温床和直接根源，腐蚀性、危害性极大。因此，要想依法惩治和预防腐败，必须切实转变执法观念，加大行贿犯罪的打击力度，补齐打击行贿的短板。一是要充分认识行贿的社会危害性，认识到行贿行为是诱发受贿行为产生的重要原因，其社会危害性在一定程度上与受贿行为相当，行贿作为与受贿相对应的犯罪，二者关系相辅相成，为了更好地预防和惩治受贿犯罪，就必须重视对行贿行为的预防和查处。二是要从思想上克服打击行贿犯罪可能影响贿赂犯罪案件调查取证的观念，积极采用现代化侦查技术和手段，改变过去过分依赖行贿人供述的局面。三是要突出工作重点，依法惩治行贿行为，对于向党政机关领导干部、行政执法机关工作人员行贿的，行贿数额巨大、多次行贿、向多人行贿等情节严重的，都要依法追究刑事责任，从严惩处。同时，对最高人民法院、最高人民检察院（以下简称“两高”）《关于办理贪污贿赂刑事案件适用法律若干问题的解释》中关于行贿犯罪宽大情节的规定准确

理解，谨慎适用，对主观恶性和犯罪情节十分严重的行贿人，给予从严惩处，从而避免对行贿人的处罚过轻，导致行受贿处罚不均衡。

（二）强化监检等单位的协调衔接，构筑行受贿线索移送、追查追诉等工作机制，完善行业监管

加强相关单位的工作衔接，进一步深化检察机关与监察委员会、审判机关及相关行政执法单位的沟通协调，健全线索和案件移送、查办、追逃追赃等协调机制，形成“受贿行贿一起查”的工作合力。例如，朝阳院依托区反腐败协调小组平台，依案件阶段分别与区纪委监察委纪检监察室、案件审理室、案件监督管理室三部门沟通配合，充分利用区反腐败协调小组平台提出问题、解决问题。针对重大疑难职务犯罪案件，建立了案件移送前的会商论证机制，对职务犯罪案件进行把脉会诊，明确证据标准，构建职务犯罪案件查处的绿色通道。同时，从个案中总结类型化问题，形成解决方案后积极推动，通过反腐败协调小组机制固定，取得了显著成效。

在提前介入阶段配合监察机关开展调查取证，将行受贿一起查的政策向调查环节延伸。以提前介入与提前会商工作机制为抓手，针对重大疑难行受贿案件，在移送审查起诉前，与监察委员会以共同审查案卷、会议论证等方式，就案件定性、证据完善、是否能够追查行受贿犯罪等问题互相沟通，达成一致意见，完善证据，保证了案件快速审查办理，实现案件质量与办案效率的双效合一。

检察机关在审查起诉过程中发现受贿案件中行贿人可能构成行贿罪的，应当及时将线索移送监察机关。监察机关在办案过程中发现行贿犯罪的，属于犯罪线索的及时向监察委移送，也可以通过反腐败协调小组等已有衔接平台移转；对于事实清楚的，经沟通协调后，可以做出书面的追查函，由监察机关进一步调查核实后移送起诉。针对以往移送行受贿线索之后，对于线索处理的效果不够明显的情况，建议完善线索移送之后的跟踪反馈机制，持续跟进追查线索的推进情况。

建立“查受贿带行贿、查行贿带受贿”的双向查处机制。对受贿犯罪和行贿犯罪统筹兼顾、同步部署，在查处受贿的同时发现和突破行贿行为，并

综合运用党纪和法律规定，对行贿行为进行严厉处置，实现受贿行贿查处的相互推进。对行贿行为尚未达到入罪标准的，要及时给予党纪处分，且不得提拔重用等。综合运用刑事处罚与纪律处分等方式，形成对行贿人的有效威慑。另外，建议在查证受贿案件时，对行贿方一并立案查处，同步收集和固定行贿方“谋取不正当利益”的证据。这样，不仅可以节约调查成本，还可以有利打击行贿犯罪。

不起诉案件在办理过程中及时与监察委员会沟通意见。在办理可能做不起诉处理的案件过程中及时与监察委员会沟通交换意见。对于监察委员会移送的行受贿案件，在审查办理过程中发现可能做不起诉处理的，应当及时与监察委员会沟通协调，对可以进一步补充证据的提出补充相关证据的意见，对于在审查起诉阶段可能做不起诉处理的，应当与监察机关提前沟通协调，并报上级检察院审批再对案件做出最终结果。

加强与行政执法部门的沟通协作，完善行业监管机制。与多发、易发行受贿犯罪行业领域对应的行政执法部门沟通协作，完善相关监管机制。例如，在办理行受贿案件中，发现税务机关频繁出现行受贿案件，而且此类案件一旦发生都是一系列窝案，对税务机关的履职环境和执法形象造成严重的损害。检察机关可以总结办案过程中发现的问题，与税务机关加强沟通交流，协助其弥补工作机制、业务流程上的漏洞，完善行业监管机制，使得行受贿高发领域的人员客观上能够做到不敢腐、不能腐。同时加强司法机关与工商、税务等行政执法部门的沟通协作，突出市场主体、行业组织在打击行贿犯罪中的重要作用，通过相关政府部门、行业协会等单位的沟通合作，在关键领域和关键环节，对行业内企业加强监督管理，发现问题及时进行纠正。

增进与国有企事业单位等的沟通，强化国有企事业单位自身的监管。国有企事业单位是社会主义公有制经济的重要成分，为了发挥国有企事业单位在国民经济发展过程中所起的重要作用，检察机关就要积极作为，开展普法宣传工作，加强国有企事业单位对人财物的监督管理，从制度上减少行受贿犯罪发生的可能性。

（三）依法履职，严格把关，依法妥善办理行受贿案件

严格按照非法证据排除规则审查证据，注重零口供案件中间接证据的审查和证据之间的相互印证，尽量保证证据的亲历性。首先要对在案证据进行形式审查：一方面审查行受贿双方口供的调取情况，通过观看原始的讯问同步录音录像，分析其供述是否自然客观、翻供是否合理，讯（询）问人员、时间、地点、方式、内容等情况是否客观真实合法，与狱医、检察技术人员、看守所民警、驻所检察官等证言是否相印证；另一方面对物证书证、鉴定意见、勘验、检查、辨认等笔录、证人证言、被害人陈述等证据材料的审查，也要严格把握非法证据排除规则的规定，关注所有证据类型的获取过程和呈现形式，对不符合要求的证据及时补正或者排除，避免在庭审期间成为被告人的脱罪法宝。其次是注重“零口供”案件中间接证据的审查。在证据审查过程中，对于案件定性有决定性影响的关键证人、重要物证尽量亲自讯（询）问、调取实物查验，保证证据的亲历性，避免书面审查可能存在的片面性，同时依法充分利用自行补充侦查的权力，对证据链中个别环节进行补强。

严格履行追查、追诉职能。针对贿赂犯罪，加大查处力度，在审查起诉阶段转变“重审查，轻追诉”的公诉办案思维，在受贿案件办理过程中，一旦发现行贿犯罪的相关线索，及时向监察委员会移交，并构建合理的反馈机制，保证追诉工作落到实处。

依法从严适用相关法律和司法解释，加大对行贿行为的处罚力度。为贯彻落实行贿受贿一起查的决策部署，检察机关应对行贿犯罪法律和司法解释严格适用，从手段的不正当性、利益的不确定性和违背职务性等多方面对“不正当利益”要件进行充分解释论证，尤其对一些专业领域，甚至受政府重点扶持和关照的国有大型企业集团，更要深入去了解涉案单位的工作特点和流程，行业合作准入制度和行业潜规则，了解请托的项目违反哪些规则，如何排除其他竞争优势等，综合论证不正当利益，避免其成为行贿犯罪的挡箭牌。另外，对行贿犯罪的从宽政策更应从严把握，充分理解法律规定的从宽系“可以”而非“应当”，在实践中要根据案件具体情况，对主观恶性较大和犯罪情节严重的行贿人，尤其是主动行贿、多次行贿、行贿数额巨大、长期“围猎”

党员干部的行贿人，慎用不立案、不起诉等从轻政策，依法坚决查办，从严处理，从而避免对行贿人的处罚过轻，导致行受贿处罚不均衡的情况。

庭审阶段充分发挥指控和证明犯罪的主体作用，把行贿受贿一起查的政策落到实处。一是做好庭前准备工作。根据行受贿双方认罪态度以及客观证据情况，有针对性地准备“三纲一词”，完善出庭预案。视情况要求召开庭前会议并加强与关键证人、鉴定人沟通，尽量说服其出庭作证，并提前就庭审询问的有关事项及可能出现的情况进行充分预测、沟通。二是增强庭审指控效果。在讯问阶段，分别针对受贿人认罪、行贿人不认罪，或行受贿双方均不认罪的不同情况，实施不同的讯问策略，以突出行贿人无罪辩解中的矛盾错误。在举证质证阶段，构建确实、充分的证据体系，优化示证的顺序和逻辑，对与行贿动机、行贿手段关联性强的证据，和证明行贿人供述不属实的证据做重点说明。探索推进举证可视化，综合运用多媒体示证技术，强化证明效果。证人、鉴定人出庭的，既要通过封闭式提问引导证人、鉴定人做有利于指控犯罪的证言，对控方观点进行固定加强，又要针对辩护人交叉询问产生的反向引导做出积极回应，突出公诉人指控和证明犯罪的主体作用。在法庭辩论阶段，除对事实和法律适用部分充分发表指控意见，还应加强释法说理工作，充分利用量刑建议权，对涉嫌行贿犯罪的被告人开展法制教育，对认罪态度不同的被告人区别对待，引导被告人自愿认罪、认罚，实现打击行贿犯罪与教育行贿人同步进行。三是做好普法宣传。建议涉案企业人员及相关领域其他企业人员旁听庭审，直观感受法律对行贿犯罪的打击惩处，接受法治教育。联系媒体，通过以案说法的形式对查处的行贿案例特别是党的十九大后仍不收敛不收手的典型案例公开曝光，起到查处一个、警示一片的教育作用。

（四）严格贯彻宽严相济的刑事政策，进一步探索、推动认罪认罚从宽制度在行受贿犯罪中的适用

在行受贿“一对一”证据难以收集的现实条件下，要不断完善、运用认罪认罚从宽制度突破行受贿双方的“攻守同盟”。自认罪认罚从宽制度试点工作启动以来，北京市检察机关凭借轻型快审、刑事和解等先行制度创建的经验

优势，审慎探索实践，产生了良好的司法效果和社会效果。其中，朝阳院形成了覆盖全面、过程精简、层次立体的认罪认罚制度“一三三三”朝阳模式。国家监察体制改革试点以来，朝阳院职检部已经对监察委员会移送的案件共计13件15人依法适用认罪认罚从宽制度，涉及贪污罪、受贿罪、行贿罪等罪名，在保障犯罪嫌疑人、被告人诉讼权利的基础上，有效地节省了司法资源，提高了行受贿犯罪案件的办案效率。对行受贿案件适用认罪认罚从宽制度对于出庭公诉可以产生良好的效果，保证行受贿案件的顺利出庭公诉。因为行受贿犯罪较普通犯罪而言具有很强的隐蔽性，以行受贿双方的言辞证据为主。在严格适用《刑法》第390条第2款、第164条第4款等给予的量刑从宽规定外，通过认罪认罚从宽制度给予一定的量刑优惠。在审查起诉阶段如果有一方或双方适用认罪认罚从宽制度，通过量刑上的从宽政策可以瓦解行受贿双方的“攻守同盟”，能够有效出庭支持公诉，惩治行受贿犯罪。

（五）加大行贿犯罪经济处罚力度，加强违法所得追缴工作，特别是对行贿所得间接利益的追缴

按照中央的工作要求，检察机关应当主动作为，积极联合监察机关加强对行受贿犯罪追逃追赃工作的探索研究，采取多项措施开展追逃追赃工作。一是对行贿犯罪分子违法获得的财物，应当严格依法予以追缴或退赔，但是对于行贿所得间接利益[1]无法简单归为违法所得予以追缴，建议根据“不能让任何人从犯罪中获益”的原则，对于通过行贿获取的商业机会，而后创造的经济效益的，可以委托有资质的鉴定机构或者审计机构，出具鉴定意见以确定合法获取的利润，其余部分作为违法所得予以追缴。二是根据行贿人获取经济利益数额的不同，建议配置对应程度的罚金刑，以进一步增加行贿犯罪经济上成本，平衡因行贿而获得的经济利益，真正做到对行贿人员经济上的惩罚，通过出庭公诉、审判等环节最大限度地体现罪责刑相适应原则，使行贿人员无法通过犯罪行为获取任何非法利益。三是加强与各机关的协作配合，完善行贿罪中已谋取“不正当利益”的处理形式，建议对行贿案件审理

[1] 行贿所得间接利益是指行贿人通过行贿行为获取特定的商业机会（如销售、工程、中标等）之后，通过其正常生产经营行为获得的经济利益。

中能核实的不正当利益，主要是因行贿犯罪取得财产性利益以外的经营资格、资质或者职务晋升等不正当利益，在判决中明确“追缴”以及方式方法，或者由检察机关向有关部门发出检察建议督促其依照相关规定做出吊销、撤职等相应处理。

五、把对行受贿犯罪的普法宣传放在与惩处犯罪同等重要的位置

长期以来，对于行受贿案件，检察机关在法治宣传偏重于对受贿案件进行翔实的报道和揭露，这让社会各界对于受贿犯罪的社会危害性，普遍有着较为清醒的认识；但是这种传统侧重在无意中却导致了少数人对于行贿犯罪的危害性认识不够深刻。因此，司法机关在普法宣传上的引导十分重要，同时党的十九大报告中提出“受贿行贿一起查”，体现出了鲜明的问题导向，检察机关的法治宣传思路也应坚持受贿和行贿并重。受贿与行贿并重，要求检察机关在通过各种手段进行法治宣传的过程中，对于行贿方的地位和作用，也要进行重点揭露；对于行贿行为的社会危害性，也要深入批判；着重强调受贿和行贿并非轻重悬殊，而是同有同无的关系，同为贿赂犯罪的两翼。在具体个案的宣传报道中，也要把两者并重的思路贯彻始终，全方位、多角度地展示案件，注意挖掘行贿人犯意产生的基础，表现出行贿对于公职人员职务廉洁性的侵蚀，剖析行贿对于社会秩序的破坏性，展示出行贿人的事后内心的不安与懊悔，营造行贿受贿同等可耻的社会舆论，让公职人员和广大群众认识到杜绝腐败，清正社会风气，端正认识，要从我做起，从点滴开始。

（一）提高法治宣传的针对性和实效性，做到对症下药，量体裁衣

法治宣传和“受贿行贿一起查”的检察工作新思路，两者之间是相辅相成、相互促进的关系。当前检察机关的“十进百家、千人普法”等法治宣传工作开展形势整体良好，但就行受贿犯罪的治理宣传需要上看，在部分环节还存在薄弱之处，需要进一步完善。

第一，提升宣传内容针对性。目前很多单位在进行普法宣传时，都存在内容空洞、泛化，对于老生常谈的套话铺陈过多，而对听众关心的重点话题回应不足。当前，“受贿行贿一起查”作为社会治理的重点内容，检察机关需要在法治宣传中要通过个案类案的办理情况强调贿赂犯罪的法律规定、大政方针，凸显党和国家杜绝此类犯罪的决心和勇气，展现查处此类犯罪的强大力量，告知人民群众如何以正确、安全的方式向监察机关等检举、揭发身边的贿赂犯罪。

第二，提升宣传对象针对性。法治宣传要因地制宜，对于不同的宣传对象要有不同的形式和不同的重点。例如，深入城市社区普法时，要引导市民关注公安、工商、城管等执法过程中可能存在的腐败风险；深入乡村普法时，要引导村民关注农业资金拨付、农村土地征收征用等方面可能存在的腐败风险；深入国有企业普法时，要引导职工关注重点领导岗位、业务岗位、财务岗位的执业风险；深入机关单位普法时，要引导干部关注项目决策、财政资金使用等方面的廉洁行政风险。

第三，及时把握法律动向。对于贿赂犯罪的新的立法、新的司法解释，检察机关在法治宣传时应当着重突出，及时将最新的法律动向普及给社会公众。尤其是近年来，贿赂犯罪领域的刑法条文不断修正，司法解释不断推陈出新，刑事诉讼法刚刚修订，这些都应该在法治宣传时浓墨重彩地进行强调，让公众知法懂法。

第四，及时追踪新热点。党的十九大报告强调反腐败“坚持无禁区、全覆盖、零容忍，坚持重遏制、强高压、长震慑”。在当前社会时期，重大贿赂犯罪是全社会关注的焦点，社会舆论对于各类“老虎案”极为关切。检察机关在法治宣传时，对于此类案件也应做相应披露和阐释，引导人民群众正确思考、认识此类案件的意义，强化人民群众与司法机关一道共同预防和惩处行受贿犯罪的勇气。

（二）扩大邀请范围，组织特定群体参与庭审旁听，加强廉政警示教育

对于检察机关提起公诉的刑事案件，尤其是涉及贿赂行为的职务犯罪案

件，旁听庭审更是有效沟通检察机关和听众的桥梁，让听众与真实案件、与检察办案人员零距离接触，消除听者与抽象法律之间的隔阂，增进检察工作的亲和力与公信力，使得听众深入了解贿赂案件对于社会的具体危害，切身感受到党和国家巩固反腐败斗争的压倒性态势，从而树立公众对于党和国家对夺取反腐败斗争压倒性胜利的信心。

作为检察机关，在办理典型贿赂案件时，对于公开庭审的案件，可以扩大邀请范围，组织特定群体参与庭审旁听。

（1）受贿人、行贿人所在单位，以及与案情有关的其他单位。（2）贿赂犯罪高发的国家机关，如具有资金拨付、项目审批权限的部门，以及具有维持社会治安、行政管理的工商、城管、公安等部门。（3）贿赂犯罪高发行业，如涉及招投标、银行、房地产、建设工程、医药销售领域的企业。

这些特定群体中的成员，与贿赂犯罪的距离，较一般社会公众更为接近；对于了解党和国家惩治腐败方针政策，了解法律对于贿赂犯罪的规定，了解监察机关和司法机关查办贿赂案件的工作方式方法，较一般社会公众更为关切；对于如何保护自身远离腐败，避免职业风险，廉洁行政、廉洁经营的知识，较一般社会公众更为渴切。但一般的法律宣传囿于形式限制和受众面向等因素，往往无法精准回应上述特定群体的此类诉求。针对这一情况，检察机关可以有针对性地扩大邀请范围，邀请上述特定群体经常性地参与具有教育意义的典型贿赂案件的庭审旁听过程中，以案说法，以案释法，揭示贿赂犯罪的社会危害性；在惩治贿赂犯罪的过程中，对广大党员干部、行使公权力的公职人员进行廉政警示教育，从而逐步形成“不敢腐”的震慑，增强“不想腐”的自觉。

（三）以检察建议的方式在完善社会治理体系中有所作为

当前时期，重大贿赂案件频见报端，引起社会舆论对于相关单位、个人怎么能产生腐败，为何会产生腐败，如何去杜绝腐败等问题的高度关注。检察机关在依法办理案件之外，需要结合自身工作特点，积极回应公众的这种期待；而回应这种期待的利器之一，就是检察建议。检察建议是检察机关依法履行法律监督职责，维护司法公正，参与社会治理，促进依法行政，保持公共利益，维护个人和组织合法权益，保障法律统一正确实施的重要方式。

目前，反腐败斗争压倒性态势已经形成并巩固发展，检察机关作为国家反腐败斗争综合治理体系中的重要力量，应当担当作为，深入进行调研，精准发现问题，对于引起社会舆论的焦点问题，积极回应，在核实案件情况后，依法制发检察建议。检察建议的对象，一方面针对受贿一方的：对于不构成犯罪的涉案人员，及对犯罪发生负有领导、监督职责的人员，建议发案单位也要予以相应的党纪政纪处理；对于处于廉政高危风险岗位的其他工作人员，建议涉案单位及时进行廉政警示教育，防患于未然；对于案件暴露出来的管理漏洞和机制缺失，建议涉案单位及时查漏补缺；对于存在上级主管机关监管不到位的情形，建议其完善监督管理体制，完善相关的规章制度，避免给其他犯罪分子可乘之机。另一方面检察建议也不能遗漏行贿一方：在涉及经济利益的案件中，对于行贿方所在单位，制发检察建议，要求其应在法律范围内正当经营，不得以不正当手段牟取经济利益，切实做好对于员工的教育管理工作；对于与行贿方有合作关系的其他单位，制发检察建议，要求其在筛选合作伙伴、合作对象的过程中，将有行贿犯罪前科劣迹的人拒之门外，做到合作主体合法适格。

在检察建议工作中还应当注意以下问题：（1）提出的问题必须客观、准确，要做到透过现象发现本质；（2）检察建议要有针对性，避免套话、空话，防止图形式，走过场，要鞭辟入里，不能泛泛而谈；（3）检察建议要有可操作性，不能主观片面，切忌好高骛远，纸上谈兵，必须是现实有效、切实可行的措施；（4）检察建议要有时效性，要求对象单位限期整改回复，不能石沉大海，而要及时跟进，敦促改正，做到“案结事不了”。

（四）落实案件信息公开工作，保障人民群众对于贿赂案件处理的知情权、参与权、监督权

新修订的《人民检察院组织法》已经正式将司法公开原则列入人民检察院的基本工作原则之中。在当前阶段，重大贿赂案件的处理成为社会各界瞩目的焦点，更应当高标准、严要求，切实落实案件信息公开的有关要求。对于贿赂案件，案件信息公开应当做好以下几个方面的案件信息公开工作。

（1）案件程序性信息公开。检察机关应当确保当事人、近亲属、辩护人等可以依照法律规定，及时取得办案部门或承办人员的联系方式，向检察机关查询监察委员会移送贿赂案件的具体案由、受理和决定审查情况、采取强制措施的情况、办案的具体期限、案件处理结果等信息。（2）重要案件信息公开。对于有较大社会影响的贿赂案件、已经办结的典型贿赂案件等，可以通过新闻发言人、召开新闻发布会、提供新闻稿等方式，在关键节点主动向社会披露案件受理、采取强制措施，审查处理结果等情况。（3）法律文书公开。检察机关对于已经生效的贿赂案件不起诉决定书、起诉书、抗诉书等文书，应当及时在案件信息公开系统上发布，并向社会公众进行公开，便于公众查询监督。

将贿赂案件的信息公开工作落到实处，要求检察机关加强平台和机制建设，沟通监察委员会和人民法院，统合内部不同工作部门，建设统一平台，最大程度上为获取相关公开信息提供便利条件。人民群众对于贿赂案件，较其他类型的刑事案件，往往更为关切，也更容易由于案件信息不公开，案件处理不透明，滋生对国家机关的不信任感。检察机关切实做好案件信息公开工作，可以最大限度地防止谣言的产生和蔓延，提升执法公信力，提高人民群众对于检察机关的信赖程度。

（五）与时俱进，有效利用新兴媒体对重大贿赂案件的查办进行宣传

在重大贿赂案件的查办方面，社会公众已经不再单纯满足于从存在一定滞后性的传统媒体获取资讯，而是迫切希望在新媒体上与检察机关面对面，第一时间获取信息，并积极参与与检察机关的互动之中。对此，检察机关应该结合新兴媒体下列特性，积极做好重大贿赂案件查处的宣传工作。

（1）个性化。不同检察机关、检察机关不同部门、不同个人之间的风格不能千篇一律，应当做到性格鲜明、内容差异、各具特色；写作风格上要做到端正大气，又不失活泼生动；言语之间要接地气，善于使用时下用语，拉近与人民群众之间的距离。（2）多样性。宣传的载体不应局限于文字稿；漫画、动图、语音、微视频、直播等，都可以作为宣传具体形式，宣传内容

也不应仅局限于案件处理本身，办案流程、前景预测、典型意义、政策宣传等之间都可以相互交织。（3）碎片化。更新频率要高，但每次发布的案件信息要短小精悍，避免照本宣科大段罗列，让读者产生烦躁感；要在有限的文字内概括重点，突出亮点，引发读者兴趣，善于抓人眼球，便于让读者抓住信息关键点。（4）互动性。案件信息发布后不能一发了之，要实时关注评论，注意与受众互动交流；要注意评论留言，及时组织力量，引导讨论向正面、积极方向发展；避免片面、偏激言论的产生和扩散，营造积极舆论氛围，让新兴媒体为我所用。

六、完善修改行受贿犯罪法律法规的意见及建议

针对行受贿犯罪的相关法律法规及司法解释，全市检察机关在办理案件过程中也对立法上提供了一些意见及建议，除了在行贿犯罪“轻处理”调研部分提到的取消行贿罪构成要件中的“谋取不正当利益”和进一步扩大“贿赂”的涵盖范围的建议，主要还有以下几方面。

（一）独立、细化受贿罪量刑标准，适度降低行贿罪法定刑，增设行贿罪资格刑

1. 独立并细化受贿罪的量刑标准

我国现行刑法对受贿罪没有独立的量刑标准，受贿罪与贪污罪适用同一罚则，虽然 2016 年《关于办理贪污贿赂刑事案件适用法律若干问题的解释》对贪污罪和受贿罪的量刑情节做出了区分，但两罪在侵犯客体、社会危害等方面存在差别，有必要对其进行区分。受贿罪与贪污罪的本质是不同的，贪污罪直接侵害的是国家机关的正常活动以及公共财产的所有权，更多的是一种侵犯财产的犯罪，而受贿罪的本质在于行为人的行为侵害了国家工作人员职务行为的不可收买性，其法益侵害性的大小更多地体现在受贿人利用职务便利为他人谋取利益甚至通过滥用职权导致社会利益受到侵害等因素上。虽然《刑法修正案（九）》对于贪污罪与受贿罪均规定了相同的法定刑，但

这并不意味着在法定刑数额起点与定罪量刑标准的规定上也必须做到完全相同。就犯罪数额而言，数额作为贪污罪法益侵害性的主要表现，如果行为人能及时退还其所贪污的财产，可以在很大程度上减少对公共财产造成的损失甚至是避免损失。但对受贿罪而言，犯罪数额在一定程度上虽能体现法益侵害性的大小，但更多的是通过行为人的犯罪情节、危害结果等因素去判断。贪污、受贿罪量刑情节所考虑的范围不同，如认罪态度、是否退赃，即使是同一情节对量刑的影响程度也存在差异。未来我国刑法应对受贿罪设置单独的法定刑条款，同时考虑量刑情节过于模糊的问题，可以从以下方面着手：第一，根据受贿人是否违背职务规定不同的量刑评价标准。在司法实践中，受贿人为了给请托人谋取利益，有的违背自己的职责要求，有的则不会，违背自己职责要求的行为所造成的法益侵害性更大。第二，根据受贿行为给国家、社会和第三人造成的损失大小规定轻重不同的量刑评价标准。第三，根据受贿的数额大小、受贿次数的多少及受贿方式的不同（收受贿赂或索取贿赂）规定不同的量刑评价标准。

2. 降低行贿罪法定刑

当前我国刑法行贿罪的最高法定刑为无期徒刑，但现实中极少出现因行贿被判处无期徒刑的案例。适度降低行贿罪的法定刑，不仅取决于行贿罪社会危害性整体小于受贿罪，二者处罚力度应有所区别，以体现罚当其罪，同时也是刑罚效果实现可能性的需要。在对行贿罪构成要件进行修正，严密行贿罪刑事法网的前提下，行贿罪处罚概率增大，如果对行贿人再苛以较重刑罚，则在双重威慑下，可能会进一步加固行贿、受贿双方的同盟关系，进而加大对受贿人惩处难度。反之，在确定受贿行为为腐败控制重心的情况下，如能为行贿行为配置较轻刑罚则有助于司法机关侦破受贿案件，从整体上有利于惩治与预防腐败犯罪。

3. 增设行贿罪资格刑

《刑法修正案（九）》新增职业禁止的规定，对“因利用职业便利实施犯罪，或者实施违背职业要求的特定义务的犯罪被判处刑罚的”，人民法院可对其做出职业禁止规定，有人认为依此可对行贿人做出职业禁止规定。但是，行贿行为的完成与行贿人的职业关系并不大，并非利用职业便利或是违背职业要求的特定义务而实施犯罪，对行贿人不应适用该条规定进行职业禁止。对行贿人而言，其本质是通过行贿行为谋取利益或竞争优势，通过设置资格刑禁止或限制其从事特定职业经营活动，将使行为人丧失再次犯罪的资格和能力，彰显刑罚的特殊预防功能，同时也符合刑法“轻刑化”的国际立法趋势。目前我国刑法规定的资格刑仅有剥夺政治权利和驱逐出境，对行贿人来说不具有针对性，故有必要对行贿犯罪设置资格刑，在不加重对行贿罪自由刑的前提下，有效提高行贿罪的威慑作用。建议以当前行贿犯罪档案查询制度为基础，构建行贿罪的资格刑制度。

（二）将国家工作人员之间的行受贿犯罪作为从重处罚的法定情节，加强打击国家工作人员之间的行受贿行为

为了防止党内形成利益集团，对于国家工作人员之间的行受贿犯罪应当从严从重处罚，可以将国家工作人员之间贿赂犯罪行为作为从重处罚的法定情节。习近平总书记指出，夺取反腐败斗争压倒性胜利要坚持重遏制、强高压、长震慑，因此从立法的层面体现严惩国家工作人员之间行受贿犯罪，可以形成反腐败工作的高压态势，对一些思想意志薄弱的公务人员具有很强的震慑作用。此外，新加坡《反贿赂法》有“公务员扭送义务之违反”的规定，即公务员有义务将向其非法给予、提供贿赂的人逮捕，并扭送到最近的警察局。如果公务员没有正当理由而未履行该义务，则构成犯罪，将会被处罚金数额上限在5000美元，或徒刑期限上限是六个月，或上两种刑罚并处的刑罚。基于贿赂犯罪的隐蔽性，为了更有效地发现行贿犯罪，该制度还是具有比较大的借鉴意义的。

（三）探索行受贿双方双向“污点证人”制度

行受贿案件的复杂性在于行贿人和受贿人具有天然的攻守同盟关系，双方相互为对方隐瞒犯罪事实实际上是为了让自己逃避法律制裁。为了达到行受贿一起查处的效果，可以实施行贿人与受贿人相互揭发检举的双向“污点

证人”制度，不仅给行贿人以从宽处罚的机会，同时赋予受贿人成为行贿案件污点证人的权利，指证、揭发行贿犯罪，构成自首、立功的应当在量刑上予以体现。

具体来讲，从行贿案件的侦查阶段到审判阶段，为了获取关键的证据承诺，行贿人和受贿人如果如实供述，且证据有利于案件的侦破和犯罪事实查明，应当部分或全部免除其刑事责任。与过去仅仅注重行贿人作为污点证人不同，双向污点证人制度采取让行贿人和受贿人同时成为“污点证人”的办法，使参与贿赂的各方都面临囚徒困境，最终有效破解行贿人与受贿人之间的“攻守同盟”。司法实践中现实存在着基于犯罪分子认错态度良好，配合司法机关办案等情节给予其从轻、减轻甚至免除处罚的情形。特别是在贿赂案件中，由于其依赖口供程度高、犯罪隐蔽性强等特点，犯罪嫌疑人自首、立功的情况更是多见，虽然《刑法修正案（九）》中严格规定了行贿犯罪的从宽条件，但不可否认这些制度对侦破贿赂犯罪客观上具有很大的作用。和自首、立功等制度不同，构建双向污点证人制度具有降低贿赂犯罪调查机关获取证据的难度，提高调查效率和成功率的功能；从正当性的视角看，该制度有利于保护贿赂犯罪嫌疑人的人权，使之具备证人的法律地位，用证人的制度而不是犯罪嫌疑人的制度来对其进行保护。现实生活中，贿赂犯罪的双方往往具备很高的社会地位和权力关系网，无论是行贿人还是受贿人害怕受到报复而不敢配合调查案件，用特殊的证人制度保障其正当权益有利于司法公正和社会稳定。《联合国反腐败公约》第37条规定：“各缔约国均应当采取适当措施，鼓励参与或者曾经参与实施根据本公约确立的犯罪的人提供有助于主管机关侦查和取证的信息，并为主管机关提供可能有助于剥夺罪犯的犯罪所得并追回这种所得的实际具体帮助。”所以构建双向污点证人制度也是适应国际法的需要。

（四）建立健全贿赂推定机制，打破口供依赖的困局

作为打击贿赂犯罪的一项特殊证据规则，贿赂推定已经在国际社会得到了普遍认可，而且不难发现那些规定了贿赂推定条款的国家往往是廉洁度较高的国家，贿赂推定在其中发挥的作用不可低估。比如新加坡《反贿赂法》

规定了一些不同于其他犯罪的特殊证据制度，即贿赂推定制度，在被告人不能就某些情况做出合理说明时，就推定被告人有罪。

在我国反腐败斗争持续深入，尤其是行贿受贿一起查的政策指引下，针对贿赂案件中证据呈现的单一性、对合性、互证性、不稳定性等特点，有必要确立特定情况下的贿赂推定机制。比如在有证据证明受贿人利用职务便利，且行受贿一方已经做有罪供述时，另一方保持沉默或消极否认的，应当做出对其不利的推定。在有证据证明受贿人利用职务便利，且有证据证实双方存在不正常的大额经济往来时，双方均保持沉默或消极否认的，应当对双方做出对其不利的推定。在监察委调查期间及检察机关审查起诉期间保持沉默或消极否认，在审判阶段突然提出积极抗辩，且根据一般社会经验该抗辩事由应当在调查或审查起诉期间提出的，应当做出对其不利的推定。

基于区块链技术的虚拟货币能成为侵犯财产罪的犯罪对象吗

左袖阳[1]

一、问题的提出

21世纪初，基于区块链技术的虚拟货币登上历史舞台，其中影响最大、最广为人知的莫过于比特币，2017年比特币的一轮暴涨，使其成为街头巷议的热点话题之一。不过尽管比特币等虚拟货币[2]风生水起，其法律性质仍然处在一个尴尬的、不甚明确的地位。基于区块链技术的此币彼币，究竟是电磁记录还是虚拟商品，理论界对此不无争议。具体到侵犯财产罪的法律适用，区块链技术下的虚拟货币能否成为其犯罪对象，更是决定了此罪彼罪的界限和差异悬殊的法定刑。司法实务对此呈现出了针锋相对的观点，为了便于分析，将案情、裁判观点摘录如下。

观点一：构成非法获取计算机信息系统数据罪【张树、柴一丁非法获取计算机信息系统数据、非法控制计算机信息系统一审刑事判决书（2018）豫1303刑初364号】

基本案情：被告人购买韩国公民信息后，利用非法购买的信息对韩国比特币交易网站进行“撞库”攻击，获取真实的登录账号和密码，然后向比特

[1] 左袖阳，北京市社会科学院法学所副研究员，法学博士后。

[2] 虚拟货币本身是个泛泛的概念，网络游戏中的货币、平台发布的代币（如Q币）、区块链技术下的虚拟货币，都可以称为虚拟货币。本文仅针对区块链技术下的虚拟货币，下文如无特指，均指此类货币。

币持有人打电话骗取比特币交易验证码后盗取比特币，再将骗取的比特币倒卖大肆获取非法利益 280 万余元。

裁判观点：被告人张树等违反国家规定，侵入国家事务、国防建设、尖端科学技术领域以外的计算机信息系统，非法获取计算机信息系统中存储、处理或者传输的数据，情节特别严重，已经构成非法获取计算机信息系统数据罪。

观点二：构成侵犯财产罪相应犯罪【武恩宏盗窃二审刑事裁定书（2016）浙 10 刑终 1043 号】

基本案情：2016 年 2 月被害人金某在上网时，其五个投资平台账号及密码被和其远程链接的被告人武宏恩窃取。后被告人武宏恩利用这五个账号及密码，通过篡改收款地址的方式盗走被害人金某账户中的比特币 70.9578 枚（价值人民币 205607.81 元），后在"火币网"交易平台上出售。

裁判观点：被害人金某付出对价后得到比特币，不仅是一种特定的虚拟商品，也代表着被害人在现实生活中实际享有的财产，应当受刑法保护。因此被告人武宏恩通过互联网窃取了被害人金某的比特币后，再将其售出所得款项计人民币 20 余万元到了其个人的银行账户，其行为已构成盗窃罪。

可以看出，观点一不承认比特币的财产性，认为其只是计算机信息系统数据，被告人获利情况仅仅是情节是否严重的判断标准之一，因此，对于盗窃比特币的行为，不以盗窃罪认定；观点二则认为比特币作为虚拟商品，具有一定的对价，说明其本身的价值所在，因此被告人倒卖比特币的获利数额，可以作为被告人盗窃的数额来认定，承认盗窃比特币的行为构成盗窃罪。从裁判文书网检索的情况来看，以比特币等虚拟货币为盗窃、诈骗对象如何定性存在重大分歧的判例相当多，由于比特币的兑换价值相对较大，同样的案件以侵犯财产罪量刑会比以非法获取计算机信息系统数据罪量刑要重得多，本问题亟待从理论上和实务上进行统一，避免出现量刑的歧重歧轻。

二、找法

法律的适用离不开找法的过程，两高的《关于办理盗窃刑事案件适用法律若干问题的解释》（以下简称《盗窃解释》）、《关于办理危害计算机信息系统安全刑事案件应用法律若干问题的解释》(以下简称“《计算机解释》”)显然是此类案件司法机关的重要参考规则。然而从这两部司法解释中都找不到将盗窃比特币等认定为何种犯罪的直接依据。盗窃比特币等宜以非法获取计算机信息系统数据罪定性的依据，来源于《盗窃解释》的官方解读《〈关于办理盗窃刑事案件适用法律若干问题的解释〉的理解与适用》一文。该文认为《盗窃解释》起草过程中，有观点认为应当明确盗窃游戏币等虚拟财产的，以盗窃罪定罪处罚。但是这种观点不妥。理由在于：一则虚拟财产与有形财产、无形财产有别，不能做类推解释；二则虚拟财产本质上就是计算机数据；三则盗窃数额难以认定，缺乏可以被普遍接受的计算依据；四则现成的《计算机解释》可以适用，可以做到罚当其罪；五则国外立法、司法都无此类操作，中国台湾地区立法还出现过先是将电磁记录增设为动产，后又将其从动产中剔除，盗窃电磁记录的行为转而以计算机犯罪来处理的先例。[1]

对于非法获取虚拟财产的行为如何定性，理论上也存在截然不同的观点，有的观点认为，窃取网络游戏中的装备等虚拟财产行为所侵害的法益，并非是侵犯财产所有权，而是妨碍网络游戏娱乐与经营活动，而且，如果将虚拟财产当作财物来保护，虚拟财产的价值就会不断飙升，会为洗钱等犯罪提供方便,虚拟财产兑换现金财物的行为属于非法行为。[2]但也有的观点认为，非法获取虚拟财产的行为定性为计算机类犯罪，首先就无法解决未使用计算机系统非法获取的行为定性问题，虚拟财产属于财物的观念已经被公众所接受，具有管理可能性、转移可能性和价值性的物品，即可以成为财产犯罪的对象。[3]

三、载体与权利

侵犯财产罪的犯罪对象是财物，非法获取计算机信息系统数据罪的犯罪

[1] 胡云腾，周加海，周海洋：《〈关于办理盗窃刑事案件适用法律若干问题的解释〉的理解与适用》，《人民司法》2014年15期。

[2] 刘明祥：《窃取网络虚拟财产行为定性探究》，《法学》2016年第1期。

[3] 张明楷：《非法获取虚拟财产的行为定性》，《法学》2015年第3期。

对象是数据，从这个意义上讲二者之间的区别是明显的，财物和数据之间存在着本质的区别。但是当二者结合在一起，例如虚拟货币的问题，则涉及能否认定为财物的问题。这是解决虚拟货币能否成为侵犯财产罪的犯罪对象的关键。

首先，需要对虚拟货币的本质进行回归。按照区块链的理论，虚拟货币是工作量证明，体现为一串代码。虚拟货币的持有，是通过虚拟货币的钱包来实现的，钱包采取一种类似电子邮箱的登录方式，使用者通过注册申请钱包，获得一串字符作为账户名，再输入自己设定的密码，即可以登录钱包。进行虚拟货币转让时，是通过虚拟货币的持有者向他人的钱包地址发送一段私钥，私钥本身也是一串代码，通过整个分布式记账系统的确认，即可以确认转让行为的有效性，虚拟货币得以实现转让。虚拟货币如果想兑换成法定货币，或者法定货币兑换成虚拟货币，可以通过特定的虚拟货币交易平台来实现，也可以通过私下的交易进行转让，但是后者的风险性更大。在与交易平台进行业务上的联系之前，由于钱包的申请只需要用户名和密码的注册即可做到，虚拟货币的持有者具有高度的匿名性。因此，一旦出现虚拟货币被盗窃或诈骗的现象，虽然从理论上讲，虚拟货币的每一笔交易都是留痕交易，虚拟货币从 A 到 B 手中的过程是存在记录的，但现实中要追回受损的虚拟货币则因为匿名性、用户的全球分布性和计算数据的庞大等而变得不可能。

其次，需要对观念的权利的构成做进一步分析。自民法上将物区分为有体物与无体物后，观念上的权利，作为一种无形财产得到了普遍的认可。然而，作为观念上的权利，还必须有表明该权利内容的凭证。例如，作为存款人对银行所享有的债权的凭证，需要有由银行签发的存单；作为财产权存在的计算机软件，需要有正版序列号或者授权文件，[1]作为对公司的股权，需要有工商部门的登记，等等。凭证本身价值微不足道，存款单仅仅是一张纸，序列号只是一张标签，授权文件只是一份加密的电磁记录，股权只是工商登记簿中的一行记录。但是没有人会认为盗窃存单的行为是盗窃纸张的行为，纸张的价值微乎其微；盗窃正版序列号或者授权文件的，因为价值无法估计，

[1] 在传统软件销售模式中，销售商会附软件提供光盘等介质，但随着网络的普及，光盘等介质已成为不必要。购买计算机软件的实质在于购买正版授权，即正版序列号或授权文件。

所以不构成盗窃；在股东不知情的情况下处分其股权的行为仅仅是修改公司工商登记的行为，在对上述这些凭证进行处分的过程中，必然伴随着对实体权利的处置。至于行为人所侵犯的财产的价值的计算，则是在行为定性之后需要解决的问题，价值是否难以估算，不影响行为的定性。例如，对于盗窃存单的行为，如果存单是记名的，行为人要实现其非法占有的目的，还必须采取其他行为方能实际窃取到存单内的钱财。《盗窃解释》没有以存单价值难以计算就否认了其盗窃罪的性质，第5条规定："盗窃有价支付凭证、有价证券、有价票证的，按照下列方法认定盗窃数额：（一）盗窃不记名、不挂失的有价支付凭证、有价证券、有价票证的，应当按票面数额和盗窃时应得的孳息、奖金或者奖品等可得收益一并计算盗窃数额；（二）盗窃记名的有价支付凭证、有价证券、有价票证，已经兑现的，按照兑现部分的财物价值计算盗窃数额；没有兑现，但失主无法通过挂失、补领、补办手续等方式避免损失的，按照给失主造成的实际损失计算盗窃数额。"可见，价值的计算方法是可以通过合理的设计来实现的。

最后，关于虚拟货币交易的合法性问题。如前所述，不支持盗窃虚拟财产构成盗窃罪的一个理由是，虚拟财产的交易具有非法性，会成为洗钱犯罪的手段。这一点，虚拟货币由于其匿名性和高价值，可能作为洗钱犯罪、恐怖组织犯罪的金融工具的问题已经受到理论界和实务界的关注。然而这并非是否定虚拟货币与现金交易合法性的理由。虚拟货币交易是否非法，主要看两方面问题：（1）虚拟货币本身是否非法。如毒品、淫秽物品等，其本身具有非法性，其存在会对社会产生不利影响，有关这些物品的交易自然不具有合法性。然而虚拟货币本身并非非法产物，因此不存在这样的问题；（2）虚拟货币交易行为是否具有非法性。如枪支、爆炸物等，其本身并不具有非法性，但其交易行为具有非法性，为国家法律所禁止。就虚拟货币而言，其最大的问题在于，是否会对金融管理秩序产生不良影响。从立法层面，尚无任何法律规定虚拟货币交易行为违法。这是因为虚拟货币的发展具有前瞻性，其战略意义尚不明确，目前世界范围内对虚拟货币大多持保留的态度，国家法律既不能将其完全限制，这样会影响国内对虚拟货币的研究和试水，如果将来虚拟货币成为国家认可的金融工具，过度的限制措施会导致对虚拟货币领域的先占性；又不能彻底放开，尤其是虚拟货币及其交易形式的匿名性，在监管措施上没有配套跟上的情况下，贸然放开对虚拟货币的控制，可能会对金融秩序产生冲击。有关规范文件在对待虚拟货币交易合法性问题上，采取了一种中性的做法，如2013年中国人民银行、工业和信息化部、中国银行业监督管理委员会、中国证券监督管理委员会、中国保险监督管理委员会《关于防范比特币风险的通知》中仅规定："现阶段，各金融机构和支付机构不得以比特币为产品或服务定价，不得买卖或作为中央对手买卖比特币，不得承保与比特币相关的保险业务或将比特币纳入保险责任范围，不得直接或间接为客户提供其他与比特币相关的服务，包括为客户提供比特币登记、交易、清算、结算等服务；接受比特币或以比特币作为支付结算工具；开展比特币与人民币及外币的兑换服务；开展比特币的储存、托管、抵押等业务；发行与比特币相关的金融产品；将比特币作为信托、基金等投资的投资标的等。"强调的是"现阶段"金融机构和支付机构不得开展与比特币相关的业务，不代表将来也不可以。另外，该通知还对虚拟货币的性质进行了一定程度的解读——"应当是一种特定的虚拟商品"，即虚拟货币是一种商品。而在更早的文件中，如2008年国家税务总局《关于个人通过网络买卖虚拟货币取得收入征收个人所得税问题的批复》则规定："个人通过网络收购玩家的虚拟货币，加价后向他人出售取得的收入，属于个人所得税应税所得，应按照'财产转让所得项目'计算缴纳个人所得税。"按照这一批复的观点，也是将虚拟货币视为一种特定的商品，交易行为本身并不违法，所以才可能产生个人所得税的征收。

由上述分析，可以看出虚拟货币其实是一种带有兑换价值的商品，只不过其存在的凭证，是一串作为工作量证明的代码。但是，不能以其载体为代码，就否定其商品的性质，盗窃商品的行为，从性质上就属于盗窃罪的范畴。正如盗窃正版软件序列号的行为，不可能作为非法获取计算机信息系统数据罪处理一样。区块链的代码虽然具有可复制性，然而其一旦被分布式记账系统所确认，就会发生所有权的转移，且在现有技术下追回被盗窃的虚拟货币，可能性几乎为零。[1]因此，对于以虚拟货币为对象的盗窃行为，其行为手段可能在某些情况下符合非法获取计算机信息系统数据罪的要件，但其本质是盗窃罪的构成，应当以盗窃罪加以认定。至于盗窃罪的数额，在现有的虚拟货币平台基础上，已经能够做到价格的透明公平，因此，数额的认定应不是难题，完全可以参照《盗窃解释》所规定的“被盗财物有有效价格证明的，根据有效价格证明认定”来执行。

[1] 在虚拟货币历史上，发生过为数不多的大规模虚拟货币被盗窃的事件，典型的是以太坊被盗事件，为了解决追回的问题，以太坊平台不得不采取了硬分叉的做法，即通过区块链的升级，将被盗前后的区块链进行分叉，一个是以被盗前为基础的记账，一个是以被盗后为基础的记账，然而由于虚拟货币本身就是分布式记账，共识是其得以存在的基础。这种硬分叉的做法，实际会损害其共识，产生谁是“官方”的争论，因此，专门以此用来解决虚拟货币被盗，虽然在技术上可能实现，但在操作层面由于对虚拟货币的基础产生挑战，因此不被作为常规手段，否则，为了追回被盗的虚拟货币，针对每一笔盗窃都要做一次硬分叉，将会彻底击毁虚拟货币的共识基础。

刑事诉讼中DNA鉴定的效力审查及完善路径问题研究

——基于100件刑事裁判文书的分析

陈　兵　姜金良[1]

一、我国刑事诉讼中DNA鉴定应用的现状

“以审判为中心的诉讼制度”改革已经成为刑事诉讼改革的主导方向，各种理论设计也应运而生，却也导致了人言人殊、莫衷一是的学说聚讼。但司法制度设计还是要从当前的司法国情出发，遵从历史不能跳跃的客观规律，从当下问题出发，“在审判中心主义改革问题上，研究者与其动辄研究其实现的和保障机制，倒不如脚踏实地地分析困扰这一改革目标实现的制度因素”。[2]目前理论研究中将影响审判中心主义的原因归咎为卷宗中心主义导致的间接审理，研究也集中于与其相对应的口供中心主义、非法证据排除规则，而对于其他证据种类的审查、判断、研究上有所忽略，例如DNA鉴

[1] 陈兵，男，北京市密云区人民检察院检察官；姜金良，男，江苏省扬州市中级人民法院法官，南京大学法学院博士。本文系中国法学会课题项目《比较法视野下的刑法预防性措施及中国实践研究》[cls (2016) c16] 阶段性成果。

[2] 陈瑞华:《论侦查中心主义》,《政法论坛》2017年第2期。

定虽然在证据属性上属于言辞证据，[1]但被冠之以科学证据的名义称为“黄金证据”“证据之王”“最后的证据”“绝对的证人”“毋庸置疑的铁证”等，不乏褒奖溢美之词。不可否认，DNA 鉴定在实践中也有助于案件的侦办、审理，在国内外冤错刑事案件纠正中也发挥了举足轻重的作用，[2]但 DNA 鉴定导致错案的情形也时有发生。因此，以审判为中心改革背景下对于 DNA 鉴定的研究还属于被忽略的一角，对科学证据进行科学性的研究也非常具有必要性。

由于我国对于 DNA 鉴定的使用时间不长，理论研究主要集中于规范性研究，实证研究成果较少。之前有研究通过案件梳理，认为 DNA 证据在指控犯罪方面的功能尚未得到充分发挥，我国绝大部分基层侦查机关没有建立 DNA 鉴定实验室。[3]但当前 DNA 鉴定资源紧缺、使用较少的客观情况已经发生了变化，全国公安机关 DNA 数据库已经建成，且数据库数据绝对数量位居世界第一。[4]DNA 鉴定的使用也具有了制度保障，最高法、最高检、公安部、司法部于 2007 年 3 月联合颁布的《关于进一步严格依法办案确保办理死刑案件质量的意见》第 10 条规定：“涉及命案的，应当通过被害人近亲属辨认、DNA 鉴定、指纹鉴定等方式确定被害人身份。对现场遗留的与犯罪有关的具备同一认定检验鉴定条件的血液、精斑、毛发、指纹等生物物证、痕迹、物品，应当通过 DNA 鉴定、指纹鉴定等刑事科学技术鉴定方式与犯罪嫌疑人的相应生物检材、生物特征、物品等作同一认定。”因此，为反映 DNA 鉴定司法适用的现状，本文在研究素材上选取了涉及 DNA 鉴定的刑事裁判文书。裁判文书作为诉讼活动结果的最终载体，是法官思维理性化、

[1] 关于 DNA 鉴定证据种类属性也是存在一定争议，有认为鉴定意见从形成机理上判断应归入言辞证据的范围。陈瑞华：《刑事证据法》（第二版），北京大学出版社 2014 年版，第 77 页。最高人民法院认为 DNA 鉴定过程合法、科学，任何时候都不会发生变化，属于客观性证据，但又认为兼有客观性证据和主观性证据（言辞证据）特征。参见张军主编：《刑事证据规则理解与适用》，法律出版社 2010 年版，第 8 页。

[2] 例如，美国的“无辜者运动”中通过对定罪者进行 DNA 鉴定纠正错案，使得数以百计的被判重罪者被释放。参见黄士元：《正义不会缺席》，中国法制出版社 2015 年版，第 221—249 页。我国刑事审判中赵作海案件等案例中也是通过 DNA 鉴定确定被害人身份，得以纠正。

[3] 陈学权：《刑事诉讼中 DNA 证据运用的实证分析——以北大法意数据库中的刑事裁判文书为对象》，载《中国刑事法杂志》2009 年第 4 期。

[4]《全国公安机关 DNA 数据库建设应用研讨会召开我国 DNA 数据库数据绝对数量居世界第一》，载《人民公安报》2015 年 10 月 16 日，第 4 版。

形式化的表现形式，充分体现了法官裁判的思维过程和思维方式，也是体现DNA鉴定在司法实践应用最直观的载体。

二、刑事诉讼中DNA鉴定应用的实证分析

（一）实证分析资料选取及样本的基本情况统计

本文研究样本以中国裁判文书网中刑事案件案例为样本库，以“DNA鉴定”“判决书”为检索词，随机抽取100件进行了阅读、分析。其中一审案件79件，二审案件20件，再审案件1件。选取的样本从地域来看具有广度性，来源于22个省市，大体上具一定的地域代表性。在大数据时代背景下，对海量数据获取、储存、搜索、共享、分析，乃至可视化地呈现显得尤为重要，虽然本文没有进行全样本分析，但随机选取避免了选择性观察，更重要的是通过裁判文书的分析，利用数据思维作为研究的起点，反映出全国不同地区法院审查认定DNA鉴定中的共性思维。

（二）证明能力分析

对证据合法性审查按照证据的证据能力（证据可采性）和证明力（证据相关性）两个环节进行考察。证据能力是对证据合法性的审查，对于证据能否进入法庭审判程序进行资格性审查判断；证明力是关于证据所具有证据信息与所证明案件事实之间建立起逻辑联系。“证据，可以说是刑事诉讼法之精髓，因为犯罪事实必须以证据为基础，经过合法调查作为法院判断的依据，因此证据经过如何调查始为合法，可以说是刑事诉讼法的核心问题。”[1]据此，我们先从证据的证明力即合法性角度分析在DNA鉴定中取证主体、程序是否合法，鉴定机构是否具有资质等。

[1] 林钰雄：《严格证明与刑事证据》，法律出版社2008年版，第5页。

1. 鉴定资料的类型

由于DNA只存在于生物体内细胞，样本案例反映出DNA鉴定主要适用于与人身权利相关联的犯罪。其中故意杀人罪26件，故意伤害罪25件、强奸罪15件，抢劫罪6件，强制猥亵罪1件，拐卖妇女、儿童罪1件；其他盗窃及赃物犯罪10件，毒品犯罪9件，交通肇事罪3件，寻衅滋事罪1件，妨害公务罪1件，聚众斗殴罪1件。

DNA鉴定资料上主要是血液（血迹）、体液（汗液、精液、唾液）、骨骼、毛发等生物组织，有的通过提取现场物证遗留下来的生物组织进行检验。其中身体组织类中血液作为DNA鉴定资料主要集中在故意伤害犯罪、故意杀人、抢劫、交通肇事、强奸、聚众斗殴等犯罪中；尿液作为DNA鉴定资料的主要是毒品犯罪中；精液作为DNA鉴定资料集中在性犯罪中。

在提取现场物证上遗留的身体组织进行鉴定的情况主要是三大类：用于抢劫、伤害、杀人的刀具等作案工具；在盗窃、赃物类案件中遗留在现场的被告人接触过的烟头或钱包、包装袋等；故意伤害、故意杀人案件中沾染了血迹、强奸案件中沾染了精液的衣服（见表1 DNA鉴定类型统计表）。

表1 DNA鉴定类型统计表

单位：次

生物组织	血液（血迹）		82
	体液	精液	15
	身体组织	骨骼	1
		指甲	5
现场物证		烟头	11
		作案工具	23
		衣服	10
		其他	14

注：有的案件中进行了多个DNA鉴定，因此DNA鉴定资料与案件并不是数量上一一对应的关系。

2. 鉴定资料来源的说明

按照证据法上的毒树之果理论，不法取得的原始证据就譬如毒树，衍生证据即是毒树果实，对于原始证据和衍生证据应当一并禁止使用。[1]由于鉴定意见是鉴定人依据科学知识对案件中涉及专门问题的实物证据所作的分析、鉴别和判断；因此，鉴定资料取证过程的合法性直接关系到鉴定意见的可靠性和最终采纳与否。在DNA鉴定资料中，不论是对于身体组织、还是现场物证，均应反映出提取的过程。通过对鉴定资料来源情况的统计反映出，司法裁判中已经注重对于鉴定资料提取合法性的审查，但也有20%以上案件存在着对样本提取说明不完整或者没有说明的问题（见表2 对于鉴定资料的来源进行说明的情况）。

表2 对于鉴定资料的来源进行说明的情况 单位：次

有说明	78
部分说明	10
无说明	12

在比对样本的提取上，在收集的案件中多采用选取血液样本的方式。但对于提取样本没有说明的占80%。

3. 鉴定机构情况

1998年国务院确定司法部统一管理全国司法鉴定工作。2005年全国人大常委会通过《关于司法鉴定管理的决定》以立法形式再次明确司法部统一管理司法鉴定工作，同时其中第7条第1款规定："侦查机关根据工作的需要设立鉴定机构。"司法部于2005年9月30日公布了《司法鉴定人登记管理办法》《司法鉴定机构登记管理办法》；公安部于2005年12月公布了公安系统的《公安机关鉴定人登记管理办法》《公安机关鉴定机构登记管理办法》；最高人民检察院《关于对〈司法部关于确定司法鉴定登记管理事项的

[1] 林辉煌：《论证据排除》，元照出版有限公司2003年版，第67—68页。

函〉的复函》（高检法办字〔2005〕18号）提出："检察机关根据对职务犯罪检察工作需要的鉴定机构和鉴定人员，应当由检察机关自行管理。"因此我国司法鉴定机构在社会化管理方面统一的基础上，也存在着社会化、公安机关与检察机关多头管理的问题。

鉴定机构及鉴定人资质一向被称为鉴定问题的"守门人"。我国在司法鉴定权的方式上采取授权模式，将司法鉴定权授予某些机构，同时又对机构内部从事鉴定的人员进行资格审查，进而确定鉴定人资质。在DNA鉴定方面，从统计案例分析公安机关内部鉴定机构占绝大多数，虽然公安机关在鉴定方面也存在着资质认定的相关规范性文件，❶但这些规定缺乏相应的独立性，具有侦查机关自我赋权之嫌。按照我国目前刑事诉讼法中程序性制裁的理论，程序性制裁的对象必须是违反了刑事诉讼法所确立的程序规则的行为，包括了排除规则和撤销原判、发回重审制度等两种，❷侦查机关在DNA鉴定中如果违反鉴定的事项仅仅是违反了公安机关的规范要求，并不属于程序性制裁的事项（见表3 鉴定机构表述情况统计表）。

表3 鉴定机构表述情况统计表

无表述		30
有表述	公安机关内部相关鉴定机构	68
	司法鉴定所	2
	医院鉴定中心	1

❶这方面规范包括：1. 中华人民共和国公安部2002年4月24日颁布、2002年7月1日实施：《法庭科学DNA实验室规范》，本规范系中华人民共和国公共安全行业标准GA/T382—2002。2. 中华人民共和国公安部2002年4月22日颁布、2002年7月1日实施：《法庭科学DNA实验室检验规范》，本规范系中华人民共和国公共安全行业标准GA/T383—2002。3. 中华人民共和国公安部2002年4月24日颁布、2002年7月1日实施：《法庭科学DNA数据库建设规范》，本规范系中华人民共和国公共安全行业标准GA/T418—2003。4. 中华人民共和国公安部刑侦局2009年4月9日颁布：《公安机关查找被拐卖儿童DNA检验技术应用规范（试行）》。相关规范梳理参见陈学权：《DNA证据研究》，中国政法大学出版社2011年版，第303页。

❷陈瑞华：《程序性制裁理论》，中国法制出版社2010年版，第9页。

（三）证明力分析

1. 鉴定意见的表述方式

根据DNA鉴定的科学原理，DNA鉴定的结论性意见应该是一种概率性的表述，但在司法实践中存在着表述多样化的特点，主要有以下几种方式：

（1）概率式表达。对送检的DNA资料与比对样本鉴定后表述为似然比例，如“送检材料与似然比率为7.58×1017”“该烟蒂为黄某甲所留的可能性是其他无关个体所留可能性的8.5671245×1016倍”“可能性大于99.99999999%”。

（2）肯定式表达。如在现场遗留物上“现场提取血迹为李某某所留”，在死者身份确定上表述为“为被害人生物学父母”。

（3）基因一致性表达。如罗某某其基因型与袁某血样的基因型一致，STR分型均一致，8个基因座基因型一致，16个STR基因座基因型一致等。

（4）其他表述方式。如不排除邸某某和邸斌符合单亲遗传关系；在鉴定出混合型DNA鉴定，其中包含李某某的STR分型。

（5）否定式表述。鉴定资料中DNA与比对样本不一致（见表4）。

表4　鉴定意见的表述方式统计表　　单位：次

概率式	18
肯定式表述	40
基因一致性	35
否定式	1
其他表述	6

2. 证明内容

根据案例统计，对于欲证明的事实主要有以下几类：确定被告人身份，通过体液或者现场提取物证上生物组织的鉴定来确定被告人与案件的关联性；认定被害人身份，在被害人死亡案件中通过近亲属血样与死者DNA鉴定比对认定被害人身份；认定被告人与特定物体接触过，以此建立与物证的关联性，如认定凶器、毒品、盗窃对象与被告人相关联，或通过现场遗留的烟蒂等确定被告人到过犯罪现场；认定发生了特定行为，如性犯罪中是否发生了性关系，交通肇事案件中车辆上沾染了被害人的身体组织等。

DNA 鉴定意见的表述与证明内容是不相同的。DNA 鉴定意见是根据科学的方式对检材与样本进行的自然关联性表达，证明内容是证据所欲证明的事实间的法律关联性，“DNA 鉴定只能对检材和样本的匹配关系做证据解释，而不能依此做案件事实方面的任何推理，即只能做检材分型与被告人样本分型是否匹配的概率关系认定，而不能做被告人是否是犯罪证据的来源或者被告人是否是犯罪的实施者的推论。”[1]因此自然关联性只是证明了鉴定资料与比对样本的是否相符，与案件事实之间的法律关联性，需要与其他证明结合进行推理。通过案例统计反映出有的 DNA 鉴定意见表述中直接表述为欲证明的案件事实，如“被盗现场提取的烟头、矿泉水瓶系被告人所留”“肇事车辆从被害人身上碾压过”。这实际上是将鉴定意见与证明内容混淆了（见表 5 DNA 鉴定用于证明内容的分类统计表）。

表 5 DNA 鉴定用于证明内容的分类统计表 单位：次

证明内容	认定被告人身份		28
	认定被害人身份		48
	认定到过犯罪地点		8
	认定与特定物接触	凶器	2
		其他物体	12
	认定发生特定行为如性行为、碰撞		15

3. 针对 DNA 鉴定的辩护及回应

统计案例中共有 6 件案件对 DNA 鉴定提出了辩护意见。辩护的具体意见包括：（1）从提取的规范性上辩护的 2 件，分别是认为提取不符合鉴定规则和相关鉴定人员不具有资质；（2）6 件案件均对 DNA 鉴定意见证明内容提出了辩护意见，其中 2 件提出了被告人没有去过现场，在现场不可能留

[1] 吕泽华：《DNA 鉴定技术在刑事司法中的运用和规制》，中国人民公安大学出版社 2011 年版，第 113 页。

有 DNA；2 件强奸案件中提出 DNA 鉴定不足以认定犯罪既遂，应按照未遂或者猥亵妇女罪认定；1 件案件中凶器上未检测出被害人 DNA，认为属于只有口供的情形；1 件案件因现场提取的血样不含有被告人 DNA，做无罪辩护。

通过对上述案件法院判决理由部分分析，法院在 DNA 鉴定资料规范性审查上尚不重视，仅仅简单地回应鉴定是科学性、客观性的；关于证明内容的辩护意见回应上，法院往往结合全案证据是否形成证据链、相互印证等方面进行说理论证。法院采纳 DNA 辩护意见的仅 1 件，即赵某甲强奸案件中因现场提取的血样不含有被告人 DNA，没有与被告相一致的人体组织遗留在犯罪现场，且缺乏必要的物证，与证人证言相互矛盾，通过多份证据综合分析评判，认定被告人无罪。

三、刑事诉讼中 DNA 鉴定的证据规则

自 1986 年英国、美国成功将 DNA 鉴定应用于刑事犯罪以来，经过了理论上的 DNA 战争争论（DNA WAR 美国科学界关于 DNA 鉴定能否作为犯罪科学鉴定工具进行的理论争论），鉴定方法的逐步改进，DNA 鉴定已经作为通用的科学鉴定证据之一。我国自 1998 年引入 DNA 鉴定以来也历经了从崇拜到科学认识理性接受的过程。通过研究文献的梳理也可以发现，2010 年之前相关研究主要集中对 DNA 鉴定的科普化。随着 DNA 鉴定在司法实践中普及应用，2010 年以后研究则进入精细化，着力于研究 DNA 鉴定数据库的管理以及与个人隐私相平衡等问题。本文通过案例梳理呈现出了目前 DNA 鉴定使用的现状以及存在的问题。按照刑事诉讼法法律真实优于客观真实的法律思维，“证据学”到“证据法学”的转向要求，证据不仅是探知事实真相的材料，还要“用法律标准来认识科学上的有效性和被接受度”。

因此 DNA 鉴定即使是作为科学证据方法，也要接受刑事诉讼证据规则的审查。

（一）鉴定资料证据链条的完整性

关于证据能力的审查问题，证据能力包括消极要件和积极要件。消极要

件是证据使用之禁止，如以强暴、胁迫等不正当询问手法所得之证据，不得作为证据；积极要件是指证据必须经过严格证明之调查程序后，方便得作为认定犯罪事实的基础。

因此在 DNA 鉴定证据规则中要着重构建证明能力的消极要件，以保证达到积极要件的要求。

1. 证据的鉴真（验真）规则

法院对鉴定意见的审查比较偏重于鉴定过程中的规范性和鉴定结论的可靠性，对作为鉴定对象的检材没有给予足够重视。而鉴定资料的真实性和同一性已经成为鉴定意见转化为定案证据的前提材料。

因此在鉴定中按照证据规则要求，首先对鉴定资料要运用鉴真规则进行审查。鉴真是证据提出者为了使所提的证据获致证据能力而对其形式真实性、形式关联性以及过程合法性等属性所进行的证明。

在证据运用上，鉴真是鉴定的前提程序，鉴定是对鉴真的一种科学性手段，也是证据展示的证明方法，即证明庭审出示的证据、鉴定的资料与公诉方所指称的证据具有同一性。刑事诉讼中鉴真规则的使用与鉴定的规范性直接相关，例如美国著名的辛普森故意杀人案中，警方因取证时没有按操作规定戴橡胶手套，让级别不够的助手操作取证等原因被指出 DNA 证据获取程序不合法，从而使控方的 DNA 鉴定结论失去法律效力。在我国由于鉴定资料提取中鉴真规则运用不足，也导致了一些冤错案件的发生。例如杜培武案件中，证明其到过现场粘在鞋子上的泥土，现场勘验笔录中没有提取的记载；河北李久明案件中，作为 DNA 鉴定检材的毛发，没有检材的来源、取得、送检的过程，匕首上的血迹鉴定，其检材来源存疑，与公安机关现场勘验笔录上记录的内容明显不符。

为避免以上问题，在鉴定资料的鉴真性规则上：（1）通过现场勘验、检查、搜查、扣押等方式进行收集的检材，需要证明侦查行为的合法性。同时对鉴定检材的收集、提取过程要进行记载，在现场对物证进行标记并在案存档，对于血迹或者痕迹类等可以通过照片等形式进行固定以保证笔录与照片的互证。（2）由于我国《刑事诉讼法》中对于物证、书证等客观性证据在收集程序上存在瑕疵的采取可以补正的方式。因此针对记录不完整的情况，需要侦查人员对相关情况进行补正或者合理解释。在具体审查判断中可以视情况采取不同方式，可以通过书面补正的方式，采用提供者以证言附证的规则；对于鉴定资料外观、形态发生明显变化的，也可视情况要求侦查人员出庭作证，或要求鉴定人员出庭，说明原因进行合理解释，证明其所提供鉴定资料的真实性，否则承担举证不能的风险。

2. 保管链条的审查

为了防止对 DNA 鉴定检材的污染，对于保管证据链的审查也十分重要。“证据收集程序的完成，意味着证据保管程序的开始，也意味着该证据将开始‘漫长’的跨时间和跨空间的转移。在这期间，该证据将从犯罪现场转移到运输车辆，之后再转移到法医 DNA 分析实验室；在实验室内还将可能在不同部门和鉴定人员间转移，直到最后分析结果的得出并被呈送法庭。其他间的任何一次交接不清都可能导致检材的混乱，任何保管程序的不完善都可能导致检材因为受到环境的影响而降解。更为重要的是证据保管链在形式上的断裂将可能导致辩护方在未来的法庭质证程序中对其证据能力质疑。”

这一问题，我国司法还未引起重视，如有一则新闻报告中曾透露出检材存放不规范的现象：因案情重大，检材未与其他常规案件检材存于一处，未参与此案前期检验的民警找不到检材。经反复询问才找到存放处，取回检材。第二次送检检测出混合型 DNA。

有的侦查机关由于证据存储场所有限，侦查机关经常将诸多案件中物证、书证放在一处，或者将同一案件中多份检材存放在一起，对于一些不具有外观特征的检材，如果不进行适当的标记，很容易混淆；即使是具有特定外部特征的检材，随着时间久远或者工作人员更替，鉴定检材也难以确定与案件的相互应性。因此保管链条的核心要求是证据从最初获取到被检测这段时间，其移交、封存和保管是否能够间接地说明证据不可能被更动、污染或代替，如果能够说明，则该证据具有可采性。至于证据在检测之后是否丢失、毁损、消耗，则在所不问。

3. 采集手段的正当性

因 DNA 鉴定资料与人身直接具有关联性，在许多国家立法中 DNA 鉴定资料的采集适用关于人身搜查的规定，采用司法令状主义，如在日本刑事诉讼在判例上认为需要鉴定处分许可证，对随身体液采集如采集尿液、血液等体液时，提取方法侵犯人的尊严是不允许的。

我国刑事诉讼法中对此没有明确的限制，因此在一些侦查行为中出现了地毯式的 DNA 检测。例如，新闻报道中武汉市一名女学生在返校途中意外身亡，警方对附近 4 个高校近千名男生抽血鉴定 DNA；山东高校为侦破一个盗窃案，检测了 5000 学生的 DNA。

因我国对于侦查行为制约不同于国外的司法令状主义，对 DNA 鉴定资料的提取可以分类考虑：（1）脱离身体物不受行为方式限制。脱离身体物的身体组织上包括自然排泄物（如尿液、吐痰、吐出的唾液）或者因受伤等原因已经流出体外的血液，脱离身体物的物证资料上包括已经丢弃之物或者包裹伤口等的纱布等污染废弃物，对这类鉴定资料的提取不是搜索行为，与被告人身无关，在取证手段上没有特别的限制方式。（2）随身鉴定资料的采集可设定强制检查制度。可根据比例原则划定强制检查的方式和范围：一方面要考虑侦查目的的正当性以及证据的重要性，将强制检查限定在特定犯罪种类及采集人员的范围内。另一方面要考虑强制采取手段的最后性，对隐私权伤害最小的原则上。任何超越范围、非最佳选择的检验都是对技术的滥用和公民权益的损害。

（二）DNA 鉴定意见表述的规范性

首先，DNA 鉴定本身是概率的认定，只是鉴于 DNA 鉴定具有高度的精确性，目前还没有其他证据能够与其相媲美，因此在证据的收集和运用上，DNA 鉴定的使用处于优先地位。特殊情形下也有 DNA 鉴定的失灵，如同卵双（多）胞胎可能导致一份检材与多个样本具有相似性；也有研究表明有种人叫“嵌合体人”，这类人身体里会有两套甚至三套以上的 DNA“奇美拉”怪兽，这些问题都说明了 DNA 鉴定自身虽然具有科学性，却不具有不可推翻性。其次，当前DNA鉴定意见中普遍采用的一致性表述夸大了鉴定的效力，具有误导的倾向。DNA鉴定意见以何种方式表达，轻则影响到该证据证明力的大小及裁判者心证的程序，重则可能会对公安司法人员产生误导。

因此需要从三个方面规范DNA鉴定的表述。

（1）结论应以相似性比例进行表述。DNA鉴定的认定本质是概率，只能是无限接近100%，因此表述为相似性比例更为合适，也更容易反映鉴定意见的精确性。

（2）DNA鉴定技术的表述规范性。目前DNA鉴定虽然普遍采用STR位点分析的技术，但各地在鉴定的位点上并不相同，如在采取同样的STR基因分析技术的情况下，有的是13个位点基因分析、有的是6或9个位点，甚至在同一个案件中有的表述为8个位点基因鉴定相同，有的表述为16个位点基因鉴定相同，这反映出在DNA鉴定上技术手段具有不规范性和不统一性的问题。根据相似性的比例，鉴定位点越多相似的概然性越大。例如，山西省在刑事犯罪同一认定方面，一般都要求检测16个STR位点。在某些地市“打拐”行动中，甚至可以达到20个位点。在鉴定结果上要求似然比至少达到1011，即按照全球60亿人口计算，估计在全世界人群中几乎不可能找到具有同样表型组合的另一人，这时认定同一性应当无疑问。

因此对于鉴定技术方式、位点个数的表述也要进行明确记载和表达。

（3）DNA鉴定意见内容表述的规范性上。由于目前DNA鉴定机构绝大多数为公安机关内部鉴定部门，因此侦查机关作为送检人往往存在着比较明确的鉴定请求和意向，并附带案情简介。这种情形下，鉴定人在出具鉴定意见时往往形成先入为主的观念，超过了检材与样本比对的范围表述鉴定意见，甚至将需要待证明的部分构成要件事实直接表述为鉴定意见。

因此在鉴定意见内容表述上不应超过样本和检材之间同一性概率的认定。为防止鉴定人的越权表述，可以借鉴建立鉴定双盲规则，既不让鉴定人员知道检材、样本来源，也不让其知悉案情，纯粹就检材和样本进行纯技术性的鉴定活动；同时鉴定资料（检材和样本）的送检人也不知晓案情和鉴定资料（检材和样本）来源，以彻底实现鉴定送检和鉴定活动的双盲。

（三）证据链的形成

所谓的诉讼就是按照一定的程序从一系列的物件和语言中对犯罪构成事实进行还原，所以被告的事实不是生活实在本身，而是在人的生活要素中经过刑法的选择与加工而形成的文化。

按照构成要件作为刑事诉讼的指导形象机能，“刑事诉讼是实体形成的过程，从证据法的观点看，刑事诉讼中的主要证明对象就是构成要件事实”。

在犯罪事实上确定行为人的行为是否符合犯罪构成要件事实，而证据就是对犯罪构成事实还原的原材料，证据就是犯罪构成事实的载体。因而证据必须具有相关性，即能够证明犯罪构成的某些或者某一方面。

在犯罪事实认定上对照犯罪构成要件，DNA 鉴定无法用以直接证明犯罪构成要件的待证明的事实。在 DNA 鉴定关联性判断上，即与证明的对象关系上，DNA 证据属于间接证据，需要经过多步推论才能证明实体法律要件事实是否存在。例如，犯罪嫌疑人鞋上的血迹的 DNA 分析结果与被害人 DNA 分析结果比对，比对结果可以直接证明犯罪嫌疑人鞋上的血迹是否来源于被害人。两者分析结果一致不能直接证明犯罪嫌疑人就是凶手。在日本刑事诉讼证据规则中也承认基因鉴定结果只是作为辅助的证据，还需要有其他重要证据。

因此在 DNA 鉴定具体应用上应区分具体情形：

（1）补强证据规则。关于 DNA 证据补强规则的应用存在着许多不同的表述，有的观点认为“DNA 证据补强规则是指仅凭 DNA 证据不能单独认定案件事实，必须与其他证据结合在一起才能作为定案根据。如果与其他证据结合在一起，并不能得出证明方向一致的结论，即使是 DNA 证据也不应当作为认定案件的证据”。

有的理论还提出构建的 DNA 鉴定意见补强证据规则：对案件事实的证明，DNA 鉴定结论必须与其他证据形成完整的证据锁链；不同检验条件、不同鉴定方法、不同分型标准的 DNA 鉴定结论应有证明力大小的区别；案件关键事实的证明，DNA 鉴定结论必须补强；案件非关键事实的证明，DNA 鉴定结论可根据规则裁量判断是否需要补强。

上述两种观点对于证据主辅的关系 DNA 证据补强规则理解不同。从补强规则的源头上进行理解，有的认为证据补强规则是适用于口供的一项证据规则，为限制口供的证明能力，不承认对其案件事实的独立和完全的证明力，禁止以被告人口供作为有罪判决的唯一依据，要求提供证据予以补强。这样一方面防止偏重口供的情形；另一方面也担保口供的真实性。

有的观点认为补强证据适用于所有证据种类，“补强证据规则是指为了防止误认事实或发生其他危险性，而在运用某些证据力显然薄弱的证据认定案情时必须有其他证据补强其证明力”。

本文认为证据补强规则可以应用于所有证据种类的证明效力上，在证据的主辅关系上，DNA 鉴定无法用以直接证明犯罪构成要件的待证明的事实，通常是对证明主要事实的证据进行补强证明，综合其他证据认定事实。

（2）欠缺 DNA 鉴定证据仍可以由其他证据证明。未检测出 DNA 的情形，如故意杀人案件中凶器上未检测出被害者 DNA，强奸犯罪中被害人阴道拭子中未检测出被告人 DNA，财产犯罪中在行为对象上未检测出被告人 DNA，这些鉴定结果属于无证明力的证据，对于犯罪构成事实无证明效力，并非有利于被告人的证据或者对案件事实证明力消减的作用，法院仍可以结合被告人供述、证人证言、被害人陈述等予以证明。从这个意义上 DNA 鉴定意见仍作为补强证据。

（3）现场出现第三人 DNA 的司法审查。有的案件中在犯罪现场出现了未知名第三者 DNA，这种情形下可以根据犯罪现场的封闭性、被告人供述及其犯罪前后的行为轨迹等排查，排除他人共同或者后续作案的可能性。对于不能完全排除他人共同作案可能性的，两高、公安部、司法部联合印发的《关于进一步严格依法办案确保办理死刑案件质量的意见》第 35 条已明确规定：“定罪的证据确实，但影响量刑的证据存有疑点，处刑时应当留有余地。”司法实践中尤其对于死刑案件同案犯在逃的，原则上量刑应当留有余地，以免造成不可挽回的后果。

四、结语：构建体系化的DNA鉴定规则

虽然《刑事诉讼法司法解释》中第84~第87条明确了鉴定意见的审查和认定的规则，但由于DNA鉴定的特殊技术性及科技发展，很多证据规则审查显得无所适从。例如，对于采集数据的正当性上，面临法律的空白。DNA鉴定一方面在社会中面临着要求泛化使用的舆论趋向，例如在打拐活动中，社会舆论呼吁对新生儿一律采集DNA以防止拐卖行为，公安机关则回应认为儿童被拐后可以采集父母DNA输入全国打拐DNA数据库，暂时没有必要对新生儿一律采集DNA，而且采集DNA数据涉及公民隐私，若强制采集必须首先立法。另一方面DNA还面临着商业化使用的危险，例如美国遗传学研究人员曾在我国安徽农村发现难得的DNA样本，并愿意支付巨额费用进行样本采集工作。此外，关于DNA采集及数据库管理也面临着权利冲突的问题，例如行为人曾因涉嫌犯罪被采集过DNA数据的，后有证据证明其不构成犯罪的，是否具有要求清除信息的权利。在DNA鉴定应用已经普及化的情形下，可以借鉴国外DNA鉴定及使用单独立法的方式构建体系化的DNA鉴定规则。

刑事诉讼中并案审理规则之反思

张乾雷　张　迪

一、实践考察

分案审理、并案审理应当说各有利弊，对实现相关诉讼功能均有各自价值（见图 1）。在刑事诉讼中，因合并审理不适当运用，致当并案的而未能并案审理，或虽并案审理但未能达到并案审理效果，进而引发的有碍诉讼参与人权利保障、有碍诉讼功能发挥等无法实现相关制度良好初衷的情形在实践中时常发生。笔者根据自身司法实践经验及表述的方便对上述情形进行分类，即当并而不并、并案有碍权利保障或诉讼功能发挥两种。

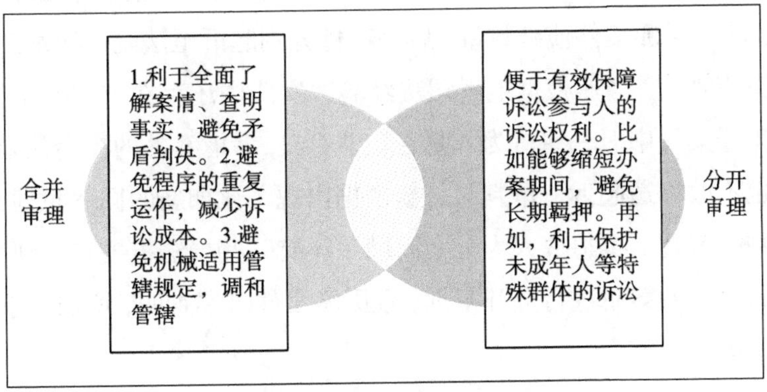

图 1　分并案诉讼功能比较

（一）当并而不并

对于一人犯数罪并案审理，属于犯罪事实上的合并审理问题，实践中除漏罪情况外，基本上能做到合并审理，但也存在不当并案情形。例如，某基层法院审理的被告人李某某、夏某某共同盗窃案，[1]审理中发现李某某在某中级人民法院还因窝藏、包庇故意杀人犯，被判处有期徒刑三年，缓刑三年，该基层法院随即对李某某做出如下判决，撤销某中级人民法院（2000）二中刑初字【第1776号】刑事附带民事判决书第三项被告人李某某犯窝藏、包庇罪，判处有期徒刑三年缓刑三年中的缓刑部分。被告人李某某犯盗窃罪，判处有期徒刑二年六个月，罚金2500元，与李某某犯窝藏、包庇罪，判处有期徒刑三年并罚，决定执行有期徒刑五年，罚金2500元。后再审发现，某中院判决中李某某的同案被告人许某某因故意杀人被判处死刑，已经上诉，在高级人民法院二审，即李某某的窝藏、包庇罪还未发生法律效力，致涉及李某某的相关案件均为错案，被发回重审、提起再审。本案因未并案审理，造成严重程序错误。

对于共同犯罪并案审理，属于犯罪主体上的合并审理问题，实践中除“另案处理”的情形[2]外，也基本上能做到合并审理，但也存在一些“人为”分案问题。比如，个别检察院存在为了“应对绩效考核”而人为分案、拆案，为应付上级检察院对查办经济犯罪案件数量的考核，对应一并处理案件人为地进行拆分，增加案件侦破数量，后将案件分别起诉至法院，至法院被动“人为”分案审理。[3]当然根据笔者司法经验，实践中还存在个别办案机关在办理共同犯罪案件中对一些行为人是否犯罪存疑，考虑案件的社会效果不敢“放人”，也不敢移送起诉、审判，待新证据出现（比如新的同案犯到案）后再移送审判，客观上也造成人为分案问题。还有一些检法机关对于到案时间相差不久的两个同案犯进行分开审理，致影响案件事实查明，增加当事人诉累，增加诉讼成本。

对于共同犯罪的被告人还实施其他犯罪及多个被告人实施的犯罪存在

---

❶ 参见北京市密云区人民法院（2001）密刑初字第93号、（2002）密刑再初字第103号刑事判决。

❷ 参见《最高人民检察院、公安部关于规范刑事案件“另案处理”适用的指导意见》第3条规定。

❸ 方海明，朱再良：《刑事诉讼中“另案处理”情形的实证分析》，载《法学》2010年第10期。

关联的并案审理，这些属于犯罪事实和犯罪主体存在复合因素而进行的合并审理问题。实践中这些案件涉及的犯罪主体众多、犯罪事实复杂，俗称为“串案”，是否合并审理，各法院做法不一。对于共同犯罪的被告人还实施其他犯罪的，各级法院除上述涉及“人为” 分案情形外，均能做到合并审理。对于多个被告人实施的犯罪存在关联的并案审理，有人指出这里的“关联案件”具体指三种情形：一是上游犯罪与下游犯罪，如贪污罪与洗钱罪、盗窃罪与销赃罪；二是本罪及其派生犯罪，如杀人罪与窝藏、包庇罪等；三是连环共同犯罪。指犯罪嫌疑人甲某与乙某共犯一罪或数罪、乙某又与丙某共犯一罪或数罪，但甲某与丙某之间却并无共同犯罪行为。[1]根据笔者考察，上述关联案件是否并案处理实践中比较随意，贪污罪与洗钱罪通常不并案审理，但盗窃罪与掩饰隐瞒犯罪所得罪通常并案审理；杀人罪与窝藏、包庇罪通常并案审理，但受贿罪与行贿罪通常不并案审理；对于连环共同犯罪案件，通常为并案审理与不并案审理情况并存。对于互殴型犯罪，如果双方均构成犯罪，能否归入我国法律规定的“关联性”案件存疑，实践中这类案件通常也不并案审理。应当说这类案件是否并案审理，实践中的做法混乱，标准不统一，甚至到了并案审理制度滥用的程度。

当然，实践中有些案件确因同案人在逃等其他客观原因无法并案，但也存在因相关案件未由统一审判组织审判，又未及时了解先前判决具体情况，而导致案件审理错误。例如，某基层人民法院审理的李某会伙同曹某战等人非法拘禁一案，因李某会先到案被分案审理，被判处犯绑架罪，判处有期徒刑十年。曹某战到案后。曹某战却被判处犯非法拘禁罪，判处有期徒刑二年，同时发现对李某会犯绑架罪定性错误，致李某会绑架案再审被改判。[2]再如，被雇佣犯罪的案件,合并审理可能会认定相关被告人的行为属于被雇佣犯罪，系从犯，而分开审理时，案件被告人可能就为一个被告人，无法进一步确定被告人在整个犯罪中的作用，其行为可能不会被认定为从犯。当然在审判实践中还存在分并案审理的恰当与否，会直接影响到调解、和解是否成功，进而影响行为人量刑问题；还存在分并案审理影响追缴赃款、赃物，责令退还、

[1] 万毅:《解读“并案管辖”四个关键词》，载《检察日报》2014 年 3 月 5 日，第 3 版（观点）。

[2] 参见北京市第一中级人民法院（2006）年一中刑再终字第 01503 号刑事判决。

退赔等判决事项问题。

（二）并案有碍权利保障或诉讼功能发挥

因并案审理影响刑事诉讼的犯罪惩罚功能，被告人量刑及实际执行刑期情况因不当并案受干扰。并案审理的案件审理期限通常过长，以H省L市的7件涉黑案件审理情况为例，[1]这7件案件均是同案被告人在10人以上的案件，一审、二审审理期限分别为6个月、2个月，6个月、4个月，10个月、2个月，10个月；9个月，15个月、5个月，12个月、8个月，12个月、12个月，这些案件审理期限均超过法定审限，且这些案件均存在二审（需全面审查），有些案件还存在申请追加专项经费、借调警力的情况。上述情况客观导致了被告人长期处于羁押或刑事强制措施之中，甚至为了个别重罪被告人的上诉、死刑复核或个别被告人申诉，同案被告人（包含被判处缓刑的）不能及时送执行，长期处于候审状态，而不能依法移送监狱执行刑期，而依据法律规定，罪犯只有送至监狱执行刑期，才开始“计分考核”，开始报送减刑、假释，被告人不能及时送执行实际上影响到相关被告人的减刑和假释的次数以及幅度，短刑期的被告人甚至不能获得减刑、假释的机会。同时，司法实践中如果被告人的罪行不是很重，但被告人已经长期处于羁押状态，法院在量刑时往往会考虑被告人被羁押时间长短来量刑，不当并案同样会影响到被告人的量刑问题。当然，对于量刑建议、刑罚幅度相对一致的被告人，合并审理受上述情形影响会较小（见表1 随机选取的两个掩饰、隐瞒犯罪所得罪并案审理情况比较）。

表1 随机选取的两个掩饰、隐瞒犯罪所得罪并案审理情况比较

	某中院（2012）一中刑初字第629号；某高院（2013）高刑终字第14号	某基层法院（2013）房刑初字第7号
被告人人数	5人	9人
涉及罪名	盗窃罪与掩饰、隐瞒犯罪所得罪	盗窃罪与掩饰、隐瞒犯罪所得罪

[1] 邓志伟、陈益然：《刑事案件不当并案审理问题研究》，《法律适用》2013年第9期。

续表

	某中院（2012）一中刑初字第629号；某高院（2013）高刑终字第14号	某基层法院（2013）房刑初字第7号
判决主刑及羁押情况	孙某武，无期徒刑；孙某文，有期徒刑15年；郭某刚，有期徒刑14年，三人均已经被羁押1年11个月多。高某霞、郭某明，有期徒刑1年11个月，二人均已经被羁押1年11个月	郭某等三人，有期徒刑3年，三人均已经被羁押8个月许。李某青，有期徒刑10个月；王某鉴，有期徒刑8个月，二人均已经被羁押5个月许。张某燕、党某良，拘役5个月，二人均已经被羁押5个月多；郑某友、刘廷广均被判缓刑，被羁押1个月多后被取保候审
一审审理期限	多次延审，10个多月	未延审，1个多月
上诉情况	孙某武、孙某文、郭某刚三人上诉，高某霞、郭某明未上诉，一审宣判后很快被取保候审	无
二审结果	维持原判，驳回上诉	无
二审审理期限	2个月许	无
减刑、假释情况	孙某武、孙某文、郭某刚均有减刑；高某霞、郭某明均未被减刑、假释	均无减刑、假释

因不当并案审理，阻碍相关诉讼参与人的诉讼权利实现情况。刑事诉讼法的基本理念、目的之一就是要惩罚犯罪、保护人民。合并审理制度作为刑事诉讼法的基本制度之一，其功能也是要实现刑事诉讼法的基本理念、目的，但法律认可的作用可能根本就与其当初得以施行的原始目的不相一致，有些案件合并审理可能会在一定程度上阻碍诉讼参与人的诉讼权利实现，进一步阻碍相关诉讼功能的发挥。

（1）刑事管辖。造成级别管辖混乱。例如，蒋某华伙同赵某、张某伟故意伤害致人死亡一案，赵某、张某伟案发后及时投案自首，移送基层人民法院管辖，中级人民法院二审，但同案犯蒋某华逃匿多年后自首，却因本案属于命案按照新的要求被直接移送中级人民法院管辖。

（2）刑事辩护。辩护沦为公诉方“可能会使法庭审理异化为公诉人静坐一旁，被告人之间相互指控，相互定罪”，共同犯罪被告人之间相互矛盾的辩护策略经常会出现诸多侵犯被告人辩护权的现象。

侵犯了部分共同被告人聘请和会见律师的权利，特别是在涉黑案件中，轻罪被告人律师会见需要审批等。按照规定，组织、领导、参加黑社会性质组织罪、组织、领导参加恐怖活动组织罪或者走私犯罪、毒品犯罪、贪污贿赂犯罪等重大复杂的犯罪，律师的会见等辩护权通常会有一定限制，但这类案件众多参与者中通常存在从犯、胁从犯、窝藏犯等情节较轻的被告人，而合并审理会影响他们的辩护权的实现。

（3）庭审功能。庭审流于形式，法庭辩论和质证难以发挥。一些案件被告人人数动辄数十人甚至上百人，案宗材料上百本，证据涉及上千份，庭审通常还要协调公诉人、被害人、辩护人、被告人亲属、证人、法警，甚至媒体，在当前案多人少的情况下，这种超大规模案件的庭审甚至整个刑事审判难免会沦为“走过场”，具有“剧场效应”。涉及未成年人、精神病人、盲聋哑人、个人隐私需要保护的人等特殊群体的案件，并案审理显然也不利于保护他们的权益，甚至有损于普通同案人的权益。例如，未成年人与成年人共同犯罪并案审理的案件，开庭时依法要不公开审理，成年人亲属旁听案件的权利就会受到不当影响。

（4）权利救济。同案被告人“被迫”上诉、申诉、死刑复合审查现象突出。刑事二审审查原则是“全面审查”，同时因合并审理的案件卷宗材料在一起，上诉、申诉、死刑复合均要贯彻“卷宗移送”制度，这客观造成并案审理中的未提出上诉的同案人“被迫”上诉、申诉、死刑复核，增加诉累，同时也在一定程度变相剥夺了当事人的诉讼权利。

（5）诉讼成本。可能逆向增长，合并审理的主要诉讼功能之一是减少诉讼成本，但对于一些较大规模并案审理的案件，审理时间可能更长，有时还要特别追加诉讼经费、借调警力，诉讼成本可能逆增长。

二、成因分析

合并审理制度在贯彻落实中出现一定偏差，难免会存在一些制度外因素的影响，例如，办案人员责任意识、不同地区法官综合素质的差异、绩效考核的影响、案件事实本身的易变复杂性等。本文主要从刑事诉讼制度本身的角度，探视不当并案审理的原因。

（一）分并案制度缺失、不完善

刑事审判中合并审理、分开审理属于常见多发问题，世界各国刑事诉讼对此均有涉及，但我国刑事诉讼法对分并案问题未作出明确规定。2013 年 1 月 1 日起施行的《最高人民法院、最高人民检察院、公安部、国家安全部、司法部、全国人大常委会法制工作委员会关于实施刑事诉讼法若干问题的规定》（以下简称《新六机关规定》）第 3 条第一次较为完整明确地规定了并案处理问题，即“具有下列情形之一的，人民法院、人民检察院、公安机关可以在其职责范围内并案处理：（一）一人犯数罪的；（二）共同犯罪的；（三）共同犯罪的犯罪嫌疑人、被告人还实施其他犯罪的；（四）多个犯罪嫌疑人、被告人实施的犯罪存在关联，并案处理有利于查明案件事实的。”《最高人民法院关于适用〈中华人民共和国刑事诉讼法〉的解释》第 13 条对此予以肯定。但上述规定显然还存在不足，比如何谓“关联性”案件；再如，上述规定情形属于“可以”并案情形，但并未规定什么情况下“可以”不并案，也未规定出现“可以”并案情形时不并案怎么办。2014 年 3 月 6 日颁布施行的《最高人民检察院、公安部关于规范刑事案件“另案处理”适用的指导意见》体现了“分案处理”的精神，但显然该规定主要是从有利于“打击犯罪”角度，规范侦查阶段“分案处理问题”，并未考虑刑事审判阶段的分案审理问题。此外，1984 年 6 月 15 日，最高人民法院、最高人民检察院和公安部颁布了《关于当前办理集团犯罪案件中具体应用法律的若干问题的解答》，该解答第三点用问答的方式对集团犯罪合并审理的必要性进行了说明。1990 年 5 月 26 日，最高人民法院研究室关于同一被害人在同一晚上分别被多个互不通谋的人在不同地点强奸不宜并案审理问题进行了电话答复。上述分散、模糊规定使得分并案处理案件问题具有很大随意性。应当说分并案问题犹如一个硬币的两个面，分案制度的缺失使得分并案问题凸显。

（二）分并案制度本身就是矛盾价值多元体

合并审理“对全部的事件过程中只需为一次之举证，因此而保证了最大的诉讼经济”。但是，“不管是数罪合并还是数被告人合并审判，对被告人的偏见性影响都是不可避免的”。然而针对合并审理可以保证最大的诉讼经济这一点来说，上文中已经提到，针对一些超大规模的案件，合并审理反而使得诉讼成本逆增加，使得诉讼不经济，正如有的学者指出的那样，“长期以来，夸大了合并审判对于诉讼效率方面所起的作用”；“合并审理在提高诉讼效率方面所发挥的作用也是极为有限的”。

相反，分案审理是不是都能最大限度地保护被告人的权利呢？答案显然是否定的。例如，同案犯的先前判决，对案件事实和证据具有预决事实作用，先前判决具有一定的既判力，对后判决的被告人而言，其无罪辩解都会显得苍白无力，其往往不自觉的都会陷入“有罪推定”的窠臼中。再如，对一人犯数罪的情况，如果按照漏罪情况分开审理，被告人先前有罪判决通常会在漏罪判决在定罪、量刑时“考虑”进去。合并审理、分开审理所要实现的诉讼价值不可避免的具有冲突性、相对性，在不同条件下相应诉讼价值又相互转化，合并审理、分开审理制度本身就是矛盾的统一体。这使得在贯彻落实这一制度的过程中，稍有不慎，就会适得其反。

（三）配套程序规则未确立

边沁指出，“实体法的唯一正当目的，是最大限度地增加最大多数社会成员的幸福”，“程序法的唯一正当目的，则为最大限度地实现实体法”。

虽然在理论上，合并审理制度通常作为程序问题来对待，但是程序本身具有独立性，要保证这一制度得到合法、合理、适当实施，必须要有相应的配套程序规则和必要的对异化程序的扬弃，否则可能会造成程序异化，背离程序价值（见图 2）。

例如，公开审理、不公开审理制度与合并审理、分开审理制度相比具有一定类似性，但我国刑事诉讼法及相关司法解释对公开审理、不公开审理制度有一系列程序规定，即公开审判的案件应当在开庭三日以前先期公告，并写入笔录，由审判人员和书记员签名；涉及商业秘密的案件，当事人申请不公开审理的可以不公开审理；不公开审理的案件应当当庭宣布不公开审理的理由；宣告判决一律公开进行；违反公开审判规定的，二审法院应发回重审等。相反，我国刑事诉讼法及相关司法解释鲜见对合并审理、分开审理制度的相关配套程序规定。现有合并审理的规定，均为针对列举情形“可以”合并审理，未明确程序启动、异议程序等具体可操作性程序规定。特别是异议程序的缺失，缺少了制裁的命令，使得分并案制度滥用。而实践中也未形成行之有效的做法，体现不了程序的可参与性、选择性、有序性，相反合并审理的不当使用却造成程序蛮横性、非效率性等程序异议现象时有发生。

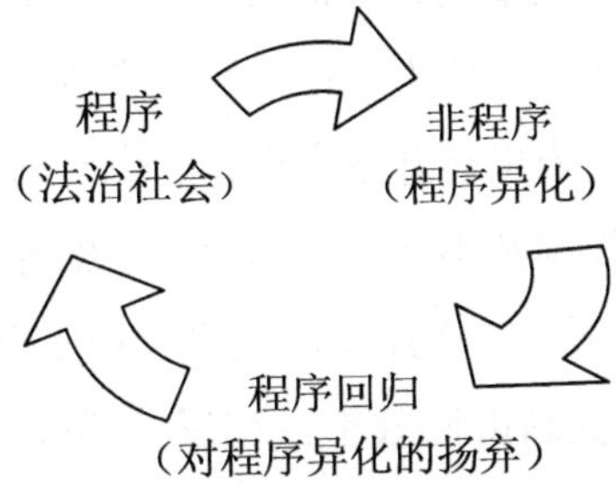

图 2　程序异化的历程

三、对策建议

任何制度自身及其实施对社会的影响总会有利弊，因此应尽可能地不断完善制度，使其更能发挥有利的一面，减少弊端一面。对于合并审理引起的不当情形，应当通过完善分并案审理的规则，特别是确立分案审理机制，使其更能适应当前司法实践，从而使其更能发挥保障人权、惩罚犯罪的作用。

（一）完善合并审理制度

注意发挥典型案例指导作用，逐渐明确案件“关联性”含义。显然，《新六机关规定》关于并案审理情形的基础是案件具有“关联性”，从某种意义上说，一人犯数罪的、共同犯罪的、其他犯罪的属于“关联性”案件的三个具体表现形式。而“关联性”一词又是一个描述性概念而非分析性概念，立法上很难对其含义及其范围进行明确界定，世界各国及地区的立法与判例均是通过列举而非概念界定的方式进行限定。[1]应当说《新六机关规定》对“关联性”案件的含义进行一定程度上的列举描述，但在司法实践中并没有得到很好的运用，比如上文提到的贪污罪与洗钱罪、行贿罪与受贿罪通常不并案审理，这些案件没有关联性吗？显然不是。但根据笔者观察，贪污罪、受贿罪通常为判刑较重的犯罪，而洗钱罪、受贿罪属于判刑较轻的犯罪，这类案件的分案处理通常也未引起诉讼效率低、诉讼成本高等不当情形发生，且这类案件通常先审理重罪贪污罪、受贿罪，再审理洗钱罪、受贿罪，反而让人觉得能够做到“删乱就简，突出重点”，这类案件的分案处理也能较好保护相关诉讼参与人的权利。最高人民法院发布的典型指导性案例、公报案例、刑事审判参考案例以及各省级法院发布的参阅案例都对我国刑事审判产生重要影响，应借助此重要平台逐渐明确哪些“关联性”案件应当进行并案审理，这也有利于理解和发展分并案审理所应遵循的原则、程序规则及不当运用的救济措施等。

合并审理的注意事项。（1）合并审理要有利于全面了解案情、查明事实，有利于减少诉讼成本，提高诉讼效率；相反，不能严重侵害诉讼参与人的权利，实践中所有决定要合并审理的案件都要能最大程度地实现上述目的，要符合比例原则，否则应考虑分案审理。（2）所要合并审理的案件应不违反专门管辖的规定。合并审理意味着刑事审判管辖权的扩张，使得原本没有管辖权的法院获得管辖权，但这种管辖权的扩张不应违反专门管辖的规定。[2]例如，涉及军事法院管辖的案件就不应与地方法院管辖的案件进行并案审理。当然，在我国铁路运输法院、森林法院、农垦法院可以审理部分发生在特定区域的刑事案件，应当说这些法院的存在有其特定历史原因，这些法院所审理的特定刑事案件类型与地方法院审理案件的类型无异，可以与地方法院管辖的案件进行并案审理。（3）公诉案件与告诉才处理的自诉案件不应合并审理，这两类案件诉讼程序差异巨大，在诉讼操作上不具有合并审理的基础。

---

[1] 张泽涛：《刑事案件分案审理程序研究——以关联性为主线》，载《中国法学》2010年第5期，第143页。

[2] 参考立法例：《日本刑事诉讼法典》第6条规定：“地区管辖不同的几个案件相关联时，对一个案件有管辖权的裁判所，可合并管辖其他案件。但是，依据其他法律规定属于特定裁判所的案件，则不能管辖。”

（二）分案规则的确立

分案的情形。所谓分案，顾名思义是对本应合并审理的案件基于某种考量而分开审理的情形。分案的前提是案件具有关联性需合并审理，分案是对并案制度的程序异化后的扬弃，是合并审理制度的重要组成部分。世界各国或地区均有相应立法例。有些是详细列举了分案的情形。例如，《美国联邦刑事诉讼规则和证据规则》第 14 条规定：“如果显示在一份大陪审团起诉书或检察官起诉书中对数种罪行或数名被告人一并指控或合并审理可能对被告人或政府方产生不公正影响，法庭可以命令从数种罪行中进行选择或者分开进行审理，同意将共同被告人分开或者提供其他救济性的司法命令。”[1]再如，《澳门特别行政区刑事诉讼法》第 19 条规定：“a）将诉讼程序分开对任一疑犯有利，而该利益应予重视及考虑，尤其是不致拖长羁押时间；b）有关牵连可严重影响本地区之处罚主张，又或被害人或受害人之利益；c）有关牵连可能导致对任一疑犯之审判过度迟误。”[2]当然有些对分案情形未详细列举，主要在司法实践中形成相应做法，例如，《法国刑事诉讼法》第 286 条规定：“审判长可以依照职权或者根据检察官的要求，命令立即只就其中一项或若干项罪行进行审理。”[3]《德国刑事诉讼法》第 2 条规定：“（二）出于更为适宜审判的理由，该法院可以以裁定将已经合并的案件分离。”[4]分析认为，合并审理的关键要素“关联性”就是一种描述性概念，更多要在实践中总结、提炼，作为对合并审理程序扬弃而产生的分案审理程序亦需要尽可能地描述分案情形，并通过指导案例的刑事予以固化。具体而言，在下列情形下应考虑分案审理：（1）因合并审理严重影响被告人的辩护权、及时被送执行权利的或导致超期羁押的；（2）因合并审理严重影响诉讼效率、增加诉讼成本、使得庭审流于形式的或严重侵害被害人权利的；（3）其他严重影响诉讼参与人权利的。

分案审理的标准。实践中遇到分案审理的情形应予以分案审理，但面对

[1] 谢佑平，万毅：《刑事诉讼牵连管辖制度探讨》，载《政法学刊》2001 年第 1 期。

[2] 参见 http://wenku.baidu.com/link?url=ar355_yKJGeqRPJDVhSaq-d8ko1icQRkI9cMnCp2-AILpzYUTv8j9p4YAkpe8LmZcXZ4Ed5RgkHX8CQVwSB-XOSJi0vtl_Trgns6VaZgDqa，2019 年 5 月 23 日。

[3]《法国刑事诉讼法典》，余叔通，谢朝华译，中国政法大学出版社 1996 年版，第 223 页。

[4]《德国刑事诉讼法》，李昌珂译，中国政法大学出版社 1995 年版，第 2 页。

众多被告人应当分几个案件审理，应当以什么为标准进行分案呢？上文述及被告人人数较大的团伙犯罪案件，合并审理会导致庭审流于形式、超期羁押、变相延长被告人实际执行的刑罚、被迫上诉等，这类案件的“关联性”往往涉及多方面，既有一人犯数罪情形，也有共同犯罪情形；既有上游犯罪与下游犯罪情形，又有派生犯罪情形，甚至还涉及连环共同犯罪情形。笔者考察世界各国立法，对此均未有明确规定，该问题通常是在实践中由法官自由裁量。笔者认为分案时应注意考察公诉机关的量刑建议、被告人可能的量刑幅度，具有关联性的案件。根据上文分析，从维护被告人权利的角度看，显然量刑幅度相当的被告人一般应合并审理，而量刑幅度差距过大的一般应分案审理，才能更好维护被告人的权利。显然自量刑规范化实施以来，量刑建议、量刑幅度标准具有一般性，且该标准简单易行，可操作性强。当然，分案的标准不应当具有唯一性，还应当根据案件具体情况综合考虑有利于有效打击犯罪、诉讼效率、诉讼成本等因素，因地制宜地提出分案方案。比如，针对一些“黑社会性质犯罪”，把团伙中的从犯、胁从犯、窝藏包庇犯或具有立功情节的，以及虽共同实施过犯罪，但本质并不属于团伙成员的，进行必要的分类，分案审理，而对于团伙中的领导者、组织者、骨干成员进行必要的合并审理，该做法首先立足于必要的合并审理，突出重点，再进行适当的分案，也较好保障了罪行较轻被告人的权利。

分案审理注意事项。（1）为防止相互矛盾的判决，应尽可能由同一审判组织审理具有关联性的案件，由不同人民法院或者不同审判组织分别审理的，有关人民法院或者审判组织应当互相了解共同犯罪被告人的审判情况，注意全案的量刑平衡。[1]（2）分案审理要有利于特定权利的保护或诉讼成本降低、诉讼效率提高、庭审的有效展开，实践中所有分案审理的案件都要能最大程度地实现上述目的，否则应考虑合并审理。

（三）程序机制

启动程序。程序启动机制一般有以下几种情形：[2]一是强制性启动，即由法律明文规定法庭必须对某些事项进行认定；二是任意性启动，即由法律

[1] 参见《最高人民法院关于适用〈中华人民共和国刑事诉讼法〉的解释》第464条规定。

[2] 周萃芳：《司法认知论——以英美两国为视角》，中国政法大学2007年博士论文，第179—181页。

规定法庭可以对某些事项进行认定；三是以公诉机关及当事人的申请启动，即由法律规定，在符合一定的条件时，由任意性启动方式向强制性启动方式的转换；四是强制性启动方式与任意性启动方式相结合，即法律事先并没有像前面两类那样明确规定，而是完全取决于公诉机关及当事人的“作为还是不作为”。上文已经述及合并审理情形、分案审理情形一般都进行一定程度上的列举，从这个角度看，分并案启动程序应当属于强制性启动程序或任意性启动程序更符合该程序的特点，但如果完全采用这种做法，明显会影响当事人的权利，或剥夺当事人程序参与权，或导致分并案程序的滥用。如果完全由公诉机关或当事人申请方式来启动分并案程序，显然有悖于分并案列举情形的特点，再说也不利于人民法院依职权查明程序事实。分析认为，针对分并案列举情形，公诉机关、当事人在提交“必要辅助材料”的基础上，有权建议或申请启动分并案程序，由人民法院来决定是否合并审理或分开审理，人民法院依职权也应有直接启动分并案程序的权力。当然法官在司法实践中要有意识地慎用“没有建议或申请的情况下，依职权进行的启动”，要多向公诉机关及当事人“释明”，鼓励公诉机关及当事人提供“必要辅助资料”，以此来避免司法资源的浪费。

异议程序。法院决定合并审理或分开审理的案件应当提供给公诉机关及当事人提出证据进行反驳的机会。分析认为完善异议程序应注意：（1）当事人被告知分案理由的权利；（2）人民法院、法官在分并案之前必须给予公诉机关及当事人陈述意见的机会；（3）人民法院、法官在分并案之前应当允许公诉机关及当事人提交“辅助资料”，以此来支持或者削弱法官的决定；（4）分并案审理的决定对公诉机关及当事人不利的一方可以提出复议的权利，对于严重影响公正的，还应允许公诉机关及当事人将“分并案决定有误”作为一个抗诉或上诉的理由。显然，分并案审理还涉及分并案起诉的问题。我国台湾地区针对此问题，认为违法合并、分案起诉是一种无效的诉讼行为，法院应对其作出不受理的判决。[1]上述意见具有一定借鉴意义。

程序操作注意事项。（1）应充分发挥重视庭前会议的功能，注意在庭前会议中解决分并案问题。庭前会议目的是排除了干扰案件集中审理的各种

[1] 林钰雄：《刑事诉讼法》（上册），中国人民大学出版社2005年版，第207页。

因素，促进案件的集中审理。对于复杂案件的分并案问题，庭审前进行了解、解决。（2）分并案程序机制应体现程序的参与性、可选择性、有序性。程序设置不应使得程序蛮横性、程序非效率性。

（四）分并案审理的立法拟制

第一条　具有下列情形之一的，人民检察院、当事人及其法定代理人可以申请或由人民法院依职权决定并案审理：

（一）一人犯数罪的。

（二）共同犯罪的。

（三）共同犯罪的犯罪嫌疑人、被告人还实施其他犯罪的。

（四）相互向对方犯罪。

（五）所犯之数罪中某些犯罪系其他犯罪之因或果。（上游犯罪与下游犯罪）

（六）其中某些犯罪系为使其他犯罪继续进行；或为隐瞒其他犯罪而作出者（本罪与派生犯罪）。

（七）其他多个犯罪嫌疑人、被告人实施的犯罪存在关联，并案处理有利于查明案件事实的。

第二条　同时处于审判阶段的案件才可以并案审理（被告人不在案的应分案另行处理）。

案件分属不同级别法院管辖的，且出现上条第一款第（四）项至第（七）项情形时，不应并案审理（尽可能确保量刑幅度一致的被告人分案处理，例如故意杀人案与窝藏案一般不应并案审理）。

并案审理不得违反专门管辖的规定。

第三条　一人犯数罪、共同犯罪和其他需要并案审理的案件，其中一人或者一罪属于上级人民法院管辖的，全案由上级人民法院管辖。

第四条　具有下列情形之一的，人民检察院、当事人及其法定代理人可以申请或由人民法院依职权决定分案审理：

（一）因合并审理严重影响被告人的辩护权、及时被送执行权利的或导致超期羁押的。

（二）因合并审理严重影响诉讼效率、增加诉讼成本、使得庭审流于形式的或严重侵害被害人权利的。

（三）其他严重影响诉讼参与人权利的。

第五条　对分案起诉至同一人民法院的，可以由同一个审判组织审理。由不同人民法院或者不同审判组织分别审理的，有关人民法院或者审判组织应当互相了解共同犯罪被告人的审判情况，注意全案的量刑平衡。

第六条　人民检察院、当事人及法定代理人申请并案审理、分案审理的，应当提出理由及证明材料，由人民法院决定是否并案审理。

人民法院依职权决定并案审理、分案审理的，应当将并案审理或分案审理情况告知人民检察院、当事人及法定代理人，并听取他们的意见，允许他们提供反驳证明材料。

对人民法院并案审理或分案审理决定不服的，可以申请复议一次；案件判决后，可以提出抗诉或上诉。因并案审理或分案审理，严重影响公正审判的，第二审人民法院应当发回重审。

四、结语

解决不当并案审理所带来的司法困惑，要结合司法实践，进一步完善分并案审理规则。要在司法实践的基础上进一步明确“关联性”案件情况，例如相互向对方犯罪、上游犯罪与下游犯罪、本罪与派生犯罪等；还要确立分案情形，例如因合并审理严重影响被告人的辩护权、及时被送执行权利的或导致超期羁押的，因合并审理严重影响诉讼效率、增加诉讼成本、使得庭审流于形式的或严重侵害被害人权利的。同时，还要对“关联性”案件进行一定程度上的限制，或者说明确分案的标准，尽可能确保量刑幅度一致的被告人分案处理，例如故意杀人案与窝藏案因量刑幅度差距较大一般不应并案审理。当然，法谚云“徒法不足以自行”，还要明确分并案启动、异议操作机制。分并案问题是一个“大问题”，但专业性的学术讨论付之阙如，限于本文篇幅、作者掌握资料及写作驾驭能力，本文还缺乏更深度的探讨，所持观点不免有偏颇之处，只期本文能够激起同仁对该问题的关注，以期达到抛砖引玉的效果。

非法互联网金融交易平台刑法规制问题研究

吴春妹　叶　萍　林　芝[1]

长期以来，传统金融交易平台由于受到严格的准入规制，非法金融交易平台较少，也难以发展成规模，法律定性较为明晰。但近年来，随着互联网金融兴起，多种金融产品尤其是互联网金融产品不断涌现，对传统金融行政监管和法律监管均造成了冲击，这些新型的金融产品和金融关系为刑法的适用带来了难题。针对非法互联网金融交易平台产生的犯罪，本文将尝试解决司法实务中的种种问题，明晰公检法之间的适用分歧，提出对策建议；有效打击此类犯罪，规范互联网金融行业起到一定的作用。

一、非法金融交易平台犯罪概述

（一）非法金融交易平台

非法金融交易平台并不是一个金融学或者其他学术理论中的专有定义。但自我国有金融行业以来就有非法金融机构及非法金融业务的特定概念，本文认为非法金融交易平台指的是，未经依法批准，非法从事金融交易活动的以公司、企业等为主的法人平台（也包括实质上没有法人资格，却对外宣称存在法人资格的平台）。其本质特征主要体现为两点，一是非法性；

[1] 吴春妹，北京市朝阳区人民检察院副检察长，高级检察官；叶萍，北京市朝阳区人民检察院第二检察部主任，高级检察官；林芝，北京市朝阳区人民检察院金融犯罪检察部一级检察官。

二是从事金融交易活动。

1. 非法性

未经批准，不得从事金融业务，这是金融行业发展最基本的原则。合规性、合法性是金融业务的最本质特征。非法性应包括两个层面，一是指形式的违法性，即未经我国有关监管部门批准，违反我国法律规定而成立金融交易平台，法律规定是指各类法律渊源，包括法律、行政法规、行政规章等，其中，监管机构发布的各类部门规章甚至行政命令等是认定金融平台合法性的主要依据。二是指形式合法但实质违法，即在平台依法成立之后，运营过程中突破了监管规定，导致金融风险乃至其他严重后果的发生。

近年来，随着互联网行业的飞速发展和金融行业的不断创新，一些新型业态的兴起和“野蛮生长”导致监管难以跟上其发展速度和规模。面对金融创新以及金融全球化的快速发展带来的互联网金融多种业态，目前中国采用的分业监管模式难以实现监管全覆盖，尤其是金融风险具有涵盖范围广、关联性强、传导扩散快的特点，其对监管水平、规则制定能力以及监管协调等方面都提出巨大挑战，监管部门通常在金融过度创新的负面影响暴露后才介入监管，如网络借贷、互联网众筹等经历了长时间的“肆意”发展才逐渐有监管政策予以规范。但非法互联网金融业务的迅速蔓延已经造成了一定的不良后果，留给行政机关、司法机关以及全社会“买单”。为此，如何解决金融监管滞后的问题是现今金融发展的重要课题。

牌照批准、备案登记等合法形式是平台从事金融活动的“敲门砖”，但持续性监管是确保金融稳定、健康发展的重要举措，从而防止金融平台以合法之名行非法之实。在金融刑事犯罪中，由于持续性监管缺失导致的严重后果比比皆是，且更具有迷惑性和危害性。因此，为防范发生系统性金融风险，金融监管体系面临改革，不仅应发挥垂直金融监管机构的作用，同样要发挥金融局等行政管理机关以及司法机关的防范风险和打击违法犯罪作用，构建完整的金融风险防范体系。

2. 从事金融交易活动

从非法金融交易平台的概念来看，要求其具有从事金融活动的本质。但互联网金融发展中形成的许多业态是否具有金融机构或金融活动的性质引发了人们争议。如小额贷款公司是经中国银行业监督管理委员会以及中国人民银行授权的省级政府主管部门批准依法成立的、不吸收公众存款、经营小额贷款业务的有限责任公司或股份有限公司。近年来，小贷公司在业务开展过程中引发了许多社会热点问题，在依法查处相关犯罪时，司法机关能否认定小贷公司为金融机构在全国有不同的观点。我国刑法第三章第四节中高利转贷罪、违法发放贷款罪、骗取贷款罪等罪名的适用，都需要以认定小贷公司为金融机构为构成要件，因此，如何认定小贷公司的性质尚无定论，从而出现了不同地区之间同案不同判的情况。

由于部分平台的性质还待确定，且某些平台并非金融机构却开展了金融业务从而引发违法犯罪，为了解决这些实务中的难点问题，将类金融平台和其他服务金融业务的平台纳入本文研究的对象中来。因此，本文中的非法金融交易平台，不仅包括传统金融平台，如期货、私募基金等，还包括金融服务机构，如网络借贷平台等。

（二）非法金融交易平台犯罪

非法金融交易平台犯罪是指由于平台的违法性或运营的违法性而引发的刑事犯罪，重点着眼于平台的刑法规制和平台的刑事责任追究。其存在以下特点。

1. 涉及犯罪以非法集资犯罪为主

金融机构以资金储备量和流动性为发展基础，多数非法金融交易平台以“圈钱”为目的，并采用多种机制刺激投资钱款的流入，因此，在失去合法性形式和实质的情况下，其向社会大量募集资金的行为触犯我国刑法第 176 条非法吸收公众存款罪与第 192 条集资诈骗罪。因此，非法金融交易平台多采用上述两种罪名予以刑法规制，但对于某些规范经营但缺少合法形式的平台，如非法期货交易平台、违规进行支付结算业务等，多涉嫌触犯非法经营罪。同时，在违法犯罪过程中，部分采用了传销或电信诈骗手段，则成立与组织、领导传销罪、诈骗罪、合同诈骗罪等罪名想象竞合，但总体仍以非法集资犯罪为主。

2. 打着“互联网金融”名义的新型犯罪增多

以互联网金融名义实施非法集资日趋严重。比如以P2P为名进行的非法集资，表现为设置网络交易平台或者仅以P2P平台交易为幌子，以互联网金融信息服务公司、投资理财公司等名义吸引集资参与人，线上线下配合宣传，这种形式集资门槛低、收益高、传播广、见效快，容易被犯罪分子所利用。近年来，假借P2P名义搭建自融平台，通过发布虚假的债权转让项目为自身融资的案件逐年增多，危害也越来越大。除了利用P2P形式进行非法集资的案件外，以虚拟货币和区块链名义进行非法集资的犯罪也开始出现。如在办理的虚拟货币类案件中，犯罪嫌疑人组建各类虚拟货币交易平台，有组织、有计划地炒作虚拟货币；公众受片面宣传误导，幻想升值前景，盲目跟捧投机，使得与虚拟货币关联的人群、资金迅速扩大。这些犯罪活动名为交易虚拟货币，实为传销或非法集资，金融风险和社会风险逐渐累积，严重影响金融秩序、造成群众财产损失。

部分传统金融交易平台为了提升发展速度，出现了蹭“互联网金融”热点的情形，从而打破了传统金融业务的监管框架，部分公司的业务也借机从线下转移到线上，并存在线上、线下双轨运营的情况，从而涉嫌非法集资犯罪，如以公开宣传方式销售私募基金等。

3. 传统金融机构及其从业人员参与违法犯罪危害更大

近几年的严厉打击和法治宣传使公众对非法集资类案件有所警惕。采用传统打电话、发传单、发短信等公开宣传方式有所减少，通过第三方公司进行发行、渠道销售等成为宣传途径“新宠”，“飞单”现象频发。部分银行、保险、证券等金融机构为非法集资提供经营场所、销售渠道，机构的现职人员擅自介绍客户投资非本单位的理财产品，犯罪行为隐蔽性强、单笔投资数额大。如在“六宝”非法吸收公众存款案中，犯罪嫌疑人卢某某系农业银行工作人员，其向“六宝”公司推荐的投资人投资共计人民币3000余万元。

4. 非法集资犯罪大要案频发，造成恶劣影响

非法集资犯罪在呈现持续增长势头的同时，诸如“e租宝”案、“六宝”案、“华赢凯来”案等大要案频发。这些重大案件中，多采用集团化、跨区域、多层级的运作模式，涉案公司在短时间内迅速复制出数量庞大的公司群，波及全国。这些公司实际控制在同一人之手，彼此关联，互相掩护，对投资者具有更大的欺骗性，也造成了参与犯罪的人员数量远超过传统的非法集资案件。

以“e租宝”案件为例，钰诚集团的分支机构遍布全国，该集团还在各地设立了大量分公司和代销公司进行“贴身推销”。此外，钰诚集团还在报纸、电视台、互联网、高铁等多媒体展开大规模宣传，甚至采取冠名赞助商、明星代言等高成本的广告形式。在集资后，除部分集资款用于返还集资本息以及支付员工工资、房租、广告宣传费用、收购线下销售公司和担保公司等运营成本外，其余大部分集资款在主犯丁宁的授意下肆意挥霍、随意赠予他人，以及用于走私等违法犯罪活动，造成集资款损失380亿余元，影响极其恶劣。

二、非法网络借贷平台（P2P）的刑法规制

（一）我国关于网络借贷平台的监管规定

网络借贷，即P2P，是近年来互联网金融创新的重要业态，从“野蛮生长”到如今的监管不断完善，P2P经历了被市场淘汰和被监管打击从而不断成熟的过程。自网络借贷归口银监会监管以来，出台了一系列部门规章对其进行规制，且施行了将近三年的专项清理行动。根据2016年《网络借贷信息中介机构业务活动管理暂行办法》（以下简称《暂行办法》），网络借贷是指个体和个体之间通过互联网平台实现的直接借贷。网络借贷作为信息中

介机构，是指依法设立、专门从事网络借贷信息中介业务活动的金融信息中介公司。其信息中介的性质意味着自融、担保的行为是非常“直白”的违规，早期的这些违规操作目前基本已经被纠正或处理。《暂行办法》第10条划定了P2P的13条红线，从而直接禁止了融资和变相融资的行为，确立了合规合法网络借贷平台形式。在此规范指导下，非法网络借贷平台得到了有效清理。

在此基础之上，2016年的《暂行办法》同时规定应当在领取营业执照后向工商登记注册地地方金融监管部门备案登记。地方金融监管部门及时将备案信息及分类结果在官方网站上公示。为进一步解决网络借贷平台形成“资金池”，防范平台挪用、侵占客户资金钱款从而导致巨额资金损失的风险，2017年2月，银监会发布《网络借贷资金存管业务指引》，明确网贷资金应存管于商业银行，确立了存管规则、条件和具体操作流程等，从而有效解决了网络借贷平台存在的资金风险大难题，推动网络借贷平台进入依法监管、合规经营、规范发展的新阶段。在监管政策上，2017年12月《关于做好P2P网络借贷风险专项整治整改验收工作的通知》要求，2018年4月底之前完成全国各辖区主要网贷机构的备案登记工作，对于难度极大、情况极其复杂的个别机构，最迟应当于2018年6月末之前完成相关工作。对备案登记要求之高可谓“史上最严”。后备案工作未能如期完成，且网贷行业协会以及部分地方管理部门，研究探讨网贷行业的有序退出机制，可见，网络借贷平台的发展已经走入了冷静期和规范期，至此，网络借贷平台行政监管体系基本搭建完成。

（二）非法网络借贷平台的犯罪认定

1. 刑事犯罪基本情况

以互联网金融名义实施非法集资日趋严重，其中，以P2P为名进行的非法集资成为“重灾区”，主要表现为设置网络交易平台或者仅以P2P平台交易为幌子，以互联网金融信息服务公司、投资理财公司等名义吸引集资参与人，线上线下配合宣传，这种形式集资门槛低、收益高、传播广、见效快，容易被犯罪分子所利用。近年来，假借 P2P 名义搭建自融平台，通过发布虚假的债权转让项目为自身融资的案件逐年增多，危害也越来越大。

非法网络借贷平台非法性多体现为搭建资金池、自融自担保、期限错配等，其业务特点决定了在不合规的情形下天然涉嫌非法集资犯罪。其中，以集资诈骗罪定罪的情形远超过其他非法金融平台。同时，此类犯罪往往具有发案时间短、集资规模大、涉及投资人多等特点。如贾某某集资诈骗案。贾某某于 2013 年 12 月—2015 年 5 月，以北京百富金汇公司、北京百富金汇基金公司的名义对外宣称公司开展 P2P 理财业务，向社会公开宣传，承诺在一定期限内以货币的方式给付高额回报，非法吸收 240 余人资金共计人民币 7000 余万元。截至案发，造成被害人实际损失共计 4900 余万元。另查，贾某某于 2011—2014 年，分别在河南南阳、西峡等地非法吸收公众存款共计 2 亿余元，造成实际损失 1 亿余元。吸收的集资款除小部分用于归还投资人的本息外，其他被用于归还其个人欠款，或被用于归还其信用卡消费等。后法院以集资诈骗罪判处贾某某无期徒刑。

2. 典型案例："里外贷"非法吸收公众存款案

被告人孙某某于 2013 年 4 月 18 日成立北京众旺易达网络科技有限公司，并担任该公司法定代表人，自公司成立以来，通过经营里外贷网站向社会公开宣传，对外以办理借贷手续并有高额回报为名向投资人 500 余人（已报案人数）非法吸收投资款 3 亿余元（已报案金额）。投资人在里外贷网站注册后，以通过线上充值（第三方支付平台转账）或线下充值的形式充值，由里外贷网站自动生成投资人可自行打印的借款协议，实现收益后投资人可以在里外贷网站提现。同时，还可以进行线下投资，投资人直接将投资款打入被告人孙某某个人账户内。

该公司以山东济南长岭花园的房地产项目和济南某土地使用权为担保吸引投资，并承诺投资人投资回报是年利率 18%~20%，投资半年以上时间的按年利率 40%~50% 支付。公司宣称为中介方只向借款人按照借款金额收取 3%~4% 的手续费。经查证，投资人钱款被挪用至实际控制人开发的房地产项目中，实质为自融，后房地产项目亏损导致资金链断裂。

被告人孙某某被判处有期徒刑六年，罚金人民币 20 万元。

3. 存在的刑法规制难点及认定

（1）网络借贷平台中“资金池”的认定

网络借贷案件中判断是否非法吸收公众存款在于其是否违反了网络借贷行业监管，其中是否形成“资金池”是判断其业务违规达到刑事追诉的重要标准。

“资金池”问题引起国内监管重视，最早可追溯于 2014 年互联网金融兴起，P2P 行业飞速发展时，国务院和人民银行出台的监管政策：“四条红线”和“P2P 十项监管原则”，即“不得将归集资金搞资金池”和“P2P 机构不能持有投资者的资金，不能建立资金池”。此后，2015 年 12 月 28 日公布的《网络借贷信息中介机构业务活动管理暂行办法（征求意见稿）》和 2016 年 8 月 17 日发布并生效的《网络借贷信息中介机构业务活动管理暂行办法》，将网络借贷信息中介机构的“资金池”问题界定为“直接或间接接受、归集出借人的资金”。

“资金池”是所有非金融机构的运营底线，因为资金池的存在意味着网贷平台实质上充当了资金支付清算的角色，而这一功能根据《商业银行法》的规定，是我国银行机构所独有的，是金融业务的实质。若形成资金池开展银行业务，则需要大比例的备付金且在监管上符合严格的规定。P2P 平台作为信息中介平台，作为借款人和出借人的资金流转平台，由于期限错配、金额错配等多种操作，或者控制人刻意设计，则极易形成资金池，但这一资金池不必受银行类业务监管，从而导致存在巨额钱款灭失的风险，资金的归结意味着资金可能被挪用、被自融、被挥霍。因此，防范 P2P 业务发生“异变”，防止其涉足金融业务，在监管层面将“资金池”作为 P2P 发展不可触及的红线，并在监管措施中得以明确的体现。

因此，在实务中，资金池的判断是运营模式是否存在非法性的重要依据，进而分析其他三性来判断是否非法集资入刑。2017 年 2 月 23 日，银监会发布《网络借贷资金存管业务指引》，对网贷资金存管业务应遵循的基本规则和实施标准进行了明确，确定商业银行作为网贷平台的唯一存管机构，其意义在于通过银行对借款人和投资人分别开设独立的存管子账户，银行根据用户的指令进行资金交易，保证借款人资金和投资人资金相对应，从而避免平台资金池的产生，真正将平台资金和投资人资金隔离开来，确保平台作为信息中介的性质不改变。

通过规范的存管方式来反观违规操作，具体案件中资金池则主要表现为“借款项目未产生情形下，出借人资金向网贷平台预先归集”或“出借人资金在网贷平台中间账户、其他人为控制账户的预先归集与一定时间的资金留置”。目前结合全国各地个体网络借贷整改要点和办案实践来看，“资金池”情形在监管实践中的认定可总结如下。

其一，通过投资人钱款投入账户判断。如以平台账户（公司公账户、第三方支付平台账户）接收、归集出借人资金；通过股东、高管、实际控制人及其近亲属、公司员工等接收、归集出借人的资金，即通过个人账户接收资金；客户资金未设立专门银行账户存储管理、与平台自有资金混用。这里要说明的是具体案件中，许多网贷公司辩称将投资人钱款集中归入第三方支付平台，个人不接触资金，符合网贷监管要求。然而，第三方支付平台与网贷公司之间并非存管关系，第三方支付平台与网贷公司所控制的账户相关联，而第三方支付并非独立存管、只在投资人发起银行操作指令时进行资金转移；第三方支付可在网贷公司指令下进行资金转移且对资金不审核、不负责；因此，网贷平台在第三方支付平台沉淀的资金可在网贷公司的指令下打至银行账户，投资人的资金完全在网贷公司控制之下。第三方支付平台作为资金中介的情形将投资人资金至于风险之中，其模式具有违法性。此时应着重审查是否存在第三方支付平台的资金沉淀，是否可受公司负责人意志支配划转资金。

其二，资金是否被实际归集、使用。投资人资金用于自融、借用、投资等挪用等情形比比皆是，违法性非常明显。但在没有具体项目的情况下先行归集出借人资金的运作模式也可以考虑形成资金池。具体案件中，投资与借款大多是同时发生，难以区分先后，但需要网贷平台提供合理理由和线索，证明平台是为了匹配借款人的需求而吸收投资人钱款，或将主要负责人的债权进行转让。如在没有借款人或其他项目的情况下将资金现行进行归集，则极易形成资金池。因此，在进行定性分析时也应对具体运行模式进行论证。

（2）集资诈骗罪中非法占有目的认定存在检法分歧

案情及诉讼过程：

被告人焦某某于2012年10月成立北京融大卓越财富投资管理有限公司，其为实际控制人。焦某某于2014年至2016年1月以举办讲座、发放宣传单等方式对外公开宣传P2P（债权匹配）理财产品，虚构借款人姓名、身份证号、借款金额、借款抵押、借款用途等债权信息并将虚假债权出售给高某某等139名被害人，承诺年收益率9%~24%，在此期间，该公司无真实经营活动且无收益来源。案发前，未归还资金共计人民币2000余万元。被告人焦某某、焦某1（弟弟、公司总经理）的个人名下银行账目均能够显示有大量资金入账，但是焦某某携款在逃，焦某某自己名下工商银行账户用于偿还信用卡金额高达600余万元，而被偿还的信用卡交易记录显示该卡均用于个人消费。后检察机关以非法吸收公众存款罪提起公诉，法院于2016年11月判决焦某某构成集资诈骗罪，判处其有期徒刑十四年，罚金40万元。中级人民法院裁定维持原判。

此案在诉讼过程中存在非法吸收公众存款罪与集资诈骗罪的定性分歧意见。

其一，集资诈骗罪的意见认为，此罪是指以非法占有为目的，使用诈骗方法非法集资，数额较大的行为。即使用诈骗方法非法集资，行为人实施欺骗行为，使社会公众不特定人基于对行为人的欺骗行为产生的错误认识，实施了将自己的钱款交付给行为人的处分财产行为,从而造成钱款损失的后果。至于行为人是就事实进行欺骗，还是就价值进行欺骗，均不影响欺骗行为的性质，因此，对集资诈骗罪的“诈骗方法”只能进行实质的限定，而不可能穷尽其具体表现,不能认为将集资诈骗罪的欺骗行为局限为集中特定的手段。本案中焦某某将吸收钱款用于公司房租、员工工资发放、偿还前期投资人本金及利息的行为并不属于该条规定的正常生产经营活动，投资人将金钱所有权交付给焦某某及其公司是基于其诈骗的行为实施的。投资人投资的目的是基于公司平台可以为投资人匹配有抵押、担保的无风险债权，其公司仅作为中介，将投资人的钱款作为贷款发放给需要使用资金的债务人，使投资人可以收到高于银行贷款利息的回报。因此，投资人投资基于焦某某为其匹配的“优质债权”的预期收益，而非基于公司本身的运营模式。焦某某将吸收来的钱款用于自己这个没有任何实质经营内容的公司日常开销，不但违背了投资人的意愿，还虚构事实进行隐瞒和欺诈。

本案中焦某某向投资人宣传的理财产品均没有证据证明其真实存在且在合法经营，而是以高额反息的宣传方法、吸取投资人钱款、用来经营公司、开设分店、发放员工工资，并不是其公司宣传的中介平台仅收取中介佣金，也不是靠赚取佣金来维持公司经营，其设立及运营等成本均不是焦某某个人投资，而是来自于投资人的钱款，是明显的新债还旧债的诈骗行为。

其二，非法吸收公众存款罪的意见认为，在没有审计报告的情况下（该公司账户混乱且不完整，不能做出资金流转的审计报告），无法查明犯罪嫌疑人焦某某非法吸存的资金去向，另外虽然焦某某承认匹配债权均为虚构，但是其辩解称自己非法吸存的钱款用于公司房租、员工工资发放，偿还前期投资人钱款等行为应当属于“正常经营行为”，没有证据能够证实是焦某某个人挥霍，因此无法证实其主观上的非法占有目的。

综上可以看出，本案的分歧意见集中在：一是返本付息、员工提成提佣等运营成本支出是否属于将投资款用于生产经营活动；二是虚构借款人信息，没有实际营利活动是否属于虚构事实的诈骗行为。

第一个问题，本案中非法集资的模式是典型的 P2P，此种模式运营公司的大部分支出为支付业务员提成，公司的水电、房租等成本，员工报酬等，对于这些支出，朝阳区法院承办人及一审法院认为是犯罪成本，而并非 2010 年《解释》中的“生产经营活动”，不应予以扣除，并明确“生产经营活动”应按照企业经营规律是实际有所产出并在某种程度上理解应用于实业的活动，是预期收入而非支出。这一理解与本文对 2010 年《解释》中“集资后不用于生产经营活动或用于生产经营活动与筹集资金规模明显不成比例”中的“生产经营活动”的理解相一致。同时也可以看出 P2P 这类非法集资的模式带有“类金融”的性质，分为资金吸收和资金“放贷”两端，是资金之间的流转，应与筹集资金从而投资某种项目的情形有所区别。但上述支出中，给投资人的返本付息应当区别对待，在整个资金去向考量中有多大比例用于给投资人返款是非常重要的因素。由于 P2P 行业主要的业务就是借款与还款，给投资人返款应占资金去向的绝大部分，如果一个 P2P 公司除去犯罪成本外，绝大部分的钱款都用于给投资人返款，那不能认定其性质为集资诈骗。而本案的认定除了对生产经营活动的理解外，还结合了对资金去向、诈骗行为的判断。

第二个问题，本案认定为集资诈骗的关键在于虚构债权信息，即并没有真实的借款人，而资金的去向则完全由犯罪嫌疑人控制和决定。承办人认定本案是以虚构事实、隐瞒真相的方法进行诈骗，法院在判决时也并没有明确适用的是 2010 年《解释》第 4 条第 2 款的第几项，但本案的非法占有目的并不明显符合第一至第七项,只是笼统地认为“以诈骗的方法进行非法集资”。没有真实的借款人意味着完全虚构了经营模式，因为正如朝阳院承办人之论证，投资人误以为自己的钱款是打给了借款人，有借款人的真实信息和相关抵押作为担保，投资钱款风险较小，存在投资回本的可能性，同时是基于 P2P 公司信息中介性质的信任：一是公司赚取手续费，有盈利点，可以持续发展壮大；二是作为平台核实了借款人的信息和抵押情况。但本案公司对外宣称自己为 P2P 公司，将虚假的债权匹配情况告知投资人，从而让投资人误以为资金是流向了借款人，但实际的资金却由公司主要负责人控制，本案被告人将 600 多万元用于自己使用。结合上述情况可以看到最终认定集资诈骗主要是基于三点：一是虚构了债权信息这一关键事实，让投资人陷入了资金有保障的错误认识；二是公司没有盈利点，没有用于可持续发展的收入，从而只能通过“用新债还旧债”的方式来维持运营；三是被告人存在个人将大额资金用于挥霍和非法占有的事实。

之所以存在分歧，在于对于被告人是否非法占有投资人钱款的认识不同。非法吸收公众存款的意见更倾向于从资金去向上认定，即如果有绝大部分的钱款用于犯罪成本、投资人返款，且没有确实证据证明被告人用投资人钱款进行个人使用，则难以认定为集资诈骗罪；而许多资金去向难以查实、审计报告内容并不全面直接影响了案件认定。对于是否虚构了关键性事实、是否存在“用新债还旧债”的必然性资金链断裂则不予考虑。

然而，这一案例也可以得出一些共性认识，即判断非法占有目的应全面认定，包括是否虚构了关键性事实、资金运转的可持续性、资金去向的判断、个人是否存在非法占有等。

三、非法互联网理财交易平台刑法规制

（一）我国关于互联网理财交易平台概述

1. 基本概念

互联网理财是指投资者通过互联网获取商家提供的理财服务和金融资讯，根据外界条件的变化不断调整其剩余资产的存在形态，以实现个人或家庭资产收益最大化的一系列活动。主要是指网上理财信息查询、理财信息分析、个性化理财方案设计等服务。从狭义上讲，只有与基金管理、保险、信托公司等合作，以实现资金增值为目的，通过互联网实现交易的理财产品才称为互联网理财产品。

2. 互联网理财交易平台类别

根据资金实际管理者与第三方支付平台的关系，可将互联网理财平台分为四种类型：一是集支付、收益、资金周转于一身的理财产品交易平台，如阿里巴巴蚂蚁金服；二是基金公司与知名互联网公司合作开发的属于中介性质的理财产品交易平台，如腾讯微信理财通；三是基金公司推广自己理财产品的直销平台，如汇添富基金：四是银行金融机构自己发行网上理财产品的平台，现基本商业银行都实现了银行理财产品的平台化呈现。上述大型的互联网理财交易平台的产品愈加丰富，基本上涵盖了公募基金、定投产品、互联网保险、其他证券产品等，并实现了自有第三方支付平台作为支付途径，从而有利于优化客户体验，便捷资金之间的结算。

3. 监管情况

目前我国已将互联网理财纳入现有的监管框架内，从理财产品的划分上看，当前我国互联网金融理财产品的监管主体主要有三家：中国银监会负责

信托投资计划和商业银行个人理财产品的监管，如银行类互联网金融理财产品就属于银监会的管辖；证券公司的证券投资基金、货币市场资金、证券投资咨询业务由中国证监会承担监管，如蚂蚁金服的余额宝、微信的理财通则由证监会来管辖；而2014年3月26日阿里巴巴携手国华人寿保险发布“娱乐宝”，这类附加有理财功能的人身保险产品的监管由中国保监会来负责。

从互联网金融理财产品背后的机构性质划分来看，我国互联网金融理财产品的监管主体可以分为主要的两类：与第三方支付平台合作的基金管理公司被置于证监会的监管之下。针对基金理财产品在互联网上的销售，在销售过程中需要第三方支付机构提供资金支付结算服务，中国证监会对为基金销售机构提供支付结算服务的第三方支付机构实施行政许可，并于2013年3月15日颁布了《证券投资基金销售机构通过第三方电子商务平台开展业务管理暂行规定》。针对证券投资基金理财产品通过第三方电子商务平台进行销售的活动，要求第三方电子商务平台须满足相关的资质要求，并且要求为基金销售机构提供第三方电子商务平台服务的第三方电子商务平台及时向中国证监会备案；而银监会则监管商业银行及其发行的互联网金融理财产品。

从上述监管情况也可看出，我国金融监管属于分业监管，根据金融业态的不同从而归口于不同的监管机构，但互联网理财交易平台由于汇集了不同类型的金融产品，呈现混业经营的特点，由此在分业监管体系下，极易产生监管不全面、监管“真空”的情形，从而引发相关的法律风险。

针对互联网理财交易平台可能出现的未经许可擅自发行资产管理产品等违规行为，2018年3月，互联网金融风险专项整治工作领导小组印发的《关于加大通过互联网开展资产管理业务整治力度及开展验收工作的通知》（也即“29号文”）指出，未经许可，依托互联网以发行销售各类资产管理产品（包括但不限于“定向委托计划”“定向融资计划”“理财计划”“资产管理计划”“收益权转让”）等方式公开募集资金的行为，应当明确为非法金融活动，具体可能构成非法集资、非法吸收公众存款、非法发行证券等。未经许可，依托互联网以发行销售各类资产管理产品（包括但不限于“定向委托计划”“定向融资计划”“理财计划”“资产管理计划”“收益权转让”）等方式公开募集资金的行为，应当明确为非法金融活动，具体可能构成非法集资、非法吸收公众存款、非法发行证券等。

（二）非法互联网理财交易平台的犯罪认定

1. 平台未经许可从事销售资产管理产品行为涉嫌非法经营罪

通过互联网开展资产管理业务的本质是资产管理业务。资产管理业务作为金融业务属于特许经营行业，须纳入金融监管。依托互联网平台销售资产管理产品的本质不会发生变化，依托互联网公开发行、销售资产管理产品，须取得中央金融管理部门颁发的资产管理业务牌照或资产管理产品代销牌照。为此，未经许可从事上述行为，因资产管理产品属于证券类产品，其行为符合我国《刑法》第225条第（三）项未经国家有关主管部门批准非法经营证券业务，扰乱市场秩序，情节严重的，应以非法经营罪定罪处罚。

2. 平台涉嫌非法募集资金犯罪帮助行为之法律责任

由于互联网理财交易平台是一个代销平台，金融消费者购买相关产品之后实质上是与发行产品的金融机构（或违法从事金融业务的机构）形成了对应的法律关系。为此，相关产品出现了问题，法律义务的承担方是发行机构而非平台。但当产品发行方涉嫌违规操作，甚至涉嫌非法募集资金构成刑事犯罪时，如何认定平台的法律责任？

不可否认，平台实际起到了代为宣传和销售的作用，因此，对于产品发行方的金融从业资质以及产品本身的合规性与否应当具有审核的义务，至少应当对形式上的合法性如金融牌照、资质证明文件的审查承担责任，但对发行方的实质运行模式是否存在违规之处，不能也不应要求平台进行全程的持续性跟踪审查。但根据平台对于形式审查是否存在故意或过失，应分以下两种情况进行处理。

一是平台若明知产品发行方存在违规之处仍不进行下架等处理，甚至有证据证明其明知涉嫌非法集资等犯罪仍不采取制止措施，甚至提供广告支持、第三方支付结算接入的，可以考虑对平台与产品发行方构成共同犯罪，可以论证其构成非法吸收公众存款罪或帮助信息网络犯罪活动罪等。

二是如果平台有证据证明其履行了审核义务，但在审核过程中存在重大过失，从而导致非法发布和代售违法产品，造成了金融消费者的损失，此时可以考虑追究其民事责任，承担追回损失或代偿的义务；同时行政管理部门可对平台予以罚款、清理产品等处罚。

3. 防止非法经营罪沦为处罚新型互联网理财产品的“口袋罪”

近年来，我国司法实践以非法经营罪处置非法金融或金融中介业务活动在司法实务中呈扩张并泛化的趋势。大量新型金融案件被纳入非法经营罪予以调整，拓宽了司法实务对非法经营罪的认知空间，为司法部门调整和规制这些新型犯罪奠定了法律基础。然而，少数司法机关甚至将非法经营罪作为调整新型金融犯罪的“以不变应万变”的法宝，在处置非法金融活动过程中非法经营罪第四项兜底条款被任意解释引发了大量争议。学界一直诟病非法经营罪兜底条款的无规律、无上限、无底线地适用背离了“罪刑法定”的规定，形成了新的口袋罪。[1]

通常情况下，非法经营罪具有行政和刑事的双重违法性，对于某一行为是否是刑法评价的非法经营行为，应结合“国家规定”和刑法共同分析认定。作为国民经济命脉的一个重要领域，金融业在我国一直被作为国家特许经营的行业而存在，因此，一旦行为人未经国家有关主管部门的批准，就属于违反行政管理法规，如果情节严重就可能因触犯我国《刑法》第225条关于非法经营罪的规定而被追究刑事责任。我国刑事司法部门对于从事类似证券公司和基金管理公司资产管理业务的集合理财行为，在实践中往往是适用该项刑法条文来进行最终判决的。[2]互联网金融理财是在传统金融理财的基础上，通过互联网媒介实现的金融活动，其本身是一种综合性的金融服务，即由专业理财人员通过评估客户各个方面的财务状况、明确其理财目标，最终帮助其设计出合理、可操作的金融理财方案。此种综合性的金融服务在当前我国分业经营、分业管理的监管模式下，本身即处于金融监管的空白地带。加上

[1] 马春晓：《非法经营罪的“口袋化”困境和规范解释路径——基于司法实务的分析立场》，载《中国刑事法杂志》2013年第6期。

[2] 黄韬：《刑法完不成的任务——治理非法集资刑事司法实践的现实制度困境》，载《中国刑事法杂志》2011年第11期。

以互联网络作为支撑形成新的理财渠道，此项业务往往处于监管者缺位的境地，无法及时取得相应的经营资格。一旦具备了较为严重的情节，适用刑罚制裁在理论上是完全成立的。

但将非法经营罪发挥“口袋罪”作用的做法与当下中国金融市场日趋自由化的态势是不相符合的。对于金融活动中自发产生的以互联网为介质通过集合多人资金的方式来进行受托理财的行为，如果一律贴上“非法经营”的标签，那结果就很有可能导致金融活跃度的缺乏。

金融创新为市场主体突破刑法的规范而实施金融犯罪提供了更多的可能性和更多的形式选择。以“非法经营罪”规范调整各种互联网的创新理财行为，固然可以以相对稳定的刑法规则来应对无限的金融工具的变化空间，但兜底条款终究是刑法立法因能力的不足而迫不得已作出的“下策”，所以不能以兜底条款的模糊性作为肆意扩张刑罚权的根据。[1]

尽管互联网金融理财的发展蕴含一定的风险，但不容否认的是互联网金融理财有其固有的社会价值，对于人们投资观念的改变、投资方式的转型等都产生了巨大的正面影响，正是“普惠金融”题中之义。那么，刑法如果以存在无限兜底可能的“非法经营罪”来规范不断产生的互联网金融理财产品，这无疑是背离公众的一般认知的，将导致社会公众评价与刑法的规范性评价之间的冲突。事实上，唯有适用能够唤醒公众内心对规范的确认并且在外在上可以被普遍遵守的法律制度才具有权威性。

---

[1] 石聚航：《刑法谦抑性是如何被搁浅的？——基于定罪实践的反思性观察》，载《法制与社会发展》2014年第1期。

社会法治

关于公民个人信息保护相关法律问题的调研报告

于子洋 张心悦[1]

随着大数据、人工智能等现代科技的发展，个人信息被赋予了更广阔的价值，企业和政府部门都成为新的信息利用者。传统产业信息化和专门信息服务业的出现，使得专门从事收集、处理、存储、传输和利用个人信息的企业大量出现；为完成公共管理、公共服务等职能，维护公共利益，政府部门也要在很广的范围内收集和利用个人信息。在此过程中，信息利用者对个人信息的过度索取或保管不善都有可能造成信息泄露，从而侵害信息主体的权益，甚至威胁公共安全。上述风险催生了个人信息保护的需求。同时，随着欧盟通用数据保护指令（以下简称 GDPR）的生效，在给我国科技互联网企业带来巨大合规压力的同时，也对我国个人信息保护提出了更高的要求。为加强个人信息保护相关研究，本文从 GDPR 带来的法律风险和企业通过 App 等媒介过度索权侵犯个人隐私两个视角出发，对个人信息保护存在的问题与风险进行了分析，提出了相应的对策。

一、基本情况

（一）关于个人信息的内涵和外延

个人信息是关于个人的一切资料、数据，是能够直接或间接识别特定个

[1] 于子洋，北京市委政法委法治处副处长；张心悦，北京市委政法委法治处借调干部。

人的所有信息，包括个人生理、心理、智力、个体、社会、经济、文化、家庭等各个方面。我国首个个人信息保护国家标准《信息安全技术公共及商用服务信息系统个人信息保护指南》中规定：个人信息是指可为信息系统所处理、与特定自然人相关、能够单独或通过与其他信息结合识别该特定自然人的计算机数据。《电信和互联网用户个人信息保护规定》中规定：本规定所称用户个人信息，是指电信业务经营者和互联网信息服务提供者在提供服务的过程中收集的用户姓名、出生日期、身份证件号码、住址、电话号码、账号和密码等能够单独或者与其他信息结合识别用户的信息以及用户使用服务的时间、地点等信息。根据上述规定，目前对个人信息的界定采取了概括加列举的模式，重点强调对个人的可识别性。

伴随着信息化进程的推进，个人信息的外延不断延伸，具体而言包括：（1）个人的自然情况。如姓名、性别、肖像、身高、体重、指纹、出生日期、医疗信息、身份证号码等。（2）与个人相关的社会背景资料。包括个人的家庭状况、社会关系、受教育程度、工作经历、宗教信仰、政治观点等。（3）个人网络活动的数据资料。包括用户的浏览记录、搜索记录等。

（二）关于个人信息利用与保护之间的关系

大数据时代，随着现代信息处理技术的发展，个人信息数据中蕴含的商业价值和公共管理价值被极大地挖掘，整个社会对于个人信息的利用需求不断增强。企业通过收集、处理、存储、传输和利用个人信息创造出了巨大的商业价值；政府为加强公共管理、公共服务，维护社会安全稳定，对个人信息也存在极大的需求。所以，不同于传统隐私权从个人出发仅强调单向的权利保护，现代社会对于个人信息更多需要从整体社会发展维度出发，同时兼顾保护与利用。

一方面，对个人信息的利用与保护之间天然存在着冲突。如前所述，整个社会对于个人信息的利用需求不断加大。无论是对于科技产业的发展、商业价值的创造，还是政府维护公共利益的需求，个人信息的利用都不可或缺。如果过度强调保护，限制对于个人信息的利用，科技互联网企业等信息服务行业的发展壮大与科技创新必然受到一定影响，政府发挥公共管理与服务的效能也可能降低。与此同时，个人信息的保护需求也在同步提升。信息价值带来的强大诱因和网络传播的便捷和广泛性，使得个人信息相较以往更容易受到侵犯，个人的隐私保护需求更加强烈。信息主体对于信息的保护需求与信息利用者对于信息的利用需求之间的冲突日益显现。

另一方面，在冲突中存在个人信息保护与利用的平衡。数据共享的核心是信任，只有在信息能够获得保护时才能建立起足够的社会信心，使公民个人出于信任而自愿提供个人信息，从而促进数据流通形成良性循环的生态系统。因此，如果能找到两者间的平衡点，有效适度的保护能够促进信息的利用。例如，可以通过建立分级分类的保护制度，同步加强对个人敏感信息的保护和对个人一般信息的利用，实现个人信息保护与利用中多方主体的利益平衡。

（三）关于公民个人信息侵权现状

企业与公共机构在对个人信息采集、使用的过程中侵犯到公民个人信息权益的事例屡见于媒体报导，其中手机 App 过度索权造成个人信息被侵犯的情况尤为突出。据中国消费者协会于 2018 年 8 月 29 日发布的《App 个人信息泄露情况调查报告》显示，遇到过个人信息泄露情况的人数占比为 85.2%，没有遇到过的仅占 14.8%。北京市消协于 2018 年发布的《手机应用软件（App）个人信息安全调查报告》显示，近九成受访者认为手机 App 过度采集个人信息。诸如 QQ 浏览器、百度输入法、今日头条、滴滴等常用 App 均曾被媒体报道存在侵犯个人信息的问题，说明手机 App 侵犯个人信息一定程度上已成为行业内普遍现象。

梳理相关案例，手机 App 以及其他信息采集主体主要存在以下侵权形式：（1）过度获取权限。例如，2017 年江苏省消协经调查发现绝大部分手机 App 在安装时申请了大量手机权限，如“读取或增删联系人”“读取或增删通话记录”“精确定位并获取行动轨迹”等，远远超出了手机 App 提供服务所必须获取的权限。（2）侵犯自主选择权。根据《消费者权益保护法》《网络安全法》等相关法律规定，网络运营者收集、使用个人信息，应当遵循合法、正当、必要的原则以及公开收集、使用规则，同时明示收集、使用信息的目的、方式和范围，并经被收集者同意。然而，绝大多数手机 App 在安装前后均无明示告知消费者会获取哪些权限及收集、使用个人信息的目的、方式、范围及风险。目前消费者所见的权限告知主要来自下载前的软件应用市场或是安装前的手机操作系统，但此种告知既不全面也未以显著方式提醒注意，更不能代替 App 开发企业自身的告知义务。（3）滥用用户个人信息。如一些企业在用户并不知情的情况下，擅自将合法保存的用户资料出售给第三方企业，进行个人信息的交易。再如一些企业在经营活动中获得了用户的手机号码、电子邮箱，之后便在用户未授权的情况下向用户发送营销广告，给用户日常工作生活造成骚扰。（4）缺乏对用户信息的安全保护。许多企业和公共部门安全意识淡薄，对收集来的用户信息缺乏有效保护，既未设立专门的数据库存放收集的个人信息数据，也未对员工进行相关培训，导致信息被内部员工泄露，或被外部攻击窃取。

（四）关于欧盟通用数据保护指令（GDPR）

欧盟《通用数据保护指令》（General Data Protection Regulation，GDPR）于 2018 年 5 月 25 日正式生效，并将在欧盟 28 成员国强制执行。GDPR 取代 1995 年发布的欧盟数据保护指令，对数据保护规则进行了改革和更新，一经公布便以其严苛的规定、广阔的适用范围以及高额的罚款引起了各方高度关注，被形容为“近二十年来数据隐私规则领域发生的最重要变化”。具体而言，GDPR 有以下三方面特点：一是对数据保护更加严格。GDPR 拓宽了“个人数据”的范围，将高度保护个人隐私的“数据可携权”和“被遗忘权”明确写入法条，设定了儿童保护特别规则和数据挖掘限制规则，并强调了不管是数据管理者还是数据处理者，都必须以合法、公平、透明的方式收集和处理信息，必须用通俗的语言向用户解释收集数据的方式，并有义务采取措施删除或纠正有误的个人数据。二是管辖范围进一步扩大。GDPR 的管辖范围并不局限在欧盟境内，只要一家企业向欧盟境内的个人提供了商品或服务并收集或处理了个人数据，不管该企业是否在欧盟境内设有机构，都将适用 GDPR 的规定。这种“属地兼属人”的管辖在互联网时代被进一步放大。企业的业务和产品，尤以 App 为例，只要上传到了应用商店就无法避免地可能被欧盟区域内的用户下载使用，相应地产生信息采集，这就使得跨国的互联网企业都不得不受到 GDPR 的限制。三是处罚措施更加严厉。欧盟 28 个成员国均已设立监管机构“数据保护局”，将对各国 GDPR 的执行状况进行监督，如被欧盟认定违规，最高处罚金额可在 2000 万欧元和企业全球年营业额的 4% 中取其高者。严厉的处罚和广阔的管辖范围保证了 GDPR 对于个人信息保护的新要求能够得到强有力的执行。

二、个人信息保护中的问题与困境分析

（一）立法方面

从国家层面看，个人信息保护立法存在以下问题：一是存在立法碎片化的现象。据不完全统计，一共有 200 余部法律法规及司法解释涉及个人信息保护条款，缺少一部类似于欧盟 GDPR 的专门个人信息保护法来整合、修改和补充原有的法律规范，建立规范、系统的个人信息保护法律体系。个人信息保护依附于隐私、网络安全等领域，尚未形成独立法定权利。二是法律规则不明确、具体，缺乏可操作性。多数法律法规中的规定过于原则或者仅是宣示性规定，存在阐述不清晰、适用不明确、范围受局限、处罚不具体等问题。例如，《网络安全法》规定网络运营者收集个人信息应当遵循合法、正当、必要的原则，但对于何为“正当、必要”缺乏明确的解释，难以把握精准的界限。三是法律保护范围窄。一方面，法律保护未覆盖整个个人信息数据生命周期，存在“法律盲区”。相比 GDPR 等欧美相关个人信息保护法律，我国立法对个人信息的保护主要涉及存储维护、传播以及利用，对于数据管理中用户不可见部分涉及较少。另一方面，立法主要围绕刑事和行政领域规定法律责任，对于网络服务提供商的侵权民事责任规定过于粗疏。

从北京市情况来看，目前没有出台个人信息保护方面的专门立法。根据调研情况，我市涉及个人信息保护的法律法规主要有《北京市公共信用信息管理办法》和《北京统计条例》，偏重于个人信息在公共利用情况下的保护。另外，未来五年立法规划中已包含《北京信息化促进条例》《北京社会信用条例》等相关立法。从其他省区市的情况看，同样没有关于个人信息保护的

专门立法，有关条款散见于各类法律法规中。

（二）执法方面

一是存在多头监管问题。个人信息保护涉及面广，涉及部门众多。如公安机关网络安全部门负责网络犯罪的打击，网信办负责网络舆情监控和互联网信息内容管理,工信部门负责协调维护信息安全和信息安全保障体系建设，司法机关负责依法办理具体的司法案件等。现缺少统一的专门机构或机制来统筹，客观上存在执法司法力量分散、职责交叉的情况，执法上存在空白，个别案例中有部门间互相推诿的情况。二是缺乏刚性执法手段。整体上看，相关法律规定落实不到位，监管力度弱，且缺乏有效的执法措施。三是管理标准无强制性。我国《个人信息保护指南》《个人信息安全规范》等国家标准仅是指导性技术文件，没有强制约束力。四是行政处罚标准较低。《电信和互联网用户个人信息保护规定》对违法行为设定了警告和 3 万元以下的罚款处罚，与出售个人信息所获利益相比，违法成本过低，难以遏制侵犯个人信息的违法行为。

（三）司法方面

目前北京市个人信息保护涉诉案件相对较少。2017 年北京一中院办理的“庞某某诉北京趣拿信息技术有限公司（去哪儿网）、中国东方航空股份有限公司隐私权纠纷案”被认为是北京市个人信息侵权民商事第一案。相较层出不穷的个人信息泄露的新闻报道，较少的司法案件数量与实际情况形成明显反差。刑事方面，我国司法实践中对于保护个人信息采取了刑法先行的方式，根据《刑法》第 253 条之一的规定，侵犯公民个人信息罪的前提是“违反国家有关规定”。据此，侵犯公民个人信息罪认定的依据包括法律、行政法规、部门规章。由于目前有关公民个人信息保护的有关法律法规尚不健全，且相关规定存在过于原则的问题，一些获取、出售、提供公民个人信息行为是否违法缺乏明确判断依据，导致在个案中侵犯公民个人信息罪的适用存在一定的争议。另外，刑事办案还存在查证困难、上游犯罪难以打击等问题。民事方面，公民个人提起诉讼存在举证难的情况，无论对于侵权行为还是损害后果，个人都难以承担相应的举证责任。如在上述隐私权纠纷案中，作为普通人的庞某某不具备对东航、趣拿公司内部数据信息管理是否存在漏洞等情况进行举证证明的能力。二审法院是在综合考虑本案的实际情况，如航空公司、网络购票平台泄露消费者隐私信息的情况被媒体大量报道的时间与本案发生时间存在重叠，认定东航公司存在泄露庞某某隐私信息的高度可能，最终判定东航公司承担相应侵权责任。因此，目前民商事诉讼也没有较好地起到权利保障和救济作用。行政诉讼方面北京市尚无相关案件。

（四）行业自律与规范方面

我国早在2002年就公布了《中国互联网行业自律公约》，倡议互联网行业从业者加入本公约，并要求成员“自觉维护消费者的合法权益，保守用户信息秘密，不利用用户提供的信息从事任何与向用户做出的承诺无关的活动，不利用技术或其他优势，侵犯消费者或用户的合法权益”。但由于公约没有强制执行力，加之行业内部缺乏严格的管理规范和明确的处罚机制，企业违法现象仍然普遍存在。根据前期调研情况，目前“企业自律”很大程度上代替了“行业自律”。例如，一些大型知名企业尚能组建专门的个人隐私信息保护部门，从法律合规和安全防护方面加强对个人信息的保护，但更多的国内企业随意采集、利用个人信息，忽视个人信息的保护，甚至专门通过泄露、出卖、利用个人信息获取利益。整个行业一定程度上存在“谁守法，谁吃亏”的现象，造成恶性竞争，形成劣币驱逐良币的不良效应。

（五）公民个人方面

一方面，部分公民个人信息保护意识薄弱。大数据时代，公民个人毫无防范地将个人信息输入，不注意保护和删除，就有可能因为商家的管理不善或者恶意泄露而被盗用。根据腾讯《中国网民个人隐私状况调查报告》，对于注册提交前的“条款协议”，仅16.1%的网民仔细阅读，大体浏览一下的受访者和直接勾选或点同意的受访者比例相近，均占据四成以上。另一方面，公民个人与信息采集者的地位不对称，导致维权十分艰难。由于网络服务提供者所处的优势地位，个人用户往往要面对“要么同意，要么别用”的困境，从而被迫同意格式化的用户条款。这使得网络服务提供者往往以“用户同意授权”为由规避责任。同时，网络服务提供者常常凭借其技术优势隐蔽地采集用户的数据，消费者有可能对自己信息泄漏一无所知，即使权益受侵害也无力维权。

三、个人信息保护与利用中的风险分析

（一）国家层面

个人信息保护如今已成为一个世界性的命题，受到越来越多国家的重视。全球已有 117 个国家或地区制定了专门的个人信息保护相关法律，在个人信息保护较早的欧盟地区，个人信息权力甚至已经像隐私权、名誉权一样被视为一种基本人权。在全球化的个人信息保护背景下，个人信息保护的缺失影响的将不仅是个人的权益，还可能带来一系列国家层面的风险。首先，GDPR 等域外立法本质上是为了提升区域及全球的信息保护水平，但在客观上却可能形成对我国的贸易壁垒和产业扼制，制约我国科技企业的进步和外向型发展，进而可能影响到诸如网络强国、“一带一路”等国家重大倡议的实施。其次，若国内个人信息保护环境持续恶化、中国企业在海外频频应诉：一方面将降低我国数据保护水平评级，导致个人信息数据跨境传输至我国时受到更为严格的限制；另一方面大型跨国企业之间的纠纷容易上升为国与国之间的争端，最终对我国国际形象和外交关系产生不良影响。最后，个人信息泄露事件可能成为境外势力挑动事端、攻击我国现行政治制度的突破口，破坏政治安全稳定。

（二）公共管理角度

公共部门出于公共管理、公共服务的需要，不可避免要大量收集、利用、分析个人信息。北京作为首都和超大型城市，相关部门既要维护首都安全稳定，又要提供与“四个中心”相适应的优质、便捷公共服务，对个人信息数据存在极大的需求。处于公共部门控制下的个人信息一旦被泄露或用于公共管理之外的用途：一方面将产生无法估量的负面影响，引发媒体炒作，造成

重大舆情事件，严重影响政府公信力。另一方面，其中的关键敏感信息若被敌对势力、暴恐分子及情报人员等获取，可能严重威胁到国家安全和公共安全。

（三）司法实践角度

个人信息前端保护的缺失可能导致各类纠纷以案件形式进入司法程序，社会矛盾集中于政法领域爆发，引发相应的风险。从引发风险的行为模式上划分：一是侵犯个人信息行为本身引起的风险，如故意泄露、买卖、窃取个人信息等行为；二是信息泄露后的衍生行为引起的风险，如利用泄露的个人信息实施诈骗、骚扰等。从诉讼种类上划分：一是民事诉讼风险，如企业因保管不善导致信息泄露引起的侵权之诉，再如一些企业之间将该类民事诉讼作为不正当竞争和打压对手的手段；二是刑事诉讼风险，如构成侵犯公民个人信息罪等犯罪行为；三是行政诉讼风险，如要求行政机关履行相应监管职责的履责类行政诉讼案件。根据目前调研情况，虽然尚未有大量案件进入司法领域，但不排除随着维权渠道的畅通和个人信息保护意识的觉醒，未来可能出现数量短时间激增的可能。另外，该类诉讼案件由于涉及个人信息这一敏感问题，容易引起社会舆论关注，如果未能及时按照“三同步”要求妥善处理，可能造成舆情风险和社会稳定风险。

（四）企业维度

对于中国企业来说，GDPR 等域外法规以及不断完善的国内立法在促使企业重新审视信息保护政策，倒逼提升信息保护标准的同时也给企业带来了相应的风险。一方面，GDPR 等域外法律带来的合规风险已对企业的生产经营造成实质影响。GDPR 生效前后，腾讯 QQ 就停止了向欧洲区用户提供服务，小米也在欧盟范围内下架了包括智能灯在内的多款产品，包括微信海外版、新浪微博国际版、阿里巴巴旗下的全球速卖通等多家中国互联网巨头，已纷纷向欧洲区用户更新隐私政策、请求重新授权。对于上述大型跨国中国企业而言，如果不想承受巨额罚款或放弃拥有 5 亿高消费能力人口的欧盟市场，就只能改变原有的商业模式，提升个人信息保护力度，努力做到合规。而对于一些合规能力不足的中小企业，可能面临被迫退出行业的困境。另一方面，随着个人信息保护力度的提升，企业面临诉讼的可能性增大。频繁应诉使得企业在承担败诉风险的同时也面临着商誉的重大损失，长此以往将丧失在行业内的地位。

（五）公民个人

作为信息数据的直接提供者，个人信息保护与利用中的相关风险将在公民身上得到最直观的体现。一方面，信息保护整体环境的恶化将直接侵犯公民的切身利益。个人信息的泄露和滥用将为犯罪提供便利条件，引起个人人身、财产安全风险。另一方面，随着社会的发展，公民个人信息保护意识的觉醒可能打破现有环境下信息利用与保护的平衡，甚至在一定程度上阻碍信息的合理采集与利用，给公共管理和企业经营带来严重影响。

四、对策建议

个人信息保护关乎国计民生，是一项庞大的系统工程，涉及政府监管、行业自律和个人参与多个方面，需要从立法、执法、司法乃至于技术层面综合治理。因此，应由顶层设计高位推动，在国家层面构建符合我国发展现状和国家战略布局的统一的保护体系和标准，统筹推进个人信息的保护与利用。本文重点立足首都和谐稳定和相关产业发展，从北京市公共管理部门职能出发提出相关对策建议。

（一）加强个人信息保护各类制度机制建设

一是健全工作机制。结合北京市机构改革实际，充分发挥市委依法治市委员会统筹协调作用，探索建立以一个部门为主，其他相关职能部门配合的工作机制，化解“九龙治水”难题，确保法律法规得到贯彻实施。二是探索建立个人信息分级分类保护制度。对个人信息按照内容进行分类，依据各类信息的价值和安全风险给予不同程度的保护；在分类的基础上依据保护程度对各类信息进行分级，对应不同的管理要求调和个人信息保护与利用的冲突，实现互联网发展与个人权利的平衡。三是探索引入第三方保护力量。积极探索推动个人信息保护的第三方服务机构（专业取证机构、司法援助机构等）的发展壮大，为公民的个人信息保护提供专业化服务。

（二）规范相关部门对个人信息的采集与利用

一方面，相关部门要严格落实北京市法规。《北京市公共信用信息管理办法》对行政机关归集个人信息提出了限制，《北京统计条例》明确规定统计数据不能用于统计以外的目的，并有相应罚则。我市相关单位应严格落实上述法规的要求，树立信息安全保护意识，规范采集、利用个人信息的措施手段，并结合各自工作实际对现有信息数据情况进行调研分析，在此基础上制定管理办法，加强对个人信息的安全防护。另一方面，要通过强化技术手段对个人信息进行保护。加大资金投入，鼓励信息安全技术的研发和创新，并加强新产品、新技术的应用推广，不断完善信息系统安全设备的性能；充分利用“去个人化”的信息处理技术手段对个人信息进行保护，在收集、存储、处理和利用个人信息的过程中采取代号化或加密处理，去除个人信息的可识别性因素，降低未来可能的信息泄露带来的风险。

（三）强化政法机关对于个人信息涉诉案件的风险应对能力

一是建议政法单位认真学习研究 GDPR、网络安全法等法律法规，增强干部信息保护法律意识和风险意识，将个人信息保护作为工作和办案中的关注点和风险点。二是完善政法机关对各类诉讼案件的风险应对机制。对于可能进入诉讼领域的涉个人信息保护案件要提前研判，制定工作措施和预案。加强与政府部门的沟通，综合运用多元化纠纷解决机制，做好案件办理工作。三是按照“三同步”要求确保案件平稳落地。制订全面的工作方案，做好严格依法办案、强化舆论引导、加强社会面管控各环节工作。四是探索发挥公益诉讼作用。《消费者权益保护法》明确规定消费者协会具有公益诉讼职能，对侵害众多消费者合法权益的行为，省级及以上的消费者协会可以向人民法院提起诉讼。这一规定若能得到有效实施，将极大解决个人诉讼成本过高的问题，同时也可防范化解涉众性风险，防止群体性事件的产生。但就现阶段而言，消费者协会提起公益诉讼尚未形成惯例，有必要引导合理的公益诉讼，形成长效机制，确保制度落地。

（四）加强对企业的宣传与引导

一方面，加强对企业的法治宣传，提示企业个人信息数据利用的法律风险和合规风险，加强对企业内部接触信息人员的监管和教育，增强企业合理合法利用个人信息数据的意识；另一方面，充分调动和鼓励企业自律的积极性，引导重点行业在个人信息保护领域制定相应的自律规范和自律公约。通过强化自律机制弥补法律法规滞后的缺陷，发挥行业自律的灵活性和专业性优势。

（五）推进个人信息保护立法

由于我国个人信息保护法尚未出台，考虑到地方性法规难以把握国家战略定位，在上位法尚未出台之前，应审慎推进市级层面立法，做好现有政府规章的落实工作。同时，由相关部门分专题进行调研，加强理论储备与实践研究，适时向立法机关提出立法意见和建议等，推动国家层面个人信息保护法的颁布。

从复权制度谈资格剥夺减免问题

刘　嘉[1]

一、资格与资格刑（罚）

资格，是指人从事某种活动所应具备的条件、身份等。有学者总结，资格具有法定性、人格性、可剥夺性。[2]在古代，社会生产和生活的形式相对单一，加之古代社会普遍存在的等级观念和等级制度，大量从事公共事务的资格被统治阶层所垄断，因此一般公民所拥有的资格范围极为狭窄。这一状况在现代社会发生了根本性变化。对于整个社会的现代化过程，可以从两个层面进行把握。第一个层面是技术层面，人类社会现代化最鲜明的外部体现就是科学技术的突破性发展，也正是不断进步的科技形塑了我们当今的生活环境和生活方式；第二个层面为政治层面，人类的现代化不只是技术的进步，还包含有深刻的人与人之间关系的变革，最集中的体现即为政治上的变革。人类发展的历史就是一部普通民众的权利不断扩展的历史。国家和社会的权力从最初被少数人垄断，渐渐由大多数人掌握；公民有权从事的事务，从一开始被严格限制管控到后来的“法无明文禁止即可为”。这一漫长的历史进程，后世称之为“民主化与自由化”。科技现代化和政治民主自由化两股力量对社会生活产生了深刻的影响，具体体现之一就是公民各种“资格”的丰富与扩张。在现代社会，拥有从事各种活动的资格对于一个人自由而全面发展的

[1] 刘嘉，男，北京师范大学刑事法律科学研究院刑法学硕士。
[2] 参见曲伶俐主编：《刑罚学》，中国民主法制出版社2009年版。

意义不言自明。

人只有拥有了某种东西才可能产生失去的恐惧与痛苦，从逻辑上说也才有剥夺它的可能，资格同样如此。在普通人资格极为贫乏的古代社会，以剥夺资格为内容的处罚也相应较少，即使存在也大多集中于爵位、官职、荣誉等方面，主要适用于垄断各种资格的上层社会。如前所述，现代社会公民的资格范围得到了扩张。然而，国家赋予公民越来越多地参与各种公共事务的机会，但是同时也扩大了权利减少和限制的可能性。[1]公民日益丰富的资格逐渐进入了刑罚的视野范围，成为了刑罚剥夺与限制的重要内容。法律的这一变化过程在我国同样正在上演。根据通说，我国目前存在三种资格刑，分别是剥夺政治权利、驱逐出境和剥夺军衔。2015年通过的《刑法修正案(九)》，增设了从业禁止的相关规定。在刑法体系之外，其他部门法中还存在着大量因行政违法或具有前科而剥夺行为人某种资格的“资格罚”。从上述梳理可以看出，我国目前以剥夺限制资格为内容的刑罚及其他处罚措施内容多、增量大。并且在可预见的未来，受刑罚轻缓化、非监禁化趋势的影响，资格刑这种兼具惩罚性、预防性并相对缓和的刑罚方法必将获得更大的发展空间。

二、资格剥夺减免制度的构建

在整个社会惩治体系中变得日益重要的资格刑（罚）实际存在着各种问题，严重制约着其自身功能的发挥。其中一个突出的问题就是相关资格被剥夺以后缺乏相应的减免途径。一个人被判处资格刑，除非刑罚执行完毕或者被赦免，否则没有其他途径获得资格刑的减免；而对于被适用资格刑的人来说，许多资格的丧失是终身性的，这种严厉性与自由刑相比有过之而无不及。以类比的方法考察其他刑种，会发现法律中普遍规定着对于其他刑种特别是自由刑的减免制度。例如，我国刑法对管制、拘役、有期徒刑、无期徒刑规定了减刑制度；对有期徒刑、无期徒刑规定了假释制度。这些规定使得符合某种条件的犯罪分子能够获得刑罚减轻或部分免除。但是在我国现行的法律

[1] 参见李斯特著：《德国刑法教科书》，法律出版社2006年版。

框架下，这种减免措施均不适用于资格剥夺。笔者认为这种缺失可能会产生如下问题。

（一）无法实现罪责刑相适应的动态平衡

罪责刑相适应原则是我国刑法的基本原则，在定罪、量刑和行刑的全过程都要贯彻和体现，其基本内容是犯罪人的刑罚要与其所犯的罪和所承担的刑事责任相适应。现代的罪责刑相适应原则不仅强调刑罚同已然之罪的联系，同时更加强调刑罚同犯罪人的主观恶性和人身危险性之间的联系。刑法总则基于刑罚个别化的要求，规定了一系列刑罚裁量与执行制度，如累犯制度、自首制度、立功制度、缓刑制度、减刑制度、假释制度等。[1]其中减刑、假释制度的理论基础就是犯罪人主观恶性和人身危险性的动态变化。刑罚具有教育和矫治功能，犯罪人被判处刑罚之时与执行一部分刑罚之后的主观恶性与人身危险性是有变化的，如果固守刑罚同已然之罪的联系，不考虑教育矫治的实际效果和行为人的变化，就会在实际上损害罪责刑之间的动态平衡。

（二）存在造成刑罚过剩的可能性

这里的过剩是相对于刑罚目的的实现来说的。现代刑法中的刑罚目的主要在于预防犯罪。有学者认为："资格刑一般是附加适用的，在主刑执行完毕或者假释之日起计算。……一般来说主刑执行完毕的犯罪分子大多已改造好，假释的罪犯，改造完成更是其出狱的前提，对这类犯罪分子适用资格刑是无用的，多余的。"[2]笔者认为，这一说法过于理想化，在理论层面并无问题，但考虑到我国刑罚执行中存在的诸多问题，并不能绝对地认为主刑执行完毕的犯罪就已改造好。然而，从制度构建的层面，"缺少相应的资格刑减免制度"可能导致刑罚过剩，这一说法则无可辩驳。如果犯罪人经过刑罚改造已经弃恶从善且无再犯危险，那么可以认为刑罚的目的已经实现，如果再坚持适用原判资格刑而没有任何减免，就会不可避免地造成刑罚过剩。当然，对于"改造完成，无再犯危险"的认定需要有法定的标准与程序，这一点将会在下文

---

[1] 参见赵秉志主编《刑法总论》，中国人民大学出版社 2016 年版。

[2] 参见马克昌主编《刑罚通论》，武汉大学出版社 1999 年版。

论及。

（三）不利于犯罪人的再社会化

有论者指出，资格刑一般都是在自由刑执行之后适用。这就使犯罪人在自由刑执行完毕之后与其他公民生活在一起的时候仍不能获得某些重要的资格。这就等于在公民面前宣扬其以前的劣迹，对其名誉有损害，也容易减损被执行人的自信心和责任心。这就在很大程度上增加犯罪人再社会化的困难。[1]笔者认为，这种说法同样需要限缩范围才具有合理性。我们不能认为附加于主刑之后适用的资格刑都有妨碍犯罪人再社会化的缺点而一概予以否定，因为这样无疑从根本上否定了资格刑存在的正当性。资格刑也是刑罚，也是对犯罪人所犯罪行法律反映的一部分，不能认为对行为人执行完主刑之后再执行资格刑就是"不利于其再社会化的"，而应同等地将资格刑看做是对犯罪人教育改造和犯罪预防的手段之一。但是如果之前的主刑或者执行了一部分的资格刑已经完成了刑罚目的，那么缺乏减免的资格刑会由之前的合理刑罚转变为"再社会化的阻碍"。如果此时法律框架内存在一个减免制度，就能够因势而变，促进刑罚执行趋于合理。遗憾的是当前减免制度的缺乏导致资格刑执行的僵化，造成了上述一系列问题。

有学者针对这些问题提出要建立资格刑的"减免制"，即"被判处自由刑的犯罪人，在刑满释放时，根据其改造情况，对资格刑实行减免，已经改造好的，可以免除资格刑；没有完全改造好但原判资格刑过长的，可以减轻。"[2]这一设想看到了我国资格剥夺措施所存在的不足，以及相关减免制度构建的必要性，并且在具体的制度设计上进行了有益探索。但同时也存在很多缺陷，容易造成一系列误解。这些缺陷一部分是来自于理论本身，另一部分是由于法律的变动和发展导致的。概括言之，问题主要包括以下几方面。

[1] 参见吴平：《资格刑研究》，中国政法大学出版社2000年版。

[2] 参见陈兴良著：《本体刑法学》（第三版），中国人民大学出版社2011年版。

（1）范围过于狭窄。论者所提出的减免制仅适用于被判处自由刑并附加适用资格刑的罪犯，不仅没有将独立适用资格刑的情形考虑在内，更是将被判从业禁止以及被处以资格罚的情形排除在外了。[1]

（2）时间条件设置不合理。这一问题的出现与上一问题密切相关，甚至可以说是上一问题的延续。由于作者将减免的对象局限为附加于自由刑之后适用的资格刑，因此认为应当在自由刑刑满释放之时根据犯罪人的改造情况决定是否减免。我认为这种处理方式并不妥当。资格刑虽然与生命刑、自由刑相比明显较轻，但它仍然是刑罚的一种，蕴含着对于犯罪人的惩罚与谴责，而且资格刑的适用与执行同样关系到刑法的威严与效力。在自由刑执行完毕资格刑尚未执行的情况下仅仅根据犯罪人改造情况较好这一个理由就减轻甚至免除其资格刑，未免失之过宽，而且对于刑罚权威是一种损害。本文虽然提倡应当建立一种针对资格剥夺的减免制度，但是这种制度需要有一定的时间限制，不论是减轻还是免除都要以已经执行一定的时间为前提，而不宜在惩罚尚未执行之前即行减免。

（3）将“减”与“免”混同表述、混同规定容易造成误解。“减免制”的提法以及后续对它的阐释难免会让人认为资格剥夺的减免制是一种特定的制度。比如有些学者将这种想法带入对复权制度的理解当中，把复权制度当作这种减免制的具体表现形式。所以他们提出的复权制度极为宽泛、无所不包。但实际上，减免制度应当是一种功能意义上的统称，而并非一种具体的制度。其中减轻应当由减刑制度进行规定，[2]而免除应由刑罚消灭制度来规定，具体来说由复权制度、前科消灭制度和赦免制度分别规定。

综上所述，减刑、复权、赦免和前科消灭虽然在性质和适用条件等方面有着明显界限，但从功能的角度可以统称为资格剥夺的减免制度。这一称谓的意义在于提示我们日后不论是研究整个资格剥夺的减免问题，还是研究其中某一个制度，都应当将上述内容一并纳入观察视野，进行全面、统筹、协调的研究。这样不仅有利于在学理上更好地理解几种制度的内涵和相互联系，

---

[1]《本体刑法学》（第三版）成书于2011年，而从业禁止是在2015年《刑法修正案（九）》中增设的，因此作者不可能将这一情况考虑在内。此处提出该问题并非单纯批判，而是对相关理论的一种因时而变的发展。

[2] 本文的观点认为应当扩大减刑制度的适用范围，从而使资格刑也能适用减刑。

也有助于更好地指导立法，保持法条之间的一致和融洽。

限于篇幅，本文无法对四种减免的方式都展开论述，而是选取其中争论较大、误区集中的复权制度进行深入研究。

三、复权的概念重构和适用范围

几乎所有主张在我国构建资格剥夺减免制度的学者都将复权作为重要组成部分，但是在理论研究中，由于缺乏上文所提倡的统筹性视野，许多人对于复权的认识远未达到准确、合理的程度，而是存在较多误区。鉴于当前学界对于复权制度的理解存在诸多模糊与混乱之处，我们必须从现有概念的主流观点出发，对其进行批判性重建，厘清复权的基本内涵，并在概念界定的基础上进一步廓清复权制度的外延边界，其中很重要的一点是要明确该制度适用的范围。

（一）复权概念的批判性重构

当前关于复权的概念主要有以下几种说法，均具有一定合理性，但笔者认为不妥之处显见，应批判性地进行重构。

1. 赦免说

该说认为复权是赦免的一种。[1]赦免说混淆了复权与赦免两种不同的法律制度。在笔者看来，二者在历史上的源流关系是造成这种误解的原因。复权制度滥觞于17世纪后半叶的法国，是在国王赦免权的基础上发展起来的，通过国王的赦免行为，被处罚者在服刑之后和赔偿之后可从名誉的污点中解放出来。复权和赦免虽有历史渊源，但毕竟最终发展成了两种不同的制度，应区别看待。两者的区别主要在于以下几方面。

（1）适用主体不同。赦免的适用主体在不同国家中有着不同的规定，有的是国家元首，有的是国家权力机关；而复权的适用主体是司法机关，即

[1] 参见赵秉志主编：《刑法学总论研究评述》，北京师范大学出版社2009年版。转引自杨春洗等主编：《刑事法学大辞书》，南京大学出版社1990年版。

法院。

（2）适用范围不同。赦免有的既赦罪又赦刑，有的只赦罪不赦刑；而复权不能消除犯罪，只能消灭刑罚，且仅限资格刑。

（3）法律效果不同。在既赦罪又赦刑的赦免中，行为人被赦免后连同犯罪前科也一并消除，被认为没有犯过罪；而经过复权的人只是原判资格刑消灭，但仍有犯罪记录，仍可能被处资格罚。

2. 前科消灭说

该说认为复权实质上就是前科消灭。[1]笔者认为复权与前科消灭同样是两个不同的概念。两者虽然在“恢复权利”这一功能意义上存在着相通和契合之处，但前者是专属于资格刑的非自然的刑罚消灭制度，后者所消灭的并非是现实的刑罚权，而仅是对犯罪记录（或犯罪后遗效果）的消除。

3. 广义复权说

该说认为复权即指对受刑者（包括既判刑者与刑罚执行终了者）经过一定的期限后，恢复其因受刑罚处罚而丧失的资格及权利。其意义应做两方面的理解：一是恢复因受资格刑宣告而丧失的资格及权利；二是指前科消灭，恢复因受前科影响而丧失的各种权利和资格。[2]

广义复权说认为前科消灭能使犯罪人重新获得因前科而丧失的某些权利或资格，因此也有复权的效果，应当将前科消灭也归入复权的范畴。笔者认为这种误读出自对复权两种层面——事实层面与规范层面含义的混淆。事实层面的复权是指资格与权利恢复的事实情况。如果从这种层面理解复权，那么一切可能导致资格恢复的制度（赦免、前科消灭、复权）都可以称为复权了。事实上，不论是将复权与赦免混淆、把复权与前科消灭混为一谈还是把前科消灭当作复权的一种情形，都能在事实层面的复权概念中自圆其说。而规范意义上的复权专指针对资格刑的复权制度。对事实层面的复权或许可

[1] 参见赵秉志主编：《刑法学总论研究评述》，北京师范大学出版社 2009 年 1 版。转引自张明楷著：《外国刑法纲要》，清华大学出版社 1999 年版。

[2] 参见赵秉志主编：《刑法学总论研究评述》，北京师范大学出版社 2009 年 1 版。转引自高铭暄主编：《刑法学原理》，中国人民大学出版社 1994 年版。

以进行文理的、泛化的解释，但是对于规范层面的复权，必须进行准确、严格的理解，尊重其固有的内涵与价值，注意它与其他相关制度的界限，从而得出一个周延、固定的复权概念。应当避免把复权当成一个口袋，任何和权利恢复有关的制度都纳入其中。

综合上面的批判，笔者认为复权的概念应界定为：复权是指对被判处资格刑的犯罪人，在符合法定条件的情况下，由法院提前恢复其丧失的一部分或者全部权利的刑罚消灭制度。

（二）复权的适用范围

在讨论该问题之前，应当首先明确复权制度尚未移植到我国法律中，因此对于复权制度适用范围的讨论只是一种应然层面的论证，而不能将其视为实然的规范分析，下文的所有讨论也是在这种语境下开展的。根据概念可知，复权制度所复之权应限定为由于宣告和执行资格刑而被剥夺的那一部分权利。但是由于近年来刑法立法的发展，这一看似明确的边界也逐渐模糊化，使得我们不得不思考以下问题。

1. 禁止令所剥夺的权利能否纳入复权的范围?

《刑法修正案（八）》规定对被判处管制或宣告缓刑的犯罪分子可以根据犯罪情况同时决定禁止犯罪分子在执行期间或缓刑考验期间从事特定活动，进入特定区域、场所，接触特定的人。由此可见，对犯罪分子采用禁止令也会剥夺其某些资格，但是从禁止令的适用条件、剥夺内容和违反后果等方面分析，会发现禁止令实质上是一种保安处分措施，而不是资格刑的内容，因此不宜适用复权的规定。

2. 从业禁止所剥夺的权利能否纳入复权的范围?

这一问题同样涉及性质判断问题。从业禁止从诞生之日起就争论不断。有人认为它是资格刑的一种，有人认为它是保安处分措施，还有人认为它属于非刑罚处罚措施。在笔者看来，从业禁止性质之争的主要阵地集中在以下几方面：

（1）从业禁止在刑法中的体系位置。根据刑法立法将性质相同的内容规定在相同位置的规律来论证从业禁止的性质究竟为何。

（2）从业禁止的功能定位。一般认为保安处分的功能在于预防犯罪，而刑罚除了预防功能还兼具惩罚功能。因此从功能入手进行分析也可以为从业禁止性质的判断提供依据。

（3）从业禁止的判处依据。判处刑罚需要兼顾犯罪事实和犯罪人的人身危险性，而刑罚之外的其他措施，不论是保安处分还是非刑罚处罚措施都不受责任原则的限制，实际上只考虑犯罪人的人身危险性。许多学者从该原理出发讨论从业禁止究竟是否为刑罚。

关于从业禁止性质的讨论远未结束，但这并不意味着我们就无法在现有条件下回答有关复权适用范围的疑问。虽然阵地众多，观点纷呈，但是从中也能找到一些共识。上述三个层面讨论无法直接给出准确的关于职业禁止性质的回答，但是足以支撑从反面否定从业禁止是一种刑罚的观点。结合之前复权制度的概念，可以认为当前的从业禁止不能被纳入复权的调整范围。但是从刑法完善的层面上来看，从业禁止宜在将来被上升为资格刑的一种，从而能够被复权制度所调整。

3. 其他法律中关于资格剥夺的规定能否适用复权制度？

刑法之外的其他法律中存在着大量有关剥夺行为人资格的规定，在学理上被称为“资格罚”。经过梳理可以发现这些资格罚大致可以分为两种情况：第一，因行为人违纪或违法而有期限地剥夺其某种资格；第二，因行为人曾受到刑罚处罚而永久或有期限地剥夺其某种资格。这两种情况均与资格刑相区别。前一种情况中，行为人的行为并未达到犯罪的程度，对其资格或权利的剥夺自然不能算做是刑罚，因此也就不属于资格刑的范畴。后一种情况中，对于行为人权利的剥夺虽然以其构成犯罪为前提，但是这种剥夺并不是犯罪本身所产生的法律效果，而是其受到刑罚处罚之后所产生的一种附随效果，是在所有刑罚执行完毕以后又对其权利进行的一种限制，因此不能归入资格刑的范畴，不能适用复权制度。

资格刑作为刑罚的一种，其创制与适用应当遵循罪刑法定原则，具体来说应当在具体犯罪的法定刑当中予以明确规定，或者在总则中进行类型化规定（如对犯罪的外国人驱逐出境）。上述的权利剥夺以行为人曾经被判处刑罚为条件，应该由前科消灭制度加以调整，而不应适用复权制度。

四、我国复权制度的构建设计

复权制度旨在建立一个刺激受刑人真诚悔过，积极改造自我的激励机制。[1]而科学合理的制度设计是促使该机制真正发挥作用的基本保障。

（一）复权制度构建的原则

复权条件的设立并不是随心所欲的，必须要有内在的依据。笔者认为在构建复权制度时必须遵循如下原则。

1. 公正性原则

公正集中体现在两方面：（1）刑罚过剩是刑罚没有做到罚当其罪的不公正体现，而复权制度能够消除刑罚的过剩性，满足了公正性的要求，因此在制度设计过程中要体现消除刑罚过剩的立足点；（2）相同情况相同对待，不同情况不同对待所体现出来的公正。

2. 有利于犯罪人改造原则

刑罚制度的基本根基之一为承认犯罪人的可改造性，所以在刑罚制度上要设计不同的梯度和奖励机制以满足实现犯罪人再社会化的需要。复权制度从诞生之初就是为了回应刑罚再社会化的功能，因此在构建中也要全面体现利于犯罪人改造的制度安排。

3. 协调性原则

这里的协调主要是指与其他减免制度相协调。具体来说是要保持减免措施的宽缓程度与适用条件的严格程度之间的正相关关系。例如，对资格刑的

[1] 参见于志刚著：《刑罚消灭制度研究》，法律出版社 2002 年版。

减刑是减去其一部分的刑期，而对资格刑的复权则是直接恢复犯罪人的资格，因此适用后者的严格程度明显要高于前者。

4. 利益权衡原则

即权衡犯罪人的利益与社会的利益；权衡复权所带来的积极作用和消极作用之间的关系。

5. 维护刑罚权威原则

根据该原则的要求应当做到：（1）谨慎制定并从严掌握适用条件，防止复权的泛化从而架空资格刑，损害刑罚的威严。（2）设置复权适用的限制条件，对于性质恶劣、情节严重的犯罪或者累犯被判处资格刑的，设置更严苛的复权标准。

（二）复权制度的适用条件

从各国立法例看，恢复受刑人的权利，从实质层面上说主要考虑以下条件。一是时间条件，即复权期限。只有在受刑人丧失资格经过相当的期限后，才能考虑复权。二是实质条件，即受刑人的表现，要求受刑人在复权前表现良好。[1]笔者认为，我国在规定复权的条件时应当参考以上两方面的内容，但在此基础上还要增设“限制条件”。所谓限制条件是指对犯某些严重犯罪的或者具有某种特定情节的犯罪人[2]的复权，设置更高的标准，做出更多限制。这一条件的设置主要基于宽严相济刑事政策的考虑。既然处罚犯罪人的目的是预防犯罪，那就当然要根据犯罪人所犯罪行的情况和犯罪人本人的特点区别对待，采取有针对性的处理措施。对犯有极其严重罪行和人身危险性很大的犯罪人，就要“严”，要处以重刑甚至极刑，以防止他再次危害社会并威慑社会上的一般人不去犯罪，但对犯有轻微罪行且人身危险性很小的犯罪人，就要“宽”，要着眼于对他们的教育、改造，让他们早日重返社会。[3]

[1] 参见吴平：《资格刑研究》，中国政法大学出版社 2000 年版。

[2] 例如实施危害国家安全犯罪、恐怖活动犯罪的犯罪人和累犯。

[3] 参见卢建平主编：《刑事政策学》，中国人民大学出版社 2013 年版。

宽严相济作为我国基本的刑事政策，刑罚执行和消灭的全过程也当然要有所体现。对性质恶劣、情节严重的犯罪人适用同普通犯罪人一样的复权标准，无法体现宽严区别，更有损刑罚公正。

（三）复权制度的撤销问题

各国复权制度中，普遍存在着关于复权撤销的规定。即受刑人在复权后的法定时间内出现法律所禁止的事项，表明受刑人未得到真正改造，就要撤销复权裁定，继续执行其未执行完毕的资格刑。[1]但是关于复权撤销设置的合理性问题有存在质疑的观点。从否定的角度来看，复权制度是一种刑罚消灭制度，刑罚既已消灭，则无从再次施行。只因行为人不符合特定要求就将之前裁决的复权予以撤销，与复权制度的性质不符。笔者看来，应当将复权撤销的规定与复权制度设置的正当性依据结合起来进行认识。我们也许会质疑为什么已经恢复的权利还可以再行剥夺，但是不妨往前再推一步，追问被剥夺的权利为何可以提前恢复？根据之前的论述，复权的设立主要是为了消除过剩刑罚并建立一个奖惩机制，不论从哪个方面出发均可证成复权撤销的正当性。

1. 消除刑罚的过剩性

如果刑罚消除犯罪人人身危险性、预防犯罪的目的已经实现，那么其余的刑罚就是过剩的，需要有一定的渠道进行减免，以实现罪责刑动态上的平衡。而对行为人人身危险性的判断主要来自两个方面：一是行为人之前所犯的罪行，包括犯罪的数量、性质、情节等一系列因素。二是行为人服刑期间的表现情况，例如是否遵守监规、接受教育改造等，如果发生了以下两种情况，均可否定之前的判断。第一，行为人被发现漏罪。包括原判刑罚执行之前的漏罪以及在服刑期间实施的漏罪。前者说明对于行为人所犯罪行的认识是不全面不充分的，由此所得出的结论也应当受到否定。后者说明对行为人"认真遵守监规，接受教育改造"的判断是错误的。两者都是对行为人原有

---

[1] 参见于志刚著：《刑罚消灭制度研究》，法律出版社 2002 年版。

的人身危险性的误读，基于此误读所做出的“行为人未来没有再犯罪的危险”这一判断同样失去了依据。第二，行为人再犯新罪或者有特定的严重违法行为。这种情况则直接从事实上否定了关于“犯罪人人身危险性减弱不再有再犯罪的危险”这一判断。在此情况下撤销复权裁判毫无疑问是正当的。

2. 建立有利于犯罪人自我改造的奖惩机制

复权制度的设立是为了改变资格刑僵化适用的现状——被判处一定期限的资格刑就必须要等到刑期执行完毕才能恢复相关权利。这种执行模式对于改造程度、人身危险性程度不同的犯罪人缺乏区分，因此也就容易造成受刑人缺乏自我改造的动力、消极等待刑期结束的状况。复权制度为改造良好的行为人提供了一个提早恢复权利的“绿色通道”，从而促使受刑人更加积极地进行自我改造，改善了行刑效果。但是一个完整的奖惩机制应当同时包括奖励和惩罚两个方面。如果只有奖励，缺乏相应的惩罚措施，容易使这一机制失衡，甚至沦为受刑人提早逃脱刑罚的工具。假如行为人伪装出改造良好的假象从而获取了复权，但在复权后表现恶劣而得不到任何相应的惩罚，那么这一制度的公正性和法律的权威性从何体现？复权撤销则很好地解决了这一困境。可撤销的复权可以类比为自由刑的假释，即有条件的“提前释放”。假如出现了法定情形则可以再次恢复之前刑罚对于犯罪人权利的剥夺，只不过前者恢复的是对行为人自由权的剥夺，后者恢复的是对行为人相关资格的剥夺。

综上，规定复权撤销不仅可以保证复权适用的正确性与合理性，也有利于对复权适用不当的纠正，还有利于对犯罪人改造的监督。把这种监督延伸到权利恢复之后的阶段可以有效防止复权制度被不当利用。

五、结语

在现代社会，资格剥夺日益成为一种重要的惩治手段。从促进行为人改造、建立奖惩机制、实现惩罚公平的目的出发，有必要建立一个各部分相互联系、彼此协调的资格剥夺减免制度。具体来说包括资格刑减刑制度、复权制度、赦免制度、前科消灭制度。对于复权制度应当明确界定其概念、适用范围，从而明确制度边界并与相关制度进行有效区分；制定科学合理的适用条件，保证其设置目的有效实现；设置复权撤销的规定，防止犯罪人利用复权制度逃避刑罚。

学术代表作制度的反思与重构

王伟伟[1]

一、问题的提出

经过多年的积累和发展，我国已在科研领域取得重大进展，为世界所瞩目。据统计，我国科技类SCI论文数量位居世界前列，已成为论文大国。[2]但是，我国的科研论文质量和影响力却不尽如人意。现实中，存在为发表而发表，甚至时而出现为发表而造假的现象。[3]科研指挥棒围绕论文数量而展开，职称、待遇和科研评价与论文、特别是论文数量挂钩，是造成学术虚假繁荣的重要原因。

我国正在推动人才体制机制的改革，而人才评价机制是重要内容。中共中央印发的《关于深化人才发展体制机制改革的意见》提出，人才评价“要克服唯学历、唯职称、唯论文”倾向。国务院《关于深化职称制度改革的意见》进一步提出，“合理设置职称评审中的论文和科研成果条件”，并强调“推行代表作制度，重点考察研究成果和创作作品质量，淡化论文数量要求”等。《关于深化项目评审、人才评价、机构评估改革的意见》再次提出，“推行代表作评价制度，注重标志性成果的质量、贡献、影响”。在宏观科研政

[1] 王伟伟，北京社会科学院法学研究所助理研究员，法学博士。

[2] 张茜：《我国基础科学研究论文数量翻番》，《中国青年报》2017年9月28日第8版。

[3] 胡金富，史玉民：《国外学术期刊同行评审造假的分析及启示——基于2015年三次大撤稿事件的分析》，《中国科学基金》2016年第6期。

策方面，我国已对唯论文、唯数量的人才和科研评价机制进行调整。

在这种现实背景和宏观政策背景下，如何具体构造代表作制度，如何定位学术论文的作用，以及职称评审中如何实现加强论文质量和创新能力的评价，有积极意义。

二、学术评价指标的转换

（一）学术成果是科研人才的客观评价指标

科研评价分为起点评价和过程评价。起点评价是对从事学术职业的入门条件的评价，过程评价是对学术职业过程中的业绩进行评价。各国的科研评价体系对入门评价和过程评价有不同的侧重。在我国评聘结合的政策体制下，职称与聘任制度、岗位制度融为一体，强调过程评价。职称制度与科研人才发现和长期稳定发展密切相关。

职称是科研人员从事科研工作能力的尺度和标准。职称评审是教学和科研人员科研能力和业绩的评价机制。鉴于学术能力的主观性，学术成果是外化的学术能力，科研成果是科研人员能力和业绩的基本评价指标。我国已经提出合理设置职称评审中的论文和科研成果条件，对不同类型的人才实行分类评价机制。然而，对于大学教师和科研工作者而言，特别是创新性科研工作而言，学术成果是主要甚至是唯一的评价指标。

在人才分类评价机制中，应当特别重视对大学教师和科研人员的学术评价的核心及主导地位，他们承担着学术创新中流砥柱的关键角色。在克服唯论文化的政策导向和现实需要背景下，存在多元化学术评价的倾向，比如以教学工作量、经费创收、课题层次、领导批示以及其他非学术化的甚至是商业化的标准作为职称评审的依据。但过于分散的多元评价机制与大学、科研机构的研究定位和学术本质存在背离，反而不利于科研创新和激励机制的建立。对于研究型大学的大学教师和科研人员而言，应当坚守学术成果在职称评审和科研评价中的基础和核心作用。当然，学术成果可以是专著、理论论文、决策咨询、研究报告等不同的客观形式，不以期刊特别是核心期刊文章为唯一标准。

（二）职称评审中的量化评价与质性评价

虽然应当以学术成果和科研业绩为评价基础，但我国的职称评审制度与可量化的论文、著作、教学、课题等量化指标直接挂钩。在学术评价机制上，有所谓的综合量化考核与质性考核的区分。❶当前普遍实行的即为科研量化考核机制，并且普遍以SCI、SSCI、北大核心等刊物标准作为职称评审的硬性指标。以学术期刊的数量和等级作为学术评价的标准，对于科研组织者和管理者而言，具有可操作和简单化的量化优势。❷并且在行政化的科研评价体制下，是一种客观和便于操作的判断标准。然而，这种评价机制导致期刊本身及其等级成为评判标准，以刊定文、以刊定人几乎成为普遍的实践。❸它不以论文的学术水平、科研创新等作为直接的标准和评价对象，造成以数量取代质量和学术环境浮躁的消极后果。可以说科研评价机制的不合理是我国学术创新不足、学术泡沫化的重要原因。

代表作制度强调对科研质量和科研创新水准的直接评价，是对量化评价的一种改进。所谓代表作，一般而言是指能够体现和衡量科研人员学术水平和学术能力的代表性成果。❹代表作本是民间所使用的一种非正式的表述，是科学家、科研人员众多成果中较为具有代表性的、能够体现科研水平、具有较高学术或社会贡献的成果。纳入学术评价体系后，代表作应当进一步规范化，但基本含义应是不变的。代表作评价就是以科研人员的代表性成果作为职称评审和晋升考核指标的评价机制。代表作评价作为职称评审制度在我国是一个探索的过程。实际上，《关于进一步改进高等学校哲学社会科学研究评价的意见》（2011）、《关于深化科技体制改革加快国家创新体系建设的意见》（2012）、《关于优化学术环境的指导意见》（2016）等中央文件

❶ 莫伟民：《高校学术评价“代表作制”怎样实行》，《中国高等教育》2016年第8期。

❷ 严建新：《基于高影响力综合期刊引用的期刊评价——以SCI源期刊的评价为例》，《中国科技期刊研究》2017年第6期。

❸ 陈磊：《评价期刊的指标不能用在人身上》，《科技日报》2017年4月18日。

❹ 姜春林，赵宇航：《代表作评价：探索之路与完善之策》，《甘肃社会科学》2016年第3期。

在不断强调重质量、重创新的学术评价机制。❶ 国务院《关于深化职称制度改革的意见》（2016）则更是明确提出“推行代表作制度，重点考察研究成果和创作作品质量，淡化论文数量要求”的职称评审政策。中办、国办印发的《关于分类推进人才评价机制改革的指导意见》（2018）再次提出，“实行代表性成果评价，突出评价研究成果质量、原创价值和对经济社会发展实际贡献”。可见，代表作制度的确立并不是一时之计，而是有较长的政策酝酿和提出过程。

在实践中，南开大学、复旦大学较早地开始在教师学术成果评定和职务晋升评审中试行代表作制度。北京大学、杭州师范学院、中国人民大学、厦门大学、福建师范大学、杭州师范大学等一批高校，江苏、四川、安徽等省教育厅都明确规定在教师职务评聘工作中实行代表作制。❷ 北京市《关于深化职称制度改革的实施意见》也将代表作作为职称评审的主要制度。代表作制度已经是一种实践中逐渐扩展的职称评审方式，是职称量化评审的替代机制。

然而，在实践中，学界对学术代表作制度曾存在一定的争议，对代表作制度的积极作用与可能产生的弊端有不少讨论。❸ 有观点即认为，我国所实施的“综合准入制”的职称评审制度，并非完全重量轻质，量化考核的好处在于客观化，应坚持量化评审的基础上将代表作作为补充。❹ 以期刊论文为基础的综合量化考核的职称评审制度应当坚持，并以代表作制度作为查漏补缺的辅助制度。但是，主流观点对“代表作”制度持积极的肯定态度。❺ 如何建构代表作制度，以及如何真正发挥代表作制度改革的目的，值得探讨。

---

❶ 教育部《关于进一步改进高等学校哲学社会科学研究评价的意见》（2011 年）即强调“以求真务实的科学精神改进科研评价，提升研究质量和创新能力”。该意见提出，“确立质量第一的评价导向，大力推行优秀成果和代表作评价等各种有益做法”。中共中央、国务院《关于深化科技体制改革加快国家创新体系建设的意见》（2012）也提出，“建立以科研能力和创新成果等为导向的科技人才评价标准，改变片面将论文数量、项目和经费数量、专利数量等与科研人员评价和晋升直接挂钩的做法”。

❷ 姜春林，赵宇航：《代表作评价：探索之路与完善之策》，《甘肃社会科学》2016 年第 3 期。

❸ 李文君：《代表作制度能否启动学术评价改革》，《教育与职业》2012 年第 25 期。

❹ 莫伟民：《高校学术评价“代表作制”怎样实行》，《中国高等教育》2016 年第 8 期。

❺ 陈云良，罗蓉蓉：《“学术代表作”制度的实施条件和程序安排》，《现代大学教育》2014 年第 1 期。

三、代表作清单制度的建立与反思

如上所述，我国已推出并逐步扩大代表作制度在职称评审中的作用。在具体实施过程中，代表作进一步细化为代表作清单制度。国务院《关于深化职称制度改革的意见》提出，建立职称评审代表作清单，明确不同系列、不同专业、不同层级职称评审所考察的代表作类型。

代表作清单制度意味着职称评审仍然要求一定数量的科研成果。那么就有必要探讨代表作清单与原来的制度有何不同，特别是要避免代表作清单再次成为数量化的评审制度，实现代表作清单的质量评价的功能定位。

（一）代表作清单制度的反思

代表作清单，即作为职称评审基础和对象的代表性作品清单。代表性作品可以是专著、论文、研究报告等。根据北京市《关于深化职称制度改革的实施意见》的规定："除论文、专著、译著外，基础研究、技术开发和应用推广人才的代表作还可包括专利、项目报告、研究报告、技术报告、工程方案、设计文件、业绩报告、工作总结等；哲学社会科学人才的代表作还可包括理论文章、决策咨询研究报告等；教育教学、卫生技术人才的代表作还可包括精品课程、教学课例、疑难病案等；文化艺术人才的代表作还可包括文学作品、影视作品、戏剧作品、工艺作品等。"

应当说这种代表作清单制度扩展了可以作为职称评价的指标对象。从这个角度而言，对于纠正唯期刊、唯论文是有意义的。但是，它对于改变学术评价中重数量、轻质量的倾向仍显作用力不足。目前，各个高校和科研机构基本上是将原来的职称评审条件以代表作清单之名重新提出，并无实质性的改变。至于改革文件中对于学术质量的追求更是无从体现。例如，很多高校均在职称评审的内部文件中规定，高级职称评审需要按照代表作清单提供一定数量的专著、核心期刊论文、科研项目等。这种代表作清单制度可以说是几乎没有带来任何改变，反而将原来有些高校所实行的代表作制度的真正意义抹杀。

（二）学术期刊的功能

在代表作制度的职称评审政策下，应如何定位学术期刊以及学术期刊发表的论文的作用需要明确。代表作制度的政策内涵在于将代表作制度作为职称评审的基础制度，并取代核心期刊论文在职称评审中的基础性作用。否则，代表作制度与量化评价制度冲突，无法发挥替代期刊论文的评价功能。

在我国的期刊体制下，学术期刊的版面成为稀缺资源。特别是与科研评价机制挂钩的期刊，如核心期刊、CSCI、CSSCI 来源刊等各种量化指标成为学术评价的标准，造成学术评价和发表机制的扭曲，在一定意义上导致我国学术泡沫甚至学术腐败的发生。故此，应当淡化核心期刊所附加的职称评价功能。

从本质而言，学术期刊是学者发表研究成果的平台和机制，它承载学术自由的功能。也就是说论文发表是一种交流机制。学术自由意味着学术表达的自由，在发表自由的前提下并不存在学术泡沫问题，所谓以数量取代质量的问题也不存在。而不同的文章和期刊也的确有水平和质量差异，期刊评价机制有其积极意义。只有将发表与评价相结合，发表成为逐利机制，才涉及泡沫与否及评价失灵的问题。这种单纯以论文、著作数量进行评价的机制导致科研工作者以产出数量为追求，客观上也造成学术追求为数量追求所替代的恶果。这种意义上的学术泡沫应当避免。因此，并不是说我国学者积极发表这种现象本身存在问题，而是与发表相关联的评价机制有调整的必要。应当将论文作为学术交流机制而予以畅通。

四、代表作制度的国际经验

我国既有的代表作评价实践中，代表性作品由职称申请者自由提出，并通过内外专家评审最终认定并进而作为职称评定与否。代表作可以是论文，也可以是专著，其形式不具有确定性和统一性。这种非制度化的代表作评审制度的弊端在于代表作评价的非标准化和主观性。作为以刊定文的替代性评价机制，学术代表作的评价对象应当规范化。但是，如上所述，代表作清单制度虽然有一定的规范性，却落入“新瓶旧酒”的窠臼。

职称评审中的代表作制度不是孤立的，而是与岗位聘任制度相关。代表作与职称聘任制度在逻辑上可以相互分开，也可以相互结合或一体化。这涉及职业资格与职务聘任的关系问题。[1]在代表作制度的建构中也涉及职业资格与职务聘任的结构性问题。

代表作制度是一项新的制度，代表作如何确定、如何建构代表作与职称评聘的关系是该制度的两个重要问题。

（一）代表作制度的德国经验

从各国情况来看，职称评聘制度涉及学术职务的问题，在美国、德国均有终身教职制度。终身教职在教学和科研人员中的比例低但极具重要性。美、德两国的科研人才评聘存在共性和差异，特别是两国对终身教授的评聘存在差异。[2]

德国实行教授资格论文制度，该国职称制度有其独特性。德国的教授资格论文只意味着一种从事教职的资格，不意味着取得教授的职称或头衔。只有在学术市场上被聘为教授后才能担任教授，否则只能担任研究助理等，几乎缺乏任何职业保障。[3]而一旦被大学聘任，则直接取得教授职务且为终身教职，没有从讲师到教授的晋升阶段。担任终身教授后意味着具有了职业稳定性。美国的科研职业晋升则分为助理教授、副教授、教授的金字塔式职业台阶，在学术职业的晋升中采取非升即走的机制，而教学、科研及社会服务等是晋升的评价标准。科研论文及其数量在美国的评价指标中具有重要地位。

相对于美国的评价机制，德国终身教授的评价标准更为单纯和直接，更加注重质性评价而非数量，特别是担任教授以博士论文和教授资格论文为条件，教授资格论文几乎成为唯一的评价指标，而期刊论文则并非硬性指标。也就是说，德国存在独立的教授资格评聘机制，这种机制强调对学术水平本身而非论文或著作数量的评判。而在学术自由的法治原则下，德国的法学期

[1] 董志超：《新中国职称制度的历史追溯》，载《人民论坛》2011 年第 20 期。

[2] 阎光才：《学术聘任制度及其政策风险》，载《高等教育研究》2016 年 5 期。

[3] 易红郡：《从编外讲师到终身教授：德国大学学术职业的独特路径》，载《高等教育研究》2011 年第 2 期。

刊根据读者群体不同，区分为不同的种类和类型，学术期刊与学术发表之间形成良性的供需互动关系。学术期刊不具有职称评审功能，学术论文的发表只是学术表达的外化。德国教授评价指标对于博士论文和教授资格论文的倚重，将职称评价与学术发表相对区分，有利于提升研究的深度和创新，是我国推行学术代表作评价的重要参考对象。

（二）评聘分开的学术代表作制度

德国的职称评聘是分开的，教授资格论文意味着担任教职的资格，具备担任教授的资格后可以为高校和科研机构聘为教授，但只有被聘为教授后才有教授职务，教授资格的取得与教职的取得是分开的。当然，从获得具体教职的角度而言，德国也是评聘合一，各个高校的具体的教授资格与教授职务的取得是一体化的。

我国当前施行评聘合一的职称评审制度。对此，有观点认为，应当理顺职业资格与岗位聘任的合理逻辑关系，主张实行评聘分开。[1]从逻辑而言，将以代表作为基础的教授资格评价与高级职称聘用相区分具有合理性。也就是说，应当由中立的第三方机构对代表作进行评价，合格者意味着其在某一领域的学术水平得到认可，但只是获得教职或科研职位的聘任资格。至于能否被聘任、被何种机构聘任、以什么条件被聘任，则由学术竞争力和市场规则决定。通过评与聘的分开，学术人才的供给和需求形成两个市场并有效对接，有利于科研人才的发现、流动和匹配。

评聘分开有利于学术人才市场和人才量流动机制的形成。在评聘分开的学术代表作制度下，科研人员在取得博士学位后要在高校或科研机构完成任职资格的作品写作，并经所在机构对代表作评价合格后给予从事担任科研和教学职位的资质认定。这种资质认定是从事科研和教学的基础条件，也是担任教职的充分条件。在评聘分开的制度下将形成由具有担任教学和科研人员资质者构成的人才“蓄水池”。大学和科研机构可以根据自身的人才需求和用人计划发布招聘广告，从符合条件的科研和教学人员资质获得者中进行甄

[1] 孙平，谢晶：《深化职称制度改革背景下职称评聘模式研究》，载《中国行政管理》2017年10期。

选，而获得教学和科研资质的人员也可以进行比较，双方形成双向选择。

在评聘分开的条件下，由大学和科研机构将获得任职资质的拟聘用人员直接聘为教授、副教授或者讲师。完成教授聘任的则意味着被聘任者获得稳定的职业保障和终身的教授头衔。而被聘任为副教授和讲师的科研人员还需要完成二次甚至三次评聘。这意味着它们要再次进行评聘分开的代表作的写作和评价，并再次由所在机构或其他机构重新聘用。这种多次评聘的制度成本也并非不可承受。当然，在德国的教授资格论文制度下，不存在讲师和副教授的岗位，而只存在教授这一种岗位。在教授岗位上仍有不同的职级待遇，并且为缓解教席教授岗位有限的弊端，德国也发展出非教席教授以及青年教授等制度，但总体上仍然是一元的终身教授制度，不存在与晋升制度相结合的二次或三次的评聘的制度。

德国的特点是，首先由学术共同体即各高校的教授评价教授资格论文，合格者即可获得任职资格，然后再由各个高校在取得教授资格的人才中自由聘任教授。应当说，教授的门槛设置与教授的聘任有机结合还是很不错的制度。但我国是否采纳一元的学术代表作制度和教授聘任制度，可以探讨。的确，如果在讲师、副教授、教授的岗位分设不同的学术代表作，意味着在职业生涯至少要完成三次有质量的代表性成果的积累过程。在提高学术研究质量的政策下是否有必要要求这么多次代表性成果，还可以探讨。

五、学术代表作制度的重构

代表作制度所强调的是学术共同体对作品本身的直接评价应当作为学术评价制度的核心。如上所述，这一立场在我国当下的现实条件下是成立的。

我国是否适宜引入德国的教授论文制度可以探讨，因为这意味着改变我国目前的三级学术职务体系。当前的科研评价机制的弊端在于以刊定文、以刊定人，用期刊的等级和美誉代替质量评价，并诱发学术泡沫的发生。务实的做法是在现有的体制下将评价机制校准到学术水平和科研质量本身上来，并将鼓励创新和深入研究作为导向融入到评审机制，将评价指标由期刊论文的数量评价调整为代表作的质量评价。也就是说需要确定代表作品评价的载体。

（一）职称专著制度

在我国，学者们为申报职称必然按照申报要求进行准备，发表一定数量的期刊论文、撰写并出版学术专著。但是，这种制度的弊端在于成果分散、学术集中度不够，且有以量取胜的问题。基于此，以专著或研究报告等具有一定研究规模和深度的作品作为职称评审的基础是可以考虑的思路。也就是说，应当建立一种专门用于职称评审和聘任的作品评审制度，或可称为职称专著或职称论文制度。对于职称代表作应当有一定的字数要求，否则无法体现研究的集中度和研究深度。同时应当有较高的质量要求，在选题和内容的创新上应当达到一定的水准。职称代表作制度有利于实现淡化成果数量，加强成果质量和学术创新能力的考察，也有利于克服职称评审中的唯论文倾向。特别是职称代表作制度有利于化解当前的学术浮躁之气，鼓励长期投入和深入研究。

高级职称代表作制度具备政策基础。国务院《关于深化职称制度改革的意见》已明确提出："取得重大基础研究和前沿技术突破 、解决重大工程技术难题 、在经济社会各项事业发展中作出重大贡献的专业技术人才，可直接申报评审高级职称。"可以说职称代表作制度作为高级职称的评价依据是有政策文件支撑的。基于学科差别，职称代表作可以有不同的载体，如专著、专利、研究报告、咨询意见等，但应当确立职称专著的基础地位。职称专著制度可以和博士论文、博士后报告等进一步结合，形成持续稳定和连续的学术研究机制。

实际上，职称专著制度与德国的教授资格论文具有一定的相似性。这种评价机制有利于形成统一、客观的评价体系，并彻底扭转我国注重期刊论文数量的问题，有利于形成深入研究和创新性成果的推出。当然，期刊论文仍然是重要的，它作为学术交流的媒介和平台，反映的是科研人员最新的研究进展，以及在学术创新领域的贡献。学术论文对于反映科研人员的学术能力、研究能力和业界影响力仍然是不可或缺和十分重要的。

（二）关于期刊论文

我国目前较为重视学术期刊在职称评审中的作用。贸然废弃期刊的学术评价功能显得矫枉过正。我国目前存在的问题是以刊定文，以数量评价取代质量评价。应当说，学术期刊的论文是重要的学术表达平台，学术期刊论文对于学者学术水平的反映是更为及时和客观的。对此，合适的解决办法是调整期刊论文的评价本身，而不是简单废除。应当废除的是期刊等级在职称评审中作为硬性指标的评价规则。应当由评审专家对作为代表作的期刊论文的质量、学术创新水平等进行评价，并作为职称是否晋升的标准。

关于学术期刊的人才评价功能，基于高校和科研机构的人事自主权，设置何种招聘条件完全是用人单位自由决定的事项。也就是说，设置期刊论文或其他更多的职称聘用条件应由用人单位自行决定。但是，在代表作制度下，为纠正唯核心期刊数量的倾向，应当禁止以核心期刊论文数量作为科研岗位聘任的硬性指标条件。在职称专著之外，即可以将期刊论文作为评价基础，也应当禁止以期刊或核心期刊数量作为职称评审的标准。其理由在于，不应当以期刊的评价机制和结果代替学术评价本身。当然，这不意味着期刊评价机制本身是无意义的。毫无疑问，学术期刊质量和水平的不同对于学术论文本身的评价是有意义的。

（三）职称专著与持续稳定研究

我国的政策文件已经提出鼓励持续稳定研究的政策导向。但是，我国目前的学术评价机制与人才培养机制是分离的。我国的学术培养机制分为本科、硕士、博士乃至博士后等阶段，在每个阶段一般均以论文作为学业评价机制。然而，我国的学士、硕士论文，甚至博士论文遭到巨大的忽视，学位论文的学术贡献很低。[1]学位论文的学术影响力也非常有限。[2]这与我国对学术论文作用的忽视有关，也受到学位论文出版机制的影响，但与学位论文质量应当有很大关系。可以想见，在经过通常的学术训练后，博士学位获得者至少应当有三篇严肃的科研成果，而博士学位获得者或有博士后经历者更是应当具有专著的学术储备。然而，这些学术成果几乎没有发挥学术评价的

---

[1] 王传毅，吴笛，王兴咏：《我国硕士、博士学位论文的学术贡献有多大？——基于2013年核心期刊论文参考文献的实证分析》，载《清华大学教育研究》2015年第5期。

[2] 王露杨：《德国的博士培养和学位论文管理对我国的启示》，载《图书与情报》2015年第4期。

作用，在职称评审或科研评价的作用，核心的指标是期刊特别是核心期刊论文。这不仅是扭曲，更是资源的浪费。而这也导致我国的学术人才培养机制以及培养质量堪忧。因此，在当前的体制内纠偏，充分发挥学位论文的评价功能，是一种节约成本、提高效率、有章可循的做法。

学位论文与学位的授予相联系。但是，学位论文与代表作可以连接和融合。在我国的职称申报和评审实践中，以博士学位论文、博士后出站报告为基础出版专著作为评审材料并不少见。但鉴于学位论文的功能在于学位评价，似乎一般不宜直接以博士论文作为职称评价的基础，而是可以鼓励在学位论文的基础上继续深入研究。基于此，以博士论文为基础的代表作制度具有可行性。但除非例外情况，一般应当以学位论文为基础的拓展研究才可作为职称专著。无论如何，至少存在挖掘学位论文价值和功用的必要性，鼓励将学位论文作为职称评审的内容有积极的意义。

（四）代表作制度与同行评议

代表作制度是学术共同体内部的一种同行评议制度。同行评议在我国已是广泛的制度实践。但是，同行评议并不是完美无缺的制度，甚至严格和真正意义上的同行是不可能的。[1]虽然如此，也没有比同行评议更好的制度可以对代表作评审机制。在我国事业单位的大学和科研机构体制下，代表作的同行评议也有内部人控制、放水和暗箱操作等风险。代表作制度能否趋近于预定的作用，很大程度上取决于学术共同体的道德操守、规则意识和学术良知。从制度而言，我国的同行评议的规范化尚有较大空间，如评议内容公开制度、监督机制以及评议的法律性质、功能定位及效力等，缺乏明确的规范依据。

以代表作为基础的职称评审制度，在程序上至少应当贯彻双向匿名评审的盲审阶段和现场答辩的评议阶段。在盲审阶段，评审专家与被评审人不发生直接的接触和交流，由匿名评审专家对职称论文或专著的学术水准进行评价。经专家评审合格的学术代表作进入现场答辩的评议阶段，答辩人现场回

[1] 谭文华，曾国屏：《透视同行评议之黑箱——〈难有同行的科学：同行评议与美国科学政策〉评述》，载《科学与社会》2012 年第 3 期。

答评审专家的提问，经答辩合格者获得相应的评审结果。经专家评审后，在评聘分开应是取得或未取得担任高级学术职务的资格，在评聘合一则是取得或未取得高级学术职务本身。专家评审具有实质性和终局性的效力，非经法定程序和条件不得推翻。

同行评议作为学术评价的核心应当具有职称评定的实体效力。也就是说，经评议合格的，应当取得相应职称的实体条件，相反则不具有取得相应职称的资质。我国当前的实践缺乏向相对人的结果公开程序，无论是代表作评审还是职称评审，评审结果和评审理由一般均不向被评价对象公开。鉴于同行评议结果的重要性，应当保障评议结果公开和评议回溯机制。当然，在我国当前的职称评审中，也有复议和申诉机制，但这是一种被动的救济机制。评议本身也是一种学术交流机制，评价结果向被评议对象公开应当获得程序保障。在代表作评价中应当更充分保障被评议人的权利。特别是被评议人对结果有异议的，应当充分保障其知情权和获得救济的申诉权利。

六、结论

代表作制度是我国职称评聘的制度创新，应当取代期刊论文的评价机制。学术期刊的作用应在于学术自由和学术交流功能，应淡化或去除其职称评审功能。代表作制度鼓励提升研究的质量和水平，有利于克服现实中的唯论文特别是唯核心期刊论文倾向。

代表作制度的核心在于代表作的确定。鉴于我国已形成唯期刊、唯论文的社会现实和评价导向，以及当前部分地区代表作制度的实践，可考虑设立专门的职称代表作为职称评定的基础。职称专著或其他类型的代表作的评定可与高级职称聘任相结合或分开。评聘分离的好处在于避免利益冲突和实现充分竞争。而评聘合一的代表作评审则具有更强的实证基础。我国如何进行具体的制度选择需考虑现实的实践及多种因素。

以职称专著代表作为基础的职称评定涉及同行评议制度。应当通过完善同行评议规则，逐步实现以学术能力和学术成果质量作为职称评审基础性制度的政策目标。

司法改革

检察机关刑事检察审查工作的重点问题

敬大力[1]

“刑事检察”是一个老概念，但是已经多年没使用了。刑事检察的内容很多，广义的刑事检察还包括刑事诉讼监督等方面，本文的“刑事检察”是一个狭义的概念，不包括刑事诉讼监督。在改革当中，北京检察系统归纳出检察机关新的三项职责，即监督、审查、追诉，审查是其中之一。在当前形势下检察机关重点研究、重点加强审查工作具有非常重大的现实意义。所以，我们专门把审查工作单提出来进行专题部署。

2018 年 6 月 27 日，北京市召开了检察长专题座谈会，印发了《关于调整内设机构分工优化职能配置的实施意见》，自 7 月 1 日起在全市检察机关全面推开。试点之初，我们提出立足于过渡、放眼于创新，计划用半年左右的时间先行一步，通过调整优化、缓冲过渡，在增强适应性的基础上实现模式转换、格局调整。试点一经推出，受到了普遍关注。同年 10 月 17 日，在武汉召开了全国省级院检察长座谈会，张军检察长在提到捕诉合一问题的时候，对北京的工作给予肯定。现在看来，各省市在三级检察院全面铺开捕诉合一工作的只有北京，其他有些地方也试行了捕诉合一，但是是局部的。没有像北京用这么大精力、出台了这么多制度，体系化地推进，也没有像北京这样提出“兴利除弊、扬弃发展”。所以说，北京检察系统是在按照上级精

[1] 敬大力，男，北京市人民检察院党组书记、检察长。

神探索实践，认认真真做事，认真地研究问题、解决问题。可以预料，经过半年的试点、过渡，全面落实机构改革、正式实施捕诉合一工作机制时，我们会有很大的主动性。

通过北京市人民检察院业务条线的总体情况调研，分院、区院的具体实践，特别是一线检察官现身说法，普遍反映工作效率提高了，一线办案的检察官了解案情更早了，跟律师交流的时间也更提前了，便于了解案情。过去，律师已经了解案情了，起诉部门还不了解。另外检察官自主性、主动性更强了。同时也存在一些其他方面的反映：一是觉得工作更忙了，检察人员普遍感到各种工作叠加，有的工作量翻倍增长。二是普遍感觉工作压力更大、责任更大了。三是普遍感觉在把握批捕起诉标准方面更难了，在某种程度上存在角色错位的问题,有的同志还是自觉不自觉地按照起诉标准衡量逮捕工作，这个问题应该好好想想，搞不好会犯方向性错误。角色错位问题、把握标准不够准确的问题、两项审查混同的问题应当引起足够重视。结合前期开展的调研，全面提升试点成效，为落实中央、市委、高检院的改革部署，要下好先手棋、打好主动仗。

一、坚持兴利除弊、扬弃发展的基本要求

调整内设机构分工、优化职能配置试点贯彻了兴利除弊、扬弃发展的主导思想。在部署试点之初我们就认识到要客观看待捕诉合一，不能绝对化、片面化、一刀切，提出要“坚持兴利除弊，在捕诉合一的同时加强必要的制约，把捕诉合一和捕诉分离整合起来，找到一种更符合规律、符合实际的模式”。体现在试点安排上就是既实行捕诉合一，又坚持强制措施职能优化配置，强调办案部门与监督部门的合理分工，还部署了其他的集中管辖优化配置。在年中的全市检察长座谈会上进一步提出检察机关恢复重建 40 年，从全国的情况看，捕诉合一和捕诉分离各实行了 20 年。捕诉合一、捕诉分离的划分各有利弊，对于捕诉合一，要“综合分析其历史脉络、发展需求和现实利弊，兴利除弊，克服其消极因素、保留其积极因素”。在考察捕诉分离与合一历史演变的基础上，强调要“兴利除弊、趋利避害、扬弃发展”。试

点全面推进以后，全市各院、市院各部门积极响应，迅速行动、稳步推进相关试点工作，经过三个月的实践，实现了“平稳过渡、创新发展和提质增效”。今天会议提供的材料和大家的发言，充分证明了我们的思路是合理的，制度设计和实践是有效的，当然还存在很多问题，需要在下半段、下半场解决好、克服好。总的来看，捕诉合一工作试点值得肯定的有很多，主要有以下五个方面。

一是基本形成了四位一体的刑事检察工作格局。司法体制改革启动以来，我们贯彻专业化建设的思路，在市院成立了经济犯罪检察、国家安全和公共安全检察、职务犯罪检察等部门，部分分院、区院设立了金融、科技、知识产权、网络电信等专业化检察部门，后来我们又进一步提出构建“四位一体”刑事检察工作格局。“四位一体”说的主要是市院层面上有四个独立的部门，各分院、基层院受机构数的限制，有的是三个部门，有的还有自己的特色专业化部门，表现为“三位一体”，有的是3+1的模式。比如市院的国家安全和公共安全检察部门不一定每个院都有，各院可以结合自身特色建立刑事检察部门。在此次试点过程中，我们提出都要按照“四位一体”的模式来构建，没有独立专业化部门的院要通过设置专业化办案组体现这样的格局。从目前情况来看，案件管辖已经调整到位，各分院、区院都普遍设立了刑事犯罪检察、经济犯罪检察、国家安全和公共安全检察的办案组或者办案部门。“四位一体”刑事检察工作格局真正从上到下实现了一体贯通，案件管辖也更加科学，进一步深化了专案专办、术业专攻。将来机构改革方案确定以后更换个名称，就顺理成章、水到渠成地把内设机构改革的问题解决了。当前，在格局基本到位的基础上还有许多问题需要考虑，比如海淀院的科技、知识产权，东城院的网信，朝阳、海淀、丰台的轻罪案件检察部，这些都是非常有特色、非常有实效的改革，要争取将这些机构单独保留下来。

二是全面推行了捕诉合一机制。我们将捕诉职能整合，用“审查”职能将审查批捕和审查起诉两个阶段贯通起来，改变了捕诉分离时各管一段、彼此割裂的状况。我们出台了一系列的文件，有的正式发文，有的以征求意见形式下发，形成了新的工作模式和规范体系。目前，全市除涉恐类案件因级别管辖要求、邪教类案件因集中管辖要求、职务犯罪检察案件以及需要以诉讼化方式审查逮捕的重大敏感案件等实行捕诉分离外，其余各类案件均实现了由同一办案组或者协同办案组按照捕诉合一模式办理。在职能调整后，市院相关部门、各院通过将分别具有公诉、批捕工作经验的检察官与检察官助理交叉搭建成组等方式积极优化办案组，同时通过探索速裁、简易和普通程序适用不同逮捕意见书、公诉审查报告形式，探索在办理重大复杂案件中有效运用提前介入引导侦查、同步专业辅助审查等机制举措，增强了捕诉合一后各项机制运转的综合效果。

这里特别强调一点，我们要把捕诉合一工作机制同探索的公诉工作合理分工紧密结合起来，形成一个新的工作模式。高检院要求“同一案件的批捕起诉由同一名检察官负责到底”，一人捕、一人诉，捕诉监防都由同一人负责。我们个别院现在还是AB角模式，是不符合要求的。当然，对于有些案件，比如专案，是不可能一个人负责的，至少要保证一个组负责，组里可以有分工。拟下发的《会议纪要》采取了三种模式，一种是一人模式，一般案件采用独任模式；轻罪案件采取轮值公诉人模式；一些重大案件和专案采取审查检察官和出庭检察官分工模式。经过前期的探索，有些院培养了一批专门负责出庭的检察官，有些院培养了一批专门负责审查的检察官。对于办案部门来讲，合理分工是有必要的，一部分人负责审查，一部分人负责出庭，二者有机结合，各自专业化发展。

三是建构了强制措施检察工作体系。我们围绕破解强制措施适用标准不统一的问题，要求实行捕诉合一的部门在审查批捕后交由审查逮捕部备案审查，同时由审查逮捕部统一审查决定采取取保候审、监视居住等强制措施，审查决定采取搜查、扣押、冻结等活动，目的是要通过将强制措施审查集中到同一部门，促进提升强制措施适用的专业化水平。从实践情况看，各项强制措施审查职能已经调整到位，市院制定并印发了《北京市检察机关强制措施检察工作办法（试行）》（征求意见稿），初步构建起了强制措施检察工作的基本框架，并出台了《审查逮捕案件备案审查工作规程（试行）》等4个规范性文件。此外，还建立了强制措施检察工作动态监测机制，系统梳理了12项强制措施检察职责，形成配套文书模板，各院形成了检察管理监督部统一受理、登记的案件流转程序，并建立内部工作台账，确保案件流转规范有序，强制措施检察工作体系已经建立，形成了北京的特色。

四是优化了检察职能的分工。我们的批捕工作和监督工作并不是绝对同公诉工作合一，在捕诉合一部门之外还保留专门的批捕部门、专门的监督部门，进行合理分工，这也是很重要的一个特色。比如，我们围绕促进司法办案与检察监督两手抓、两手硬、两手协调发展，将刑事申诉、国家赔偿、司法救助等职责调整到刑事审判监督部，使得这些与检察监督密切相关的业务回归监督部门，贯彻了办案与监督的合理分工，也促进了检察管理监督部门专司对外服务、对内管理监督职责。此外，我们积极推行批捕与办案部门之间的分工：一方面对专业化办案部门办理的所有批捕案件，由审查逮捕部开展备案审查，针对备案审查中发现的问题及时汇总反馈给办案部门，加强了捕诉合一后的内部监督制约，充分发挥兴利除弊的功效。另一方面对需要以诉讼化审查方式办理的社会关注度高、重大复杂敏感的逮捕案件由审查逮捕部受理。目前都基本运转正常，已初步理顺了工作流程，完善了工作衔接，促进了司法办案、检察监督等工作专业化建设，形成了对捕诉合一机制的必要保障。

五是强化了综合配套保障。我们专门部署了加强信息化技术保障、落实有关保障配套工作机制等任务，从开展的情况看，根据调整后的机构职能配置情况和实际工作需求，技术部门与检察管理监督部及时在统一业务应用系统中配置相应的办案单元、轮案规则以及调整系统权限等，保障了捕诉合一工作机制的线上运行。对统一业务应用系统中没有设定的部分新增职能，也积极协调实现了线下运行，相关的外挂系统研发工作也在谋划部署。市院政治部研究起草了《北京市检察机关检力资源动态化、机动化管理办法（试行）》（征求意见稿），通过修改完善形成了审议稿。市院、分院、区院的“两个清单”、检察工作考核、统计办法也都进行了修改完善，与整个试点工作相互契合、系统集成，起到了很好的支撑作用。

当然，试点工作还存在这样那样的问题，主要有四个方面：一是在协作配合方面还有所欠缺。捕诉合一部门与批捕部门、监督部门、案件管理部门等的协助配合没有完全到位，工作机制还不太健全。二是检力资源配置方面还有待进一步加强。案多人少问题没有得到解决，还需要进一步思考如何科学配置检力资源。要根据案件管辖调整等情况灵活研究建立好的模式。比如，针对群体性案件多的院，将来可以采取机动办案组的办法，在本院之内、甚至全市范围内整体调配。三是标准把握存在一些混同、存在一些角色错位。一线检察官普遍感到有些困惑，说明我们在制度机制、标准界定方面还有待进一步明确。批捕标准、批捕备案审查都要掌握平衡，允许每个检察官有独立思考，但是涉及人身自由的问题，不能一个检察官一个样，不能太离谱，得基本平衡。特别是不能将逮捕、起诉的程序、标准混同，更不能相互代替。逮捕有逮捕的价值，要充分考虑逮捕的意义。当然，也有考核和责任追究的问题，比如，是不是批捕后诉不出去就要追责？这些都要考虑。但是，如果我们过多地考虑案件能不能诉出去，是不是太本位了？还要考虑公安机关侦办案件需要的问题。四是某些工作有弱化的倾向。我注意到几个院反映监督工作有下滑的趋势，数据下滑的幅度还不小。在全市检察长座谈会上，我强调不能因陋就简，过去几项职能分工负责，大家做得很细，法律监督、诉讼化审查、开听证会等，现在有的不适当地因陋就简了。全市三个月只开了两次听证会，基本上停摆了。这里面还存在开倒车的问题，过去的改革是为了加强监督，现在又往回跑了。市院强调上半年考核与下半年考核要有对比，下半年的各项指标不能低于上半年，决不能因为改革使得某项工作弱化。

下一步要继续坚持公正和效率并重，既注重效率导向，更要贯彻公正、高效、权威的改革目标。继续坚持兴利除弊、扬弃发展，认真执行《实施意见》及相关配套文件，落实好本次座谈会的《会议纪要》。坚持捕诉法定证明标准，正确处理捕诉关系，健全捕诉衔接机制，确保案件质量。坚持审查引导侦查，引导传导压力，以审查实质化促进庭审实质化，全面落实以审判为中心的诉讼制度改革。

二、始终把握专业化这一根本方向

一是要在专业化的大前提下、大方向内考虑捕诉合一各项工作机制建设的问题。张军检察长指出："办案需要精准化，前提是专业化。"此次高检院内设机构改革方案的主导思想实际上是"以办案为中心，以专业化建设为方向”。专业化作为贯穿改革始终的主线，是一切机制体制创新的逻辑起点和方向目标。包括捕诉合一在内的所有改革探索和实践，都是在围绕专业化做文章，遵循专业化的工作规律。捕诉合一之所以成为主导性改革思路，表面上看是案多人少的现实压力和完善引导侦查的程序要求，本质上却是由于当前社会分工细化，犯罪智能化，检察工作必须走向专业化、精细化。捕诉合一只是方法、路径和表象，检察专业化才是上位概念，是方向、根本和实质。

二是坚持方向的坚定性与方法的灵活性相统一。我们之所以花大力气澄清方向和方法的关系，是因为方向作为上位概念，一旦确定下来就不能轻易改变；而方法是下位概念，可以根据具体情况具体分析和调整。要坚持以专业化建设为根本方向，努力提升办案质效，推动建设公正高效权威的司法制度。这个大方向必须坚定不移地把握住，不能有任何动摇和偏差。举个例子，上医院看病，不知道什么病时挂普内、普外，随着检查的进展知道什么病了，就要到某个专科挂号就诊。我们检察院也是一样，不能所有事情都由一个部门处理，也要有我们的专科，这就是专业化、精细化。只有专业化、精细化才能真正提高工作质效。在坚定专业化方向的前提下还要注意方法的灵活性，什么方法能够更有力地达成方向就采取什么方法，一切行得通、有实效、有利于专业化方向的方法都可以拿来为我所试、为我所用。捕诉合一也好，捕诉分离也罢，都是适应不同阶段、不同层级、不同领域办案需要做出的具体路径选择。到底是选择合一抑或分离，又或者合一与分离合理分工，关键要看案件压力、外部环境、刑事政策和办案能力，根本的是要有利于专业化。

三是继续以专业化为方向统筹推进第三轮内设机构改革。自北京市司法体制改革启动以来，我们较早地提出兴“专业化、专门化”办案机制之利、除“流水线、链条式”办案模式之弊，让专业的人做专业的事，使分工更精细、办案更专业、履职更高效，逐渐走出了一条以内设机构改革为先导、以优化检察职能配置为特色的检察专业化发展之路。专业化让我们尝到了实实在在的甜头。立足改革过渡期，我们进一步提出兴利除弊、扬弃发展的总体思路，围绕捕诉合一的新要求探索强制措施检察职能优化配置等路径，对各种改革方法模式进行优选整合，本质上是对专业化的又一次生动实践。检察机关马上面临下一轮内设机构改革，我们还要等高检院的内设机构改革方案和省以下检察机关内设机构改革的指导意见。这次武汉会议上张军检察长讲到，中编办已经基本同意了高检院的改革方案，估计很快就能正式下发。近期市院也在紧锣密鼓地研究自己的改革方案，与大家进行了一些沟通。等高检院的方案下发，马上就要落实。新的内设机构改革也要朝着专业化方向发展，坚持“一类事项原则上由一个部门统筹、一件事情原则上由一个部门负责”，积极探索创新方式方法，全面总结过去两年多来特别是过渡期内各项试点经验，吸收到新一轮的内设机构改革方案中，为统筹推进第三阶段内设机构改革做好坚实的准备。

三、探索刑事检察审查工作机制

经过改革叠加的多重洗礼，我们越来越深刻地认识到，做好新时代检察工作，关键是要把握好“1–2–3”的工作思路，即一元定位、抓住两大主线、履行好三项职责。一元定位，即宪法定位的一元化，检察机关是国家的法律监督机关。两大主线，即检察监督和司法办案。三项职责，即监督、审查、追诉。检察审查是三项职责理论框架的重要一环。检察审查是检察机关对于依申请受理或依职权发现的案件（事项），依照法律法规或司法解释，在查阅卷宗、调查核实、听取意见、讯问或询问相关人员的基础上制作审查报告，经过相应的审批决策程序做出处理决定的活动。其中最重要的两项审查就是审查逮捕和审查起诉，也可以反过来叫逮捕审查和起诉审查。审查具有实存性、实质性，是法定职责，明确了检察机关的司法职责所在。审查实质化是庭审实质化的前提，明确了检察机关在以审判为中心的刑事诉讼中的地位和作用。审查是审前程序办案的基本方法，明确了检察机关发挥审前主导作用的方法和途径。审查具有确定事实证据的功能，明确了检察裁量权的客观依据。所以说，审查职责对检察机关具有非常重要的意义。强化刑事检察审查职责既是三项职责的进一步发展和延伸，也是适应以审判为中心的诉讼制度改革，发挥检察机关审前主导作用的必然要求。在推进捕诉合一试点中，我们突出抓住了审查逮捕和审查起诉在“审查”上的共性，为合一奠定了理论基础。深化捕诉合一试点必须紧紧抓住检察审查职责，推进审查的实质化、实在化。具体来说包括三句话，这三句话也是我们即将下发的《会议纪要》的主体内容，即整合两项审查、突出实质审查、审查引导侦查。抓牢做实刑事检察审查职责是我们推进捕诉合一试点的“后半篇文章”。

一是整合两项审查。整合两项审查是探索刑事检察审查工作机制的实践起点和基础条件。过去两项审查是分离的，给我们的工作造成种种不便，对此一线检察官深有体会。现在要紧紧抓住捕诉合一试点的有利契机，进一步整合两项审查，探索专业化工作模式，构建合理有序、公正高效的运转机制。《会议纪要》里用了两句话：“逮捕向后延伸，起诉向前延伸。”拉长和延伸审查战线，使得整个审查工作贯通起来、有机结合起来，将来就变成一体化审查。但是，整合并不意味着两项审查互相代替、混为一谈，还要分别进行审查，掌握各自的标准。捕诉合一不是审查逮捕和审查起诉工作的简单相加，要针对捕诉分离模式下存在的各种弊端，加强机构、职能、人员整合，切实解决检察机关引导侦查滞后、侦查机关捕后完善证据主动性不足以及证明标准不统一等问题。要从办案模式、人员配备、案件流转等方面逐步建立并完善捕诉合一运行机制，推进审查的实质化、规范化、程序化，夯实检察机关司法审查的职能属性，形成与新的办案模式相适应的制度体系。

二是突出实质审查。落实以审判为中心的诉讼制度改革，实现庭审实质化，首先要强化检察机关的审前的主导作用，实现审查实质化。过去审查往往存在走形式的问题。有时是被动走形式，公安查得好好的，检察院给个批准逮捕书就行了，检察机关要是提意见就像多此一举；有时是主动走形式，检察机关对自己的审查工作不以为然。要克服这些走形式的问题，就是要实现审查的实质化，对于这个问题一定要认识到位。实行捕诉合一，如果以起诉标准代替批捕标准，就意味着两个审查变成了一个审查，审查逮捕就成了走形式。要尊重审查逮捕与审查起诉各自独立的程序价值，对审查逮捕、审查起诉分别进行实质审查。正确处理捕诉关系，准确把握逮捕与起诉的证据标准差异，严防变相提高逮捕标准、构罪即捕、凡捕必诉等不良倾向。两项审查整合后的办案工作要严格按照各自程序，充分听取意见、保障人权，同时也要根据实际需要完善告权、讯问、法律文书制作、考核考评等制度机制，确保办案质量和效果。要健全完善检察官拟决定不捕、不诉案件的研究程序，明确检察官实质审查的注意义务，为检察官依法履职构建更好的制度环境。

三是审查引导侦查。引导侦查的工作以前一直都在开展，比如提前介入侦查等，但是这种引导侦查一直游离于检察机关的诉讼程序之外，随机性强、规范性差。而且“提前介入侦查”的提法也并不科学，所谓“提前”是在没到自己的程序阶段就事先履行职责，如公诉部门在案件移送审查起诉之前就接触案件；“介入”是介入了其他机关的履职范围，如公诉部门介入侦查机关的程序，都突破了既定的界限，干了不属于自己的事情。有人说“提前介入引导侦查”听起来很像是学雷锋做好事，有的机关想理就理，不想理就不理。现在我们要做好自己的审查程序，履行好自身的审查职责，都是应当应份的事。捕诉合一之后，办案部门借助审查当然可以对侦查提出引导意见，不用等到移送起诉之后才掌握案情，也避免了在逮捕时提出的引导意见到移送起诉之后被忽略掉、前后不通气的问题。我们依审查引导、依程序开展，既不是“提前”、也不是“介入”，而是通过建立健全审查引导侦查常态化工作机制，形成自然而然的、具有很大权威性的审查引导侦查。通过实行捕诉合一，我们构建起了一个整体化的检察机关诉前程序，强化了检察机关引导侦查的合力，有利于检察机关引导侦查、传导压力，也有利于解决“提前”“介入”等概念造成的认识和行为偏差。要将严格的庭审证明标准从审查源头就传导给侦查机关，使证明标准的严格程度从审查逮捕阶段一以贯之，直到审查起诉阶段、庭审阶段逐次递增，促使证明标准在办案前期就向庭审看齐。

改革纵深：审判流程公开建设的检视与修正

——以1140份调查问卷为样本

北京市海淀区人民法院立案庭课题组[1]

《五五改革纲要》对司法公开提出更高要求："从审判流程公开、庭审活动公开、裁判文书公开、执行信息公开四大平台全面拓展司法公开的广度和深度，健全司法公开形式，畅通当事人和律师获取司法信息渠道，构建更加开放、动态、透明、便民的阳光司法制度体系。"最高法院进一步发布《关于建设一站式多元解纷机制 一站式诉讼服务中心的意见》，着重关注"三化""四立""一平台"现代化诉讼服务建设，围绕多元化纠纷解决机制、诉讼制度、诉讼服务体系、跨域立案服务等司法改革要求提出16条工作措施，要求通过大厅、网络、电话、巡回为一体的诉讼服务中心，为当事人提供一站通办、一网通办、一号通办、一次通办的诉讼服务。然而，当前审判流程公开存在供求失衡，审判流程公开的渠道、形式、内容及相关机制有待进一步完善，审判流程公开系统亟须更新迭代以适应群众日益增长的司法公开需要。

一、实践观察：1140份调查问卷的样本分析

笔者以1140份调查问卷作为样本，调查方式主要为线上、线下两种渠

[1] 课题组成员：张志富，男，北京市海淀区人民法院立案庭（诉讼服务中心）副庭长、副主任，法学硕士；冯芸菲，女，北京市海淀区人民法院法官助理，法学硕士；邹阿琴，女，北京市海淀区人民法院法官助理，法学硕士；杨阳，女，北京市海淀区人民法院法官助理，法学硕士；陈璐，女，北京市海淀区人民法院法官助理，法学硕士；陈晨，女，北京市海淀区人民法院法官助理，法学硕士。

道发放调查问卷，调查群体涉及律师、当事人及其他基层法律工作者，调查内容包括司法公开渠道、程序、程度及结果等事项，基本囊括当前司法公开主要面临问题，对推进司法公开机制建设，进一步深化司法公开制度体系完善具有典型示范作用。通过数据动态分析及样本调查，笔者统计的样本存在以下特点：

一是审判流程公开群众满意度较低。根据笔者统计的1140份样本调查显示，对审判流程公开的满意程度很满意和比较满意的仅为280份，占全部统计数据的24.6%。这说明目前审判流程公开的群众满意度较低，当前审判流程公开系统无法满足群众对于审判信息的需求。

二是群众对审判流程公开渠道要求日趋多元化。笔者统计的样本中，希望通过官方微信公众号等新媒体系统进行审判流程信息查询的为550份，占全部统计样本的48.2%。这说明，随着信息技术的迭代更新，群众对审判流程公开渠道的需求日趋多元化，不再局限于审判信息网、电话、报纸等传统公开模式，对于新媒体的公开需求日趋攀升。

三是群众对案件信息的公开程度要求提高。笔者统计的样本显示，当事人对案件信息的公开程度有所提高，不再局限于案件审理信息，如当事人信息、审判庭组成人员、起诉状、答辩状等的查询，还要求通过审判流程公开系统适当公开开庭时间、类案裁判情况、案件调解进展等关键审判信息。其中，要求公开开庭时间的为260份，要求公开类案裁判情况的为259份，要求公开案件调解情况的为120份，要求公开诉讼费用标准及计算办法的有90份。

二、实务瓶颈：审判流程公开系统的供求失衡

当前审判流程公开系统建设分为文书上网与外网案件查询两大方向，本文主要关注外网案件信息查询这一方面，具体指案件审理过程的信息公开化，要求诉讼参与人可根据案号或案件查询码自助查询案件审理的详细信息，这一信息包括审判信息查询和执行信息查询。然而，司法公开建设在法院主导下本能偏重司法人员的“供应”便利，而对司法服务对象（诉讼参与人与公众）的“需求”缺乏必要重视。目前审判流程公开系统存在一定程度的供求失衡。

（一）通过平台获取的案件的内容有限

目前，法院司法公开的主要方式为院外电子显示屏、法院门户网站、微信公众号、互联网裁判文书平台、审判法庭“三同步”系统、立案阶段发放的诉讼服务告知书及12368电话查询系统等对外公开平台，因案件数量遽增、系统维护、设备毁损、人员缺失等因素导致各平台公开内容不及时，一些长期处于停摆状态，平台整体运行不佳。

上文提到，对案件信息的公开程度要求提高，群众对审判流程公开渠道要求日趋多元化，也就是说，社会公众对审判流程公开的满足感已不再局限于以“旁观者”的身份被动接受法院公开信息，而希望更主动地参与审判活动之中。[1]而就目前而言，当事人通过各平台获取的案件具体内容十分有限，主要表现为：一是部分人表示在本院诉讼服务大厅、微信公众号及12368电话查询系统查询不到承办法官（或执行法官）的基本信息；二是部分人查询到承办法官后，试图联系承办法官询问案件审理情况或递交保全材料时，法官电话总是无法接通；三是联系到承办法官后，征询法官自己案件开庭时间时，法官往往告知因案件量太多，开庭时间另行通知，当事人并未获得本案的基本信息；四是目前审判流程信息系统进行案件信息公开的内容、方式、渠道都相对有限，只能进行当事人信息、承办法官、审判团队等必要信息查询，开庭时间、合议庭组成人员、审判流程等信息相对缺位；五是目前审判流程信息系统仅局限于外网数据库、互联网，部门法院开通了因查询不到案件审理情况及具体承办法官，不少焦急的当事人只能穿梭于诉讼服务大厅及立案大厅，试图查询到与自己案件相关的任何信息，但往往只能无功而返，给当事人及其代理律师造成严重的诉累。

（二）审判流程公开方式实用性不强

司法公开包括立案公开、庭审公开、执行公开、听证公开、文书公开、审务公开。基层法院在司法公开中，以门户网站、官方微博、微信公众号宣传为导向，将法院工作动态、审判动态、法律文书等司法信息进行简单公开，

[1] 龙飞：《司法公开：离目标还有多远——政府信息公开对司法公开改革的启示》，载《法制资讯》2009年第7期。

而忽视对公众疑难问题的解答，同时对社会公众和新闻媒体关注的案件亦缺乏及时回应。公布的信息内容也与公众的需要脱节，对公众亟须解决的问题缺乏针对性的法律服务。

对于律师及当事人极其关注的立案及审判事项，如公开各类案件的立案条件、立案流程、法律文书样式、诉讼费用标准、缓减免交诉讼费程序、裁判文书以及执行的依据、标准、规范、程序等，公开内容不够，实用性不强。此外，法院门户网站虽然建成但疏于管理，存在网站建设进度慢、运行不稳定、上传信息不及时、信息分类不规范、重宣传轻公开等问题，导致司法公开方式实用性不强，当事人无法获取自己需要的各项信息，给当事人和公众查询造成众多的困惑和不便。

（三）统一性审判流程信息系统建设缺失

审判流程信息的公开依托于网络平台的建设。当前H法院审判流程信息系统的建设主要包括：（1）12368热线电话查询平台，供当事人查询案件信息、案件进展、承办法官及联系方式；（2）提供北京法院审判信息网、北京法院微信公众号、北京法院诉讼服务微信公众号服务平台，以供当事人查看案件情况；（3）开设诉讼和执行服务号（微信公众号），以供当事人和代理人注册，提供联系法官、提供执行线索、开庭通知、投诉建议功能；（4）开设微博公众号，播报立案动态、庭审信息、典型案例判决、司法宣传文章等内容。

然而，审判流程信息系统存在独立性审判流程信息系统建设多元，而统一性审判流程信息系统建设缺失的情况。目前，仅有极少数高院建设了统一性的网络平台进行审判流程公开。[1]而多数法院存在一家法院多个平台，立案、审判、执行信息分平台查询，各平台之间互不关联，重复建设、重复注册、重复查询的情况，这使得当事人形成资源过度的困扰，无法承载过多的公众号带来的查询不便。同时，各家法院对于可查询信息的内容也有所不同，导致各个法院信息公开程度不同，查询案件便利程度千差万别的情况。

加之，目前法院司法公开的主要方式体现为裁判文书的公开及庭审流程的公开，而对其他内容，如案件承办法官、开庭时间，诉讼费用计算标准及

[1] 孙一鸣：《审判公开的主动脉——审判流程公开》，载《法制博览》2016年第6期。

计算方法，案件调解进展情况等内容公开方式宣传不到位，公众往往采取到法院诉讼服务窗口或是立案窗口咨询的方式，极大地增加了公众的诉累，也造成了司法程序不便民的消极影响。

（四）调解系统有待升级换代

2019年，北京法院打造“四个一”工程，在更高起点推进“多元调解+速裁”工作取得成效。北京法院不断优化“分调裁一体化平台”系统功能，推动“分调裁一体化平台”升级换代，提高审判质效，充分发挥信息化的支撑辅助作用。然而，当前调解系统与审判系统的关联度不够、调解系统无法查询案件的情况较为突出，案件进入调解库后，从立案系统查询案件，案件只显示“调解中”，并未显示具体的调解方式、调解员、案件的进展情况及调解完成时间。

对于要查询调解案件情况的律师或者当事人而言，普遍反映存在以下问题：一是无法及时了解自己案件的调解员；二是无法了解自己案件的调解进展及调解时间；三是在窗口立案法官提供调解员电话的情况下还会存在调解员电话无法接通的情况。因调解系统建设不完善、调解案件查询困难等原因，尽管案件争议不大，不少当事人及律师宁愿选择直接立案程序来摆脱调解程序存在的相对不确定性。

三、原因分析：审判流程公开建设的瓶颈分析

（一）法律法规的缺位及执行力度不及

审判流程公开的规定散见于最高人民法院及其他相关部门的一些规范性文件中，如2013年《最高人民法院关于推进司法公开三大平台建设的若干意见》（法发〔2013〕13号）（以下简称《意见》）指出，为贯彻党的十八届三中全会精神，进一步深化司法公开，依托现代信息技术打造阳光司法工程，全面推进审判流程公开、裁判文书公开、执行信息公开三大平台建设，增进公众对司法的了解、信赖和监督。该《意见》第6条规定：“人民法院

应当整合各类审判流程信息，方便当事人自案件受理之日起，凭密码从审判流程公开平台获取以下信息：（1）案件名称、案号、案由、立案日期等立案信息；（2）合议庭组成人员的姓名、承办法官与书记员的姓名、办公电话；（3）送达、管辖权处理、财产保全和先予执行情况；（4）庭审时间、审理期限、审限变更、诉讼程序变更等审判流程节点信息。”本条规定实操性强，具有重要的实践指导意义，但该《意见》仍存在诸多问题，一是规定不够全面，未能涵盖所有流程，特别是对实践中大量存在的诉前调解案件的司法公开问题并未提及；二是推动力度不足，未能将司法公开与考核等指标结合起来，缺乏执行层面的推动力。目前对于司法公开仍停留在规范性文件层面，未以法律形式予以明确和要求，导致推动力度和执行依据不足。

（二）审判流程公开信息化建设不足

信息化建设滞后主要体现在：一方面，客观上信息化要求法院内网和外网有效衔接，而法院使用的内网包含审判秘密等多种不宜公开的信息，客观上也就导致内网上的操作及由此产生的信息不能完全、直接转化并传输给当事人，这给信息化建设提出了更高的要求，也意味着更高的成本和技术要求，导致司法公开的信息化推进道路艰难，过程缓慢；另一方面，为推进司法公开工作，虽然法院借助各项平台，旨在全方位利用信息化手段便于当事人了解案件进展情况，但从调查问卷反馈的结果中可以看出，采用 12368 热线电话及前往诉讼服务大厅查询案件的当事人仍占很大比重，过分依赖前来法院查询、电话等较为传统的方式来获取案件信息。

而一旦出现新的程序或要求时，信息公开工作凸显被动和不足，如法院新推出的诉前调解程序广泛应用于实践后，司法公开工作明显应对乏力。进入诉前调解程序的案件因尚未正式立案，所以案件不会进入可以查询的立案系统，而是先行导入调解系统，但调解系统并未及时开发查询功能，这就导致当事人无法借助以上渠道了解案件调解法官及调解进展情况，导致诉前调解案件与司法公开间的断层。实践中，为让当事人了解到调解案件的进展情况，法院工作人员也会告知当事人承办案件的调解员电话。虽让当事人通过电话联系系司法公开的一种重要方式，但此种方式极具传统型，且由于调解员并非全天候常驻法院，即使在法院也会将大多数时间放在调解室进行调解工作上，因而出现当事人无法联系上调解员的普遍现象，致使当事人无法尽快获知案件是否已转到调解员手中、是否已处于调解阶段、以及调解进展情况。这很大程度上是因法院信息化建设仍存在不足，无法满足当事人多元化需求。

（三）审判流程公开重视度不足

现裁判文书上网率已成为考核法院及司法工作人员的重要方式，裁判文书上网率直接关系法院在全市中的排名，故各法院尤为重视裁判文书上网工作。笔者认为，不能将裁判文书公开等同于司法公开，仅重视裁判文书公开而忽视审判流程公开，除裁判文书要及时公开之外还应关注审判流程信息的公开，法院司法工作人员对司法过程公开问题重视程度远远不够，主要体现在以下几点：第一，立案法官宣传、推广、引导意识不足。当事人将案件材料递交给立案法官后，立案法官经审核认为符合立案条件受理案件后，通常告知当事人耐心等待案件进展，而很少提及当事人切身关心的可查询案件进展的各类审判信息流程公开方式，这就使前来立案的诸多当事人对审判信息流程公开方式不甚熟悉，导致其后续查询案件进展困难重重。第二，审判法官及其助理、书记员对公开案件进展情况意识不足。实践中，法院案件量逐年增大，结案压力大，审判周期长，在此背景下，当事人询问案件进展变得越发频繁，而法官忙于结案，无暇顾及案件进程等审判信息流程公开事项，当事人频频询问案件进展等情况客观上会导致法官将大量时间和精力耗费在答复上，因不堪其扰选择不接电话成为承办法官的常态。第三，法院未将审判流程公开工作纳入考核。有惩戒才会有动力，法院不将过程性公开纳入考核指标，导致审判信息流程公开工作懈怠严重。实践中，若出现当事人或代理人无法联系到审判法官情况时，其往往选择信访、监察方式解决，抑或直接前往立案大厅追责立案法官，导致一案中过多的人参与进来，简单问题复杂化，而无论当事人采用何种方式发泄，对案件真正的负责人来说并不会有任何考核上的负面影响。第四，对由法官负责调解的案件各庭内勤不登记或登记不规范，当事人要求披露案件进展时往往不知案卷在何处、更不了解案件相关信息，故对当事人的请求不予正面回应，影响审判信息流程公开的效果。

（四）诉讼参与人思维方式有待转变

如图1、图2所示，实践中常使用的审判流程公开方式为通过北京法院审判信息网，越来越多的公众感受到信息网络的便捷、高效、易操作性的特点；为拨打12368热线电话，因为仍有诸多当事人对现代信息化手段不甚熟悉，认为拨打电话更加放心。虽适用网络信息方式查询案件情况的不在少数，但其中多数为律师或其他代理人，而适用信息网络平台的当事人居少数，这一方面是因当事人不熟悉现代化信息网络平台的操作；另一方面认为到法院诉讼服务大厅问询可获知更多讯息（如可查到案件承办庭室、承办法官，庭室内勤及承办法官及其助理等的联系电话），也更为可靠，认为只有在法院设置的部门内查询到的信息才更准确。随着现代科技的发展，越来越多的法院努力提高自身信息化水平，旨在借助现代科技手段为民众谋求更大便利和福利。而实践中出现民众思维与法院发展之间的不平衡，民众一定程度上滞后的思想观念未能跟上信息化的步伐，过分依赖传统的司法信息获取方式，导致司法公开信息化建设动力不足。

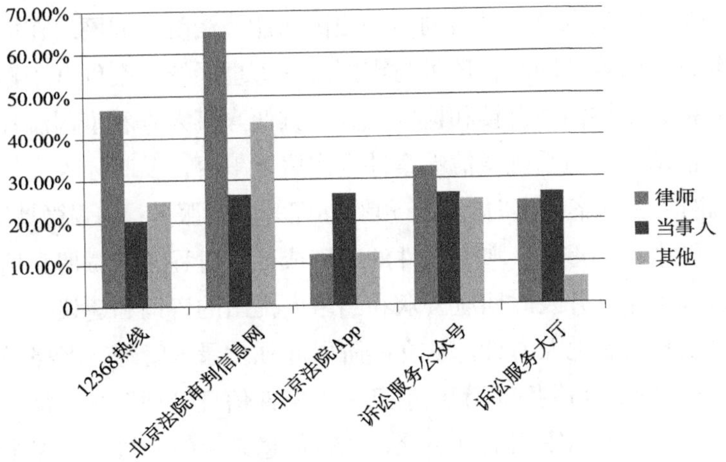

图1　常使用的司法公开方式情况

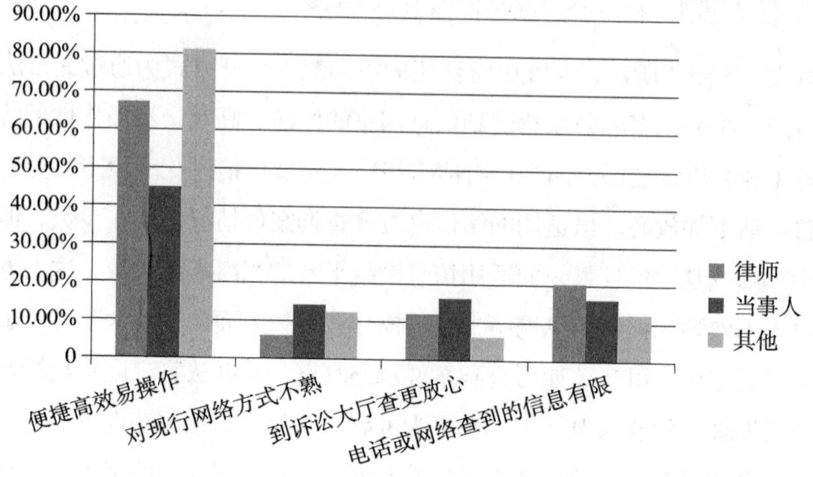

图2　常使用以上司法公开方式原因

四、路径探索：审判流程公开系统的设计与完善

（一）推进信息化建设，及时同步更新案件进展情况

进一步拓展信息公开平台的司法便民功能。法院官方网站在提供法院概况等新闻宣传内容的同时，还可与审判流程管理系统、案件电子档案管理系统等相对接，提供网站链接和检索工具，方便当事人查看审判流程、裁判文书和执行信息；开通手机微信端案件查询服务平台，及时导入案件程序性信息，实现网上在办案件实时查询、预约办理等多项服务；加强微博平台建设，提高更新频率，将重大、典型案件的庭审或执行过程进行微博直播，便于公众了解法院工作，并及时回应公众和当事人提出的咨询和建议。

保障信息更新的及时性。从立案阶段起强化录入管理，严格录入标准，及时全面地将各项审判流程节点信息录入案件信息管理系统；加强12368服务系统、微信平台与审判信息系统、执行信息系统的衔接，确保案件进展信息的及时、准确；完善裁判文书公开查询系统，依法、及时、规范地将生效裁判文书传送至法院网站和中国裁判文书网数据库，并设置操作便捷的查询检索功能，方便公众依照当事人姓名（名称）、案号、案由、关键词等不同条件检索和查询，确保文书信息能够被有效获取；案件进入执行阶段后，通过短信、电子邮件及时告知申请执行人执行进展情况，提供执行法官的联系方式，方便当事人进行沟通，对执行实施过程进行同步录音录像，执行卷宗同步扫描，允许当事人依申请查阅。

完善诉前调解平台建设。进一步拓展诉前调解平台的各项功能，参照立案平台，将诉前调解平台建设成查询、调解、公开多位一体的信息化平台，对于进入诉前调解平台的案件可以向当事人实时推送案件进展等信息，对于可以公开的调解案件，及时公开流程、调解文书等相关信息，同时完善查询功能，方便当事人对类似案件、关联案件等进行查询。将调解案件的流程性信息，如调解员名单、调解时间、调解地点、调解流程、收费标准等纳入司法公开的范围，使诉前调解案件信息上网。将诉前调解系统与立案系统相整合，促进诉前调解系统和立案系统的有效衔接，统一查询功能，实现从调解系统到立案系统查询功能无缝衔接，确保案件在诉前调解系统、立案系统、审判系统和执行系统所形成的相关信息完整、全面地公开。

（二）加强审判流程公开的宣传力度

拓展传统宣传方式和手段。密切与各大报刊、网站、电视、电台的联系，主动向新闻单位介绍法院工作情况，运用媒体主动公布法院推进审判流程公开的便民措施；加强立案诉讼服务大厅建设，优化导诉服务，通过公告牌、多媒体视频向当事人介绍获取审判流程公开信息的方式、内容，将审判流程公开的普及与导诉咨询服务相结合；积极开展有针对性的主题活动，向社会公众介绍法院推行审判流程公开的情况，把审判流程公开与普法宣传、法制教育有机结合起来。

丰富新媒体宣传内容。增设审判流程公开专门模块，依托法院网站、官方微信、微博平台等新兴媒体，在介绍法院基本情况、司法工作动态、案例、相关诉讼指南服务信息等内容的同时，设立审判流程公开专题板块，设置案件查询、历史判例、判决文书、审判动态等查询项，供当事人查询自己的案件进展和关联案件的审理、判决等情况。

（三）将审判流程公开工作纳入考核体系

增加审判流程公开考核内容。除裁判文书的审判流程公开外，将案件全流程信息的审判流程公开分阶段纳入承办法官的工作业绩考核中，具体包括：立案阶段，立案条件、立案流程、诉讼费用标准及缓减免交诉讼费程序等诉讼指南信息的告知和案件（包括诉前调解案件）流转信息的及时公开；审判阶段，开庭公告、旁听预约、庭审直播信息的及时公开；执行阶段，执行进展、被执行人基本信息、执行标的情况、执行法官联系方式的公开。

细化审判流程公开考核标准。量化个案考察标准：以工作分析为基础，综合审判业务流程，分阶段列明案件的审判流程公开内容、完成时间和相对应分值，在设计各项指标的权重比例时，可以对律师及当事人最为关注的立案、审判、执行事项中的诉讼费用标准、案件流转信息、开庭公告信息、执行进展信息等项目，适当增加比重，突出公开重点；制定审判流程公开总体成绩计算方式：一方面，通过统计个案完成情况对法官在审判流程公开方面的整体成绩进行评估；另一方面，以提高法官审判流程公开意识为导向，合理安排审判流程公开成绩在法官的整体绩效考核中的比例，在评查案件质量时一并对审判流程公开执行情况进行评查。

（四）加大便民设施建设

加强诉讼服务大厅建设。拍摄诉讼程序宣传片并在立案大厅、诉讼服务大厅循环播放，帮助当事人了解、熟悉立案流程。设置引导员，协助当事人引导法庭位置、查询法院电话、开庭信息等；在诉讼服务大厅设置咨询中心，由专门的工作人员负责解答群众的简单询问。

加强法院网站建设。在法院官网增加法院架构、法官名单、联系方式、案件分发和排期、裁判文书、司法统计及分析报告等翔实而具体的资料。主页导航包括法庭服务及设施、审讯案件表、陪审团、判案书及法律参考数据等栏目，提供民事诉讼制度改革、调解等专题的链接；网站设有案件分发结果、案件排期、司法拍卖、司法裁判、案件对应表、统计资料、司法组织法例、重要事件、最新消息等栏目，当事人可通过网站知悉其案件审理的具体日期和结果，其他社会上有兴趣的人士也可以从网站中了解法院的司法见解及最新消息等内容。[1]

[1] 蒋惠岭，龙飞：《香港澳门的司法公开制度与启示》，载《法律适用》2013年第4期。

捕诉一体实证研究

——基于北京市大兴区检察院公诉部门捕诉实践的观察

郑　烁[1]

检察机关内设机构的设置问题历来为学界及实务界所重点关注，捕诉一体与捕诉分离之争在2018年再次回归公众视野就是最好的例证。审查逮捕与审查起诉是检察机关的主责主业，捕诉职能的调整不仅关系着检察机关内设机构的设置是否科学，更直接决定着检察权的运行是否公正、高效。

如果忽视时代背景的变迁，只从逮捕、公诉的性质、功能、行权方式等内部单一视角来比较捕诉一体与捕诉分离，往往会限于无休止的争论之中，因为二者各有利弊，并无绝对的优劣之分。但是，制度的选择与发展必须以当下的时代背景和社会现状为依托。立于当下中国的改革实践，基于国家监察体制改革、以审判为中心的诉讼制度改革、司法责任制改革等多重改革叠加运行的新时代背景，检察机关迎难而上，主动整合捕诉职能，实行捕诉一体办案机制，不仅是"'世易时移'的检察机制再选择"，[2]更是以人民为中心的检察产品观的内在要求。而这正是最高人民检察院决定以实行捕诉一体为突破口推动内设机构改革，并以此为切入深化新一轮司法改革的出发点与落脚点。

[1] 郑烁，北京市大兴区人民检察院第一检察部协助人。

[2] 郭烁：《捕诉调整："世易时移"的检察机制再选择》，载《东方法学》2018年第4期。

为贯彻落实最高人民检察院的改革部署，B市检察机关自2018年7月1日起在全市范围内启动捕诉一体改革工作。全市三级检察机关按照要求统一将审查逮捕部的大部分员额检察官直接调配至公诉部门工作，整合后的公诉部门员额检察官在办案时实行捕诉一体，全流程负责同一起案件的审查逮捕和审查起诉工作。

本文选择以B市D区检察院公诉部的办案数据为研究样本，不包括知识产权案件检察部（以下简称“知产部”）、未成年人案件检察部（以下简称“未检部”），主要基于以下三点原因：第一，自司法体制改革以来，B市检察机关坚持专业化建设，D区检察院按照改革要求于2016年9月1日成立知产部，从而形成公诉部、未检部、知产部三个公诉部门。但是，按照此前的改革要求，知产部还履行过审查逮捕职能，后期因为强制措施职能优化配置改革试点的推行，其批捕职能又被收回，如今虽又因改革而重回捕诉一体轨道，但毕竟与传统意义上的公诉部门有所区别，所以暂不以其办案数据为研究样本。第二，未检部在此次捕诉一体改革前就一直实行着捕诉一体办案机制，因此同样不宜将其列为研究样本。第三，在D区检察院此次捕诉一体改革中，五名审查逮捕部员额检察官被统一调配至公诉部，因此，公诉部在人员组成上也是典型的捕诉一体，更具研究价值。

D区检察院自2018年7月1日实行捕诉一体至今已过半年，当前仍属于捕诉一体的过渡期、适应期。明确研究对象后，为准确掌握D区检察院公诉部捕诉一体的运行情况，评估捕诉一体成效，笔者通过办案观察、数据收集、随机访谈等方式对D区检察院公诉部捕诉一体改革工作进行了为期一个月的考察调研。

一、据以研究的样本：捕诉一体相关数据的实证考察

（一）检力资源配置现状及办案量对比

1. 检力资源配置现状

捕诉一体前，D区检察院公诉部共配置干警37人，其中13名员额检察

官（1 名为部门负责人）、11 名检察官助理、13 名书记员（含聘任制），未满足 1 检 1 助 1 书的办案组标准（关于办案组的标准配置，当前可能又有新的调整）。

捕诉一体后，D 区检察院公诉部目前共配置干警 47 人，比此前多出的 10 名干警均系从审查逮捕部调配而来，其中有 5 名员额检察官，2 名检察官助理，3 名书记员。因此，捕诉一体后，公诉部共有 18 名员额检察官（1 名为部门负责人）、13 名检察官助理、16 名书记员，与 1 检 1 助 1 书的办案组人员标准配置的差距进一步拉大，检察办案压力更大。

2. 办案量对比

2017 年全年，D 区检察院公诉部共办理案件 1576 件 1829 人，上述均为审查起诉案件。2018 年 1 月至 12 月，D 区检察院公诉部共办理案件 2168 件 2713 人，其中办理审查逮捕案件 470 件 695 人，办理审查起诉案件 1698 件 2018 人。办案量比去年约增加 592 件 884 人。

按照人均办案量计算，2017 年 D 区检察院公诉部员额检察官人均办案为 117 件，而 2018 年公诉部员额检察官的人均办案量为 137 件（鉴于 7 月 1 日实行捕诉一体办案模式，因此数据统计时进行了分别计算），可见案多人少矛盾更加突出，办案压力更大。

（二）逮捕率对比

1. 逮捕率整体对比

捕诉一体前，2018 年 1 月至 6 月，D 区检察院的逮捕率分别为 52.67%、45.05%、55.56%、42.86%、49.53%、50.00%。捕诉一体后，2018 年 7—12 月，D 区检察院公诉部的逮捕率分别为 69.51%、84.27%、75.17%、58.00%、60.27%、73.08%。

如果以 2018 年 7 月 1 日捕诉一体改革为时间点进行对比，2018 年 1 月至 6 月 D 区检察院的逮捕率为 49.77%；而 2018 年 7 月 1 日实行捕诉一体后，D 区检察院公诉部共审结审查逮捕案件 459 件 684 人，其中批准逮捕 315 件

503 人，不批准逮捕 144 件 181 人，逮捕率为 73.54%，比捕诉一体前上升约 24 个百分点。如图 1 所示。

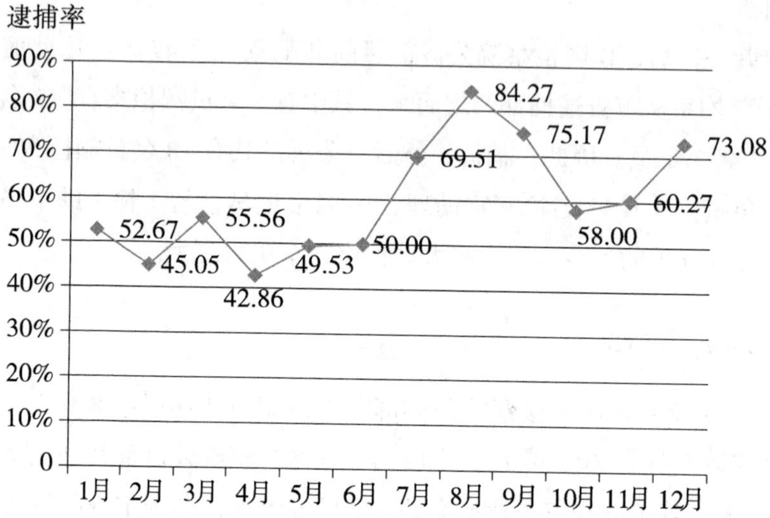

图 1　2018 年 1—12 月逮捕率变化图

2. 捕诉一体后各办案组逮捕率对比

（1）最高、最低逮捕率对比

以员额检察官为办案单元，18 个办案组之间的逮捕率差异较大。其中，逮捕率最高的为 88.46%（该办案组共审结审查逮捕案件 31 件 52 人，批准逮捕 27 件 46 人），逮捕率最低的为 52.94%（该办案组共审结审查逮捕案件 24 件 34 人，批准逮捕 13 件 18 人），最高、最低逮捕率相差近 36 个百分点。

（2）逮捕率在 80% 以上的办案组情况

逮捕率在 80% 以上的办案组（员额检察官）共有 6 个，其中 4 个办案组（员额检察官）系原公诉部办案组（员额检察官），2 个办案组（员额检察官）系原审查逮捕部办案组（员额检察官）。

（3）原审查逮捕部与原公诉部检察官之间逮捕率对比

原审查逮捕部的 5 名员额检察官在捕诉一体后共审结审查逮捕案件 127 件 192 人，批准逮捕 89 件 151 人，逮捕率为 78.65%，比捕诉一体前 49.77% 的平均逮捕率上升约 30 个百分点。

原公诉部的13名员额检察官在捕诉一体后共审结审查逮捕案件332件492人，批准逮捕226件352人，逮捕率为71.54%，略低于捕诉一体后公诉部的整体逮捕率。

3. 证据不足不捕率对比

所谓证据不足不捕率，是指在同期内审结审查逮捕总人数中因证据不足不批捕人数所占的比例。具体的计算方法如下：证据不足不捕率 = 证据不足不批捕人数 / 同期内审结审查逮捕总人数。

捕诉一体前，D区检察院在2018年1月至6月的证据不足不捕率分别为21.37%、28.57%、14.81%、27.55%、20.56%、23.84%，月均证据不足不捕率为22.78%。

捕诉一体后，D区检察院在2018年7月至12月的证据不足不捕率分别为10.97%、6.18%、15.17%、18.00%、12.34%、11.54%，月均证据不足不捕率为12.37%，比捕诉一体前下降约10个百分点。

4. 无社会危险性不捕率对比

所谓无社会危险性不捕率，是指在同期内审结审查逮捕总人数中，因无社会危险性（即无逮捕必要）不批捕人数所占的比例。具体的计算方法如下：无社会危险性不捕率 = 无社会危险性不批捕人数 / 同期内审结审查逮捕总人数。

捕诉一体前，D区检察院在2018年1月至6月的无社会危险性不捕率分别为23.66%、25.27%、29.63%、25.51%、28.04%、26.16%，月均无社会危险性不捕率为26.38%。

捕诉一体后，D区检察院在2018年7月至12月的无社会危险性不捕率分别为19.51%、9.55%、9.66%、24.00%、26.03%、12.18%，月均无社会危险性不捕率为16.82%。与证据不足不捕率相似，同样比捕诉一体前下降约10个百分点。

（三）捕后退补率对比

捕诉一体前，D区检察院公诉部在2018年1月至6月共受理审查起诉案件791件，其中一次退回补充侦查案件129件，一退率为16.31%；二次退回补充侦查案件26件，二退率为3.29%。

捕诉一体后，D区检察院公诉部在2018年7月至12月共受理审查起诉案件907件，其中一次退回补充侦查案件93件，一退率为10.25%；二次退回补充侦查案件20件，二退率为2.21%。

由上述数据可知，捕诉一体后D区检察院公诉部办理审查起诉案件的时间明显缩短，办案效率大幅提升。

（四）逮捕诉讼化审查案件量对比

“2012年刑事诉讼法的修改以及司法改革中推行的逮捕诉讼化改革，在办案组织和程序方面去行政化，逐步解决了办案亲历性、判断性、独立性的问题，让检察官真正回到居中处断者的位置。”[1]近年来，B市检察机关在新一轮的司法改革中积极探索逮捕诉讼化改革，取得了明显成效。

捕诉一体前，D区检察院在2018年1月至6月通过听证形式开展逮捕诉讼化审查的案件共22件（其中1月份3件、2月份2件、3月份6件、4月份7件、5月份3件、6月份1件），均取得良好的政治效果、法律效果和社会效果。

但遗憾的是，捕诉一体后，D区检察院在2018年7月至12月通过听证形式开展逮捕诉讼化审查的案件数为0，与捕诉一体前形成了强烈反差，应当引起重视和反思。

二、捕诉一体改革的实践性功效

通过实证调研发现，与已经实行捕诉一体改革的全国其他部分地区相似，D区检察院公诉部开展捕诉一体改革的实践性功效同样显著，主要集中

[1] 孙谦：《司法改革背景下逮捕的若干问题研究》，载《中国法学》2017年第3期。

在以下三个方面。

（一）节约司法资源，提高司法效率

调研过程中，笔者随机对D区检察院公诉部的十名员额检察官进行了访谈。十名检察官均认为，鉴于案件的同一性与审查职能的特殊性，审查逮捕与审查起诉两个阶段确实存在着类似于熟悉案情、阅卷、核实等同质性的重复工作，在捕诉分离时，负责捕与诉的两名检察官需要分别从事、开展上述重复性工作；而捕诉一体后，同一案件的捕诉工作交由同一名检察官完成，确实有利于避免重复性劳动，大大节约了司法资源。[1]

此外，上文已经指出，实证数据显示，D区检察院公诉部在捕诉一体后办理审查起诉案件的一退率仅为10.25%，二退率仅为2.21%，可见捕诉一体后，公诉的办案时限与捕诉分离时相比明显缩短，办案效率大幅提升。[2]

同时，通过对检察官的随机访谈了解到，捕诉一体后，侦查机关对于捕后案件移送审查起诉的时间也大幅提前，过去往往集中在捕后两个月快到期时才移送审查起诉，而现在几乎都是在一个月内甚至是半个月左右即移送审查起诉。司法办案的整体效率提升明显。例如，黄某某交通肇事案，侦查机关于11月9日提请审查逮捕，检察官于11月16日做出批准逮捕决定，捕后第六天11月22日，公安机关即移送审查起诉，后检察官于12月19日依法提起公诉，既未延长审查起诉期限亦未退回补充侦查，整体办案效率明显提升。

（二）引导侦查有力，提高办案质效

调研过程中，大部分检察官在接受访谈时均认为，捕诉一体后的引导侦

[1] 正如有的学者所言："从目前各地试点来看，实行捕诉合一，一个检察官既负责批准逮捕，也负责审查起诉，这样检察官在审查起诉前就对基本案情有所掌握，在审查起诉时就无需再花大量时间和精力去阅读案卷、熟悉案情、核实材料，进行同质化的重复性工作。"具体参见邓思清：《捕诉合一是中国司法体制下的合理选择》，载《检察日报》2018年6月6日第3版。

[2] 实行捕诉一体后，办案效率明显提升，这不只是D区检察院公诉部的客观现实，在全国其他地区兄弟院的改革实践中也同样得到了应验。例如，湖南省长沙市雨花区人民检察院自2017年4月开始推行捕诉一体办案机制以来，与此前捕诉分离模式对比，"检察官在审查逮捕环节即可以提前介入、引导侦查取证，有效减少了退补次数。目前，审查起诉平均用时减少一半，由改革前的58天缩短至28.56天"。具体参见马贤兴主编：《捕诉合一思索与实践》，中国检察出版社2018年版，第6页。

查工作与捕诉分离时相比更有方向也更有成效了。

一方面，捕诉分离时引导侦查工作不够扎实。原批捕部门的检察官称，捕诉分离时，因为只负责审查逮捕阶段的工作，因此，即使在做出捕与不捕决定的同时向侦查机关发出了补充侦查建议，但后续几乎不会再对补侦工作的开展进行跟踪，因为后续的公诉工作不再由自己负责；而原公诉部门的检察官在接受访谈时也称，捕诉一体以前，一些疑难、复杂案件的证据在移送审查起诉时不是很充分、很扎实，但其实关于案件的补充侦查建议在批捕阶段已由负责批捕工作的检察官向侦查机关列明，但遗憾的是，补侦工作并未开展，而是快到捕后两个月时直接移送审查起诉，导致一些具有时效性的关键证据往往难以收集，无疑加大了证据收集的难度，不利于成功指控。[1]

另一方面，捕诉一体后，具有全局思维的检察官可以更有针对性地开展引导侦查工作。对于捕诉一体后的引导侦查工作，受访的检察官均认为可以借助审查逮捕工作，提早掌握甚至介入侦查活动，“综合考虑案件办理的全过程，根据经验和案件的实际情况制定捕后继续侦查方案和指控方案，有针对地引导公安机关侦查取证”。[2]

例如，尹某某寻衅滋事案因可能存在漏犯问题，检察官在做出批捕决定的同时即要求侦查机关尽快调取嫌疑人的手机通话记录及微信聊天记录，并持续跟踪、督促侦查机关开展补侦工作，为后续的指控奠定良好基础。覃某某容留卖淫案因可能存在漏罪问题，检察官在做出批捕决定的同时即要求侦查机关尽快对嫌疑人和卖淫女的手机进行数据恢复和提取，为后续公诉证据链条的完善及指控方案的确定夯实了基础。

---

[1] 针对此种现象，有的学者道出了其中的缘由：“批捕检察官只关注把握批捕的法定条件，保证批捕不会出现错误就行，一般不会去全面研究和把握案件的整体事实、证据问题。”具体参见沈海平：《捕诉关系的辩证思考》，载《国家检察官学院学报》2018年第4期；针对上述现象，还有学者指出：“捕诉分离模式下，公诉的检察官也没有权力介入审查起诉前的监督。所以，在批准逮捕后到审查起诉的阶段会形成一个侦查监督‘真空地带’；而捕诉合一模式中审查逮捕和审查起诉都由一个检察官或办案组织负责，可以强化诉讼监督，填补中间的‘真空’。”具体参见洪浩：《我国“捕诉合一”模式的正当性及其限度》，载《中国刑事法杂志》2018年第4期。

[2] 刘生荣：《推进捕诉合一深化检察改革》，载《人民检察》2018年第21期。

（三）开阔办案视野，提升专业素能

通过办案观察及随机访谈可以发现捕诉一体改革有助于检察官跳出单纯的捕、诉阶段性樊篱，有利于将全案纳入检察官的办案视野，从而形成对事实、证据的全流程、全方位、全链条式的认知和把握，有利于更好地形塑检察办案的全局观。

此外，捕诉一体改革契合了当前司法责任制改革的内在要求，有利于良好倒逼机制的形成，以切实提升检察官的专业素能。“捕诉具有不同的工作特点和要求，捕诉一体必然要求检察官既具备审查逮捕所需的业务素质，也应具备履行公诉职能的业务素质。因此，捕诉一体有利于检察官角色的全面塑造，有利于更加全面地考量和把握案件，有利于诉讼程序的全面对接，从而更有利于检察官能力的全面养成。”[1]

三、捕诉一体改革的阶段性问题

当前，检察机关的捕诉一体改革正处于过渡期和适应期。通过实证调研发现，D 区检察院公诉部在当前捕诉一体过渡期内主要存在以下三方面的问题。

（一）司法理念和逮捕标准尚未完全统一

在刑事诉讼中，审查逮捕与审查起诉分别具备独立的程序价值。推行捕诉一体改革绝不是简单地将二者的职能和价值合二为一，而是在遵循诉讼规律、尊重捕诉各自独立价值之基础上对两项审查职能进行的科学整合。在依法保障人权的基础之上，作为强制措施的审查逮捕更侧重于对诉讼顺利进行的程序性保障；而作为审前把关环节的审查起诉则更侧重于对无辜的人不受刑事追诉的实质性保障（或称过滤性保障）。所谓的捕诉一体其实就是要秉持全局观办案视野，通过整合两项审查职能，从而更好地发挥捕诉各自独立的价值，这也才符合刑事追诉的本质与目的。

[1] 李乐平：《捕诉合一的优势与实践价值——以江苏省无锡市检察机关捕诉办案实践为样本》，载《人民检察》2018 年第 18 期。

但遗憾的是，D 区检察院公诉部在当前捕诉一体过渡期内对于审查逮捕的独立价值重视不够，构罪即捕和以捕便诉问题较为突出；同时，对于逮捕标准和条件的实践掌握不够统一。反映在实证调研数据上就是捕诉一体后逮捕率上升了约 24 个百分点，证据不足不捕率、无社会危险性不捕率分别下降了约 10 个百分点。同时，不同检察官办案组之间的逮捕率差异较大，最高、最低逮捕率相差近 36 个百分点。

（二）办案时限和办案节奏尚未完全适应

通过对检察官的随机访谈发现，当前捕诉一体过渡期内，检察官普遍的困惑是对捕诉差异化的办案时限和办案节奏难以完全适应。访谈过程中有的检察官反映，捕诉一体后，在办案过程中有时会出现心理角色错位，致使节奏把控不稳、转换办案不畅，从而造成办案紧张，一定程度上加大了心理压力和精神负担。

批捕案件的办理需要检察官在短时间内查明案件事实和证据，准确适用法律，对于习惯于办理公诉案件的检察官来说，无疑是一大考验。在对检察官进行随机访谈时笔者了解到一个共性问题：检察官在办理某件公诉案件时，如果又分到一件批捕案件，因时限原因，则往往需要立即全身心投入到批捕案件的办理中，结果就是不得不放下手中正在办理的公诉案件。而等办结批捕案件后，检察官又需重新回到此前办理的公诉案件中，此时往往还需要再行阅卷、核实等工作，以更好地回忆起案情。因此，差异化的办案时限规定，决定了捕、诉案件在实践中往往交叉办理，加之当前正处于捕诉一体适应期，检察官捕诉一体的办案经验尚不丰富，因此共同加剧了办案节奏的把控难题，加大了检察官办案的精神压力。

（三）逮捕诉讼化审查工作进程有所延缓

实证数据显示，自 2018 年 7 月 1 日开始实行捕诉一体办案模式后，截至 12 月底，D 区检察院公诉部通过听证形式办理逮捕诉讼化审查的案件数为 0，与捕诉一体前的相关办案数据形成鲜明对比。单纯从数据来看，不得不说 D 区检察院捕诉一体改革对于逮捕诉讼化审查的工作进程造成了一定影响。

经访谈了解，逮捕诉讼化审查工作进程有所延缓的原因主要有以下两点：一是捕诉一体过渡期内，检察官尚难以适应差异化的办案节奏，尤其对于逮捕程序的独立价值认识不到位，加之原公诉部门的检察官此前并未接触过逮捕诉讼化审查工作，因此主观上对于此项改革工作重视不够，缺乏主动开展诉讼化审查工作的意愿；二是按照当前B市检察机关的改革办案要求，仍由审查逮捕部负责逮捕诉讼化审查工作，而非由实行捕诉一体职能的公诉部开展。审查逮捕部开展此项工作的前提是公诉部的检察官需事先提出相应的开展建议。但当前的现状是，公诉部检察官对于捕诉一体的办案模式尚难以应付，自然更不会对本不熟悉的逮捕诉讼化审查工作表现出足够的关注和兴趣。

以上两点原因结合，共同导致捕诉一体后D区检察院逮捕诉讼化审查工作进程有所延缓甚至停滞。

四、捕诉一体改革的对策性建议

（一）加强专业培训，树立正确捕诉理念

通过随机访谈发现，检察官普遍对于捕诉一体的专业化培训有着强烈需求，针对性较强的培训一方面有利于检察官树立正确的捕诉一体化理念；另一方面也有利于丰富检察官捕诉一体的办案经验和实践操作。

具体而言，笔者认为，以正确的捕诉一体化理念为指引，应当着重做好以下三方面的培训：一是关于捕诉一体化理论内涵的培训，重点培训检察官关于捕诉独立价值的把握尤其是逮捕独立价值的判断、[1]捕诉证据标准的差异、社会危险性条件的重点审查等基础理论，同时对于构罪即捕、以捕便诉等突出问题进行系统的理论阐释；二是关于具体案例实践操作的培训，重点

[1] 正如有学者所言，审查逮捕的首要制度功能是保障人权，其次才是打击犯罪。随着以审判为中心的刑事诉讼制度改革的不断深入，“降低审前羁押率已经成为理论界、实务界甚至国家层面的普遍共识，司法机关应当共同树立人权保障优先的理念，逐步降低审前羁押率，以提高人权保障水平”。具体参见姚石京：《刑事案件不捕率攀升的调查与分析——以Z省T市不捕案件相关数据为样本》，载《人民检察》2018年第20期。

培训检察官在捕诉一体模式下如何针对具体个案、类案在捕、诉阶段实行一体化办理，重点培训捕诉阶段的不同侧重与审查重点；三是关于反面案例的总结培训，重点针对捕诉一体化下办案质量不高的案件进行全面分析，尤其要重点剖析、总结培训问题个案在捕诉各自阶段存在的工作短板与不足，只有这样才能切实提升检察官的捕诉一体专业素能。

（二）完善人员配备，合理把控办案节奏

办案节奏把控不稳、办案转换难以适应是身处捕诉一体改革过渡期的检察官群体的“不良反应”，并非意料之外，而是情理之中。上述“不良反应”的出现主要基于两方面缘由：一是对于捕诉一体模式的办案经验缺乏；二是检力资源配备尚不充足。正如有的学者所言，捕诉一体可能存在的实践难题之一就是时间管理难题。“审查批准逮捕的时间要求很紧，审查起诉的时间相对宽松。由此可能造成的结果，是检察官疲于应付时间较为紧张的批捕案件，挤占了审查起诉时间，造成审查起诉的办案低质化。在案件承办检察官处理的案件不饱胀的情况下，尚不存在这一问题，如果案件太多，时间管理上的难题就会突出。”[1]

因此，建议结合捕诉一体后检察办案工作内容的变化，尽快科学、合理地测算捕诉一体办案模式的工作量，为下一步检力资源调配提供可靠的基础数据，以进一步加强一线的办案力量，从而更好地提升检察官办案节奏的把控能力。

（三）注重实质审查，强化审查引导侦查

审查是检察机关的三项基本职责之一。检察机关充分发挥审查职能的作用，既是推进捕诉一体改革的重要基础，也是发挥捕诉一体办案优势的内在要求。

具体而言，注重实质审查就是要对审查逮捕、审查起诉所涉的两项审查职能进行科学整合，对二者均要进行实质化的审查，维护各自独立的程序价

[1] 张建伟：《“捕诉合一”的改革是一项危险的抉择？——检察机关“捕诉合一”之利弊分析》，载《中国刑事法杂志》2018 年第 4 期。

值和证明标准。注重实质审查，还要求从整体上发挥捕诉一体的办案优势，将审查逮捕向后延伸、审查起诉向前延伸，有效填补过去捕诉分离模式下二者之间所出现的侦查监督“真空地带”，[1]使二者有机结合以进一步提高办案质效。此外，捕诉一体工作机制的最大优势就是进一步强化了引导侦查，将庭审标准从审查源头就传导给侦查机关，以后随着审查的深入推进而持续不间断引导直至庭审，从而使引导侦查寓于审查逮捕和审查起诉全过程，更直接、更高效。[2]正如有的学者所言，“基于检察官的司法责任，在批准逮捕后，员额检察官应当会按照审查起诉的标准引导公安机关收集和完善证据，从而减少退回补充侦查（调查）等逆程序的情形发生”。[3]

（四）制定类案标准，推进逮捕诉讼化审查

为进一步发挥捕诉一体办案模式的制度优势和实践功效，增强一线人员捕诉一体办案的可操作性，笔者建议今后的改革应当以案件类型化为标准，建立并完善捕诉一体类案件办理规程。同时，为进一步增强捕诉一体办案实践的规范化、精细化与实质化，建议加快推进关于发布相关指导性案例的顶层设计，以充分发挥指导性案例在完善捕诉一体办案机制上的制度价值和特有功效。

此外，在推进捕诉一体改革进程中，要兼顾逮捕诉讼化改革工作的深入开展和逐步完善：一方面绝不能因为实行捕诉一体办案模式而延缓或中止对于逮捕诉讼化审查的改革探索和适用完善；另一方面要将捕诉一体的办案优势寓于逮捕诉讼化审查办案过程之中。因为“捕诉合一模式下，审查逮捕、审查起诉仍为两道相互独立的程序，逮捕诉讼化改革的成果和经验与捕诉一体非旦不冲突，而且应当在捕诉一体新形势下得到继承和发展”，[4]以更好地完善人权司法保障、实现司法公平正义。

---

[1] 洪浩：《我国“捕诉合一”模式的正当性及其限度》，载《中国刑事法杂志》2018 年第 4 期。

[2] 敬大力：《迈步检察新时代，唯有改革注活力》，载《检察日报》2019 年 1 月 7 日第 1 版。

[3] 洪浩：《我国“捕诉合一”模式的正当性及其限度》，载《中国刑事法杂志》2018 年第 4 期。

[4] 叶青：《关于“捕诉合一”办案模式的理论反思与实践价值》，载《中国刑事法杂志》2018 年第4期。

“三农”法治

新时代农村耕地“三权分置”改革的基本路径

张真理[1]

2013年11月，党的十八届三中全会通过的《中共中央关于全面深化改革若干重大问题的决定》指出：“坚持农村土地集体所有权，依法维护农民土地承包经营权，发展壮大集体经济。稳定农村土地承包关系并保持长久不变，在坚持和完善最严格的耕地保护制度前提下，赋予农民对承包地占有、使用、收益、流转及承包经营权抵押、担保权能，允许农民以承包经营权入股发展农业产业化经营。鼓励承包经营权在公开市场上向专业大户、家庭农场、农民合作社、农业企业流转，发展多种形式规模经营。”2014年1月，中共中央、国务院印发了《关于全面深化农村改革加快推进农业现代化的若干意见》指出：“在落实农村土地集体所有权的基础上，稳定农户承包权、放活土地经营权，允许承包土地的经营权向金融机构抵押融资。”至此，农村耕地“三权分置”政策正式提出。2018年1月，中共中央、国务院发布《关于实施乡村振兴战略的意见》再次强调：“完善农村承包地‘三权分置’制度，在依法保护集体土地所有权和农户承包权前提下，平等保护土地经营权。”2019年1月，中共中央、国务院发布《关于坚持农业农村优先发展做好“三农”工作的若干意见》指出，完善落实集体所有权、稳定农户承包权、放活土地经营权的法律法规和政策体系。在基本完成承包地确权登记颁证工作基础上开展“回头看”，做好收尾工作，妥善化解遗留问题，将土地

[1] 张真理，男，北京市社会科学院法学所所长、研究员。

承包经营权证书发放至农户手中。健全土地流转规范管理制度，发展多种形式农业适度规模经营，允许承包土地的经营权担保融资。总结好农村土地制度三项改革试点经验，巩固改革成果。坚持农村土地集体所有、不搞私有化，坚持农地农用、防止非农化，坚持保障农民土地权益、不得以退出承包地和宅基地作为农民进城落户条件，进一步深化农村土地制度改革。

"三权分置"政策提出以来，学界高度关注，深度讨论，既达成了一些共识，也产生了一些争议，简介如下。

争议一：对"三权"内涵的认识有较大分歧。经济学界和管理学界普遍认为，为实现农业规模化生产，提高农业经营效益，应当推动"三权分置"，即在原有农村耕地所有权与土地承包经营权分离的基础上，将土地承包经营权分置为承包权和经营权（分离说）。[1]而在法学界则有不少论者认为，主张从土地承包经营权中分离出承包权是对政策的一种教条化解读，法律上的承包权是农村集体经济组织成员权的一种，是农村集体经济组织成员取得的土地承包经营权的前提和基础，土地承包经营权的取得是农村集体经济组织成员土地承包权实现的一种结果（成员权说）。[2]

争议二：法律修订方案的分歧。在我国实行物权的种类和内容法定原则的前提下，按照"分离说"的立场，我国应调整土地承包经营权的相关法律，允许权利人在其上设定经营权，并明确界定经营权的权能；按照"成员权"的立场，我国应完善农村集体经济组织主体法律制度，做实农村集体经济组织成员权，打破土地承包经营权转让、抵押等情况下的不当限制。

争议三：强化农民个体对土地的权利能否推进土地流转？一般认为，强化和稳定农民个体对土地的权利，有利于增加经营主体对耕地的长期投入，加快土地流转，提高经营效率。但也有观点指出，改革开放之后，农户对土地的权利被不断强化，带来的负面效应是城市化背景下和机械化发展条件下，农业生产力极大地受到被严重分割农地产权的制约，中国农村的农业生产陷入东亚国家和地区所共有的小农困境（包括生产成本畸高、持地惜售等）。农地确权不仅可能是一个抬高土地流转成本的制度因素：1990—2014年，

[1] 参见蔡立东、姜楠：《承包权与经营权分置的法构造》，载《法学研究》2015年第3期。

[2] 高飞：《农村土地"三权分置"的法理阐释与制度意蕴》，载《法学研究》2016年第3期。

我国粮食成本中，土地成本增长最快，年均高达 24.6%；而且也可能是一个抑制农地流转的因素：有调研表明，未确权农户实际转出农地的面积比例是 28.17%，已经确权农户则下降为 13.09%，已经确权农户实际流转租金比未确权农户高出 30% 左右。[1]

这些争议的出现，既反映了我国人多地少的基本国情与农业生产禀赋千差万别并存的复杂现实，又在相当程度上反映了以习近平新时代中国特色社会主义思想为指导，坚持辩证唯物主义和历史唯物主义，紧密结合新的时代条件和实践要求，全面认识和看待农村耕地产权制度改革的必要性和迫切性。习近平总书记指出，我国人多地少矛盾十分突出，户均耕地规模仅相当于欧盟的四十分之一、美国的四百分之一。“人均一亩三分地、户均不过十亩田”，是我国许多地方农业的真实写照。这样的资源禀赋决定了我们不可能各地都像欧美那样搞大规模农业、大机械作业，多数地区要通过健全农业社会化服务体系，实现小规模农户和现代农业发展有机衔接。当前和今后一个时期，要突出抓好农民合作社和家庭农场两类农业经营主体发展，赋予双层经营体制新的内涵，不断提高农业经营效率。[2]这一指导思想为我们在社会主义进入新时代推动“三权分置”，发展中国特色社会主义农地权利架构提供了出发点。

第一，以团体协作为基本价值导向的农民集体权利体系是“三权分置”改革的前提。这种农民集体权利体系集中蕴含了中国特色社会主义农业发展道路的基本历史经验，其基本逻辑是，在坚持农村土地集体所有的基础上，在农村集体经济组织之内以平等的成员权利和自主的农民集体权利为两大支柱，由农民集体自行选择恰当的经营方式（关于“统”与“分”的决定）。这一制度架构集中体现于《宪法》第 8 条第 1 款：“农村集体经济组织实行家庭承包经营为基础、统分结合的双层经营体制。”在一般意义上，这一路径较大程度上消除了小农之局限，又较好地消除了过度统一经营之弊端，兼顾了土地保障农民基本生活和土地利用的相对有效率两大目标，从而基本实践了马克思、恩格斯所论述的“超越小农”但又在农民合作的主观意愿之内

[1] 罗必良：《农业供给侧改革的关键、难点与方向》，载《农村经济》2017 年第 1 期。

[2] 习近平：《把乡村振兴战略作为新时代“三农”工作总抓手》，载《求是》2019 年第 11 期。

的农业改革构想，真正开创了中国特色的社会主义农业发展之路。这一基本法规范应当成为界定农村集体经济改革的价值取向、基本路径和制度框架的根本原则。

第二，充分尊重农民在宪法农村集体经济组织双层经营体制条款下对农地产权因地制宜的创造和变通是三权分置改革的实践基础。（1）家庭承包经营。根据2016年的统计，我国耕地面积中的91.07%采用家庭承包经营方式。在这一经营方式下所形成的主要权利结构为农村耕地集体所有权（共同富裕的基本保障）—请求集体土地承包经营的成员权（公平的社会保障）—土地承包经营权（农民个人财产权）。实际上，在土地承包经营权设立之前，农村耕地的共同富裕和社会保障的功能已经由集体所有权和请求集体土地承包经营的成员权所负载。一旦设定土地承包经营权则对特定地块的支配及其利益实际上就成为农民个人的一种财产，性质上和其他个人财产没有根本差异。事实上，非集体经济组织成员也有可能通过招标等方式取得土地承包经营权，这就更进一步凸显了土地承包经营权的财产权性质。这一事实与“分离说”的想象有较大差异。在采用家庭承包经营的耕地中，有26%的耕地实现了流转。在其中，以债权方式流转（转包、出租、入股等）的占比超过了80%，仅有不到20%的土地流转才采用了物权方式（互换、转让等）。这与“分离说”强调物权性流转的想象差距很大，也与“成员权说”仅需调整土地承包经营权的相关法律规定的设想有一定距离。（2）集体等主体统一经营。我国耕地面积中大概有4.15%（5960.511千公顷）采用统一经营方式。在这种情况下，农村集体经济组织成员集体行使关于土地经营方式的自主决策的成员权，决定由集体统一经营土地。对成员的社会保障功能实际是由农村集体经济组织成员对集体收益的分配权来负载的。此外，我国有占比4.78%（6447千公顷）的耕地归属国有农场，主要采用职工租赁制度进行经营，行使国家所有权的农场和职工之间关系主要由租赁合同来调整，并未形成租赁土地耕种的职工对土地的物权。值得指出的是，在人均土地面积差不多的情况下，国有农场的农业机械化程度、科技水平、农业组织化程度、农业综合服务能力等都好于地方。这些适应于不同经营方式的权利状况是进行“三权分置”改革必须适应的现实基础。

第三，实现农民成员权和农民集体权利的均衡应是“三权分置”改革的价值导向。支撑我国农业生产发展的主观能动性，主要包括生产者积极性（主要由从事农产品生产的比较收益决定，比较收益越高，生产者积极性就越高）和劳动者积极性（主要由劳动者占有劳动成果的比例决定，劳动者占有劳动成果比例越大时，劳动者积极性就越高）。目前，在一味重视劳动者积极性的前提下，农民通过成员权所实现的对土地的财产权被法律和政策不断强化，农民集体对土地的权利被不断弱化，农民集体经济组织提供农业生产的公共产品以及推动农地规模化经营的能力就被日益弱化，从事农业的比较收益就难以提高，因此会影响各种主体从事农业生产的生产者积极性。前文所述农业生产的土地成本日益增高就是这一结构上不均衡的体现。而国有农场下土地所有者权利和职工权利相对均衡，其农业生产的效益就明显较高，则反证了修正这一不均衡的必要性。修正的基本思路是：将农民集体定位为集体土地所有权人和发包人，明确赋予农民集体对土地的收益权能和处分权能；以理顺农民集体和集体经济组织成员的相互关系为目标建构法律上的农村集体经济组织的成员权；完善土地承包经营权设定及其（物权方式或债权方式）流转的登记制度，放开土地承包经营权的抵押担保，强调流转中农村集体及其他成员有优先权等。

第四，有效激发各类主体内生积极性为主、谨慎使用政府有形之手为辅是“三权分置”改革的基本策略。这一策略既是新中国处理农业问题的历史经验，正如党的十九大报告指出的“把党的群众路线贯彻到治国理政全部活动之中，把人民对美好生活的向往作为奋斗目标，依靠人民创造历史伟业”，也是我国宪法农村集体经济组织双层经营体制条款的内涵之一，即政府既要严格维护农民通过农村集体经济组织自主选择经营方式的自由，又要在农民无法通过自身的联合实现发展的必要条件时，为农村集体经济组织提供恰当的帮助和支持。农业经营主体内生积极性的调动和激发根本在于农业比较收益（生产者积极性）的提高，而就目前的情况而言，横向分工（土地连片规模经营和农业生产公共产品的有效供给等）和纵向分工（农业生产环节的专业化等）是其中的关键。就前者而言，可以通过增强农村集体土地所有权的权能，调整土地承包方案，强化农村集体经济组织“统”的能力，在尊重农民成员权和财产权的基础上逐步实现土地连片规模经营，化解村组内部的农业生产公共产品供给难题，政府在这方面应当调整过于注重“分”的政策取向，给予农村集体经济组织必要的政策和财政支持，利用政策性银行提供金融服务，在充分了解农民意愿的基础上提供超出农村集体经济组织能力或范畴的农业生产公共产品。至于纵向分工的扩大，政府主要发挥组织和协调的作用：精确地收集信息，深入地分析需求，将“一家一户”分散需求聚合为社会化需求（土地的连片规模经营的扩大也起到聚合作用），以对接专业机构、中间组织，或者推动组建联合体等方式提高农业生产的比较收益。

“三权分置”是习近平新时代社会主义思想在农业领域的实践成果，集中体现了实事求是、因地制宜的哲学思维，以及勇于革新、自力更生的精神实质。但“三权分置”绝不仅仅意味着法律条文中的“三权”如何架构，更意味着我国农业生产发展方式的一次重大变革，涉及农业生产的方方面面。唯有以勇往直前的魄力，水滴石穿的毅力，跬步千里的耐力，持之以恒地改革创新，方能久久为功。

集体成员权视角下宅基地使用权退出的民事法律主体构造

罗瑞芳　王丹丹[1]

一、引言

2013年党的十八届三中全会通过的《中共中央关于全面深化改革若干重大问题的决定》明确指出：要“赋予农民更多财产权利，保障农户宅基地用益物权，改革完善农村宅基地制度”，明确了宅基地改革的基本方向。2015年11月，中共中央办公厅、国务院办公厅联合印发《深化农村改革综合性实施方案》，进一步明确要求“在保障农户依法取得的宅基地用益物权基础上，改革完善农村宅基地制度，探索宅基地有偿使用制度和自愿有偿退出机制”。2017年《土地管理法（修正案）》（征求意见稿）对《土地管理法》中有关宅基地制度条款的修改中增加一款规定，即“国家鼓励进城居住的农村村民依法自愿有偿退出宅基地。腾退出的宅基地可以由本集体经济组织与宅基地使用权人协商回购，主要用于满足本集体内部的宅基地再分配，或者根据国家有关规定整理利用”。

探索和建立农村宅基地使用权退出机制是适应我国新型城镇化战略的必然要求，已经从政策构想逐步进入实质化推进阶段。[2]宅基地使用权退出是宅基地制度改革中的一项重要内容，而宅基地制度改革又是农村土地制度乃至农

[1] 罗瑞芳，女，北京市社会科学院法学所副研究员，法学博士后；王丹丹，女，南开大学法学院博士。

[2] 张勇，包婷婷：《新型城镇化背景下农村宅基地退出机制研究——基于安徽省宁国市的调查》，《青岛农业大学学报》（社会科学版），2016年第1期。

村产权制度改革的重要一环。宅基地使用权退出牵一发而动全身，关系农村社会的稳定和城镇化的进程，关系到农民的切身利益，有效推进宅基地使用权退出是完善我国农村宅基地制度、推进新型城镇化发展所面临的重要课题。

制度落地最终都体现在法律关系的缔结。规范的法律关系形成和运行路径是制度目标达成的根本保证。法律主体制度是法律关系制度中的基础。在民事法律制度体系中，民事主体，并非简单的自然意义上的个体存在，而是承载着特定价值和承担着特定的法律制度功能的主体。本文重点对于宅基地使用权退出的民事法律主体制度进行研究。该研究除具有以上一般价值意义外，对于宅基地使用权制度整体来说也具有不可或缺的制度研究价值。因为宅基地使用权是派生并根植于农村集体土地所有权之上的权利，而主体制度瑕疵一直是农村集体土地所有权制度的源生性问题，继而也会衍生于宅基地使用权相关制度中。因此，本文从农村集体土地所有权制度中的核心要素“成员权”视角，对宅基地使用权退出的民事法律主体进行分析研究并提出构造性建议。

二、宅基地使用权退出的法律界定

目前，尽管对宅基地使用权退出的研究日益增多，但对宅基地使用权退出的认识和界定尚未形成一致的观点。明确界定宅基地使用权退出的含义是框定宅基地使用权退出主体的前提。

按照《现代汉语词典》的解释，退出有两种含义，一是离开会场或其他场所，不再参加；二是指脱离团体或组织。现有文献中“宅基地退出”的表述比较常见，但“宅基地退出”仅是一种事实的描述，并非严格的法律概念。从严格的法律意义上说，宅基地退出是指宅基地所承载的权利退出。理论上，由于宅基地之上的权利既包括宅基地所有权，也包括宅基地使用权，“宅基地退出”应包括宅基地所有权退出和宅基地使用权退出。但在我国土地公有制的刚性制约下，集体土地所有权不准买卖，只存在因土地征收而导致集体土地所有权消灭、转归国有的情形，而征收属于行政行为，在法律上有清晰的界定，因此，实践中所称“宅基地退出”，准确表述应该为“宅基地使用权退出。”[1]

现有研究中有以下几种代表性观点：欧阳安蛟等（2009）认为，在政府激励政策下，农村宅基地退出既包括宅基地使用权人自愿退出现有的宅基地和主动放弃合法宅基地的申请，也包括在特定条件下强制收回农民“一户多宅”面积超标等违法占用的多余宅基地，通过新农村建设项目对宅基地进行整理、置换等退出情形。[2]张秀智等（2009）认为，在保护耕地和集约节约利用土地的前提下，农村宅基地退出分为三种情况：一是宅基地整理复垦，即通过村庄整理缩小宅基地使用面积，并将整理出的土地复垦为耕地或林地；二是通过农民主动放弃宅基地使用权，减少农村建设用地总规模；三是通过其他途径将宅基地转为其他用途的建设用地。[3]单金海（2010）认为宅基地使用权退出仅指宅基地使用权人的自愿退出，他强调宅基地退出必须遵循自愿有偿原则，成熟一个退出一个，不得强迫农民退出。[4]以上研究多是从现象入手对宅基地使用权退出的实践形式进行的描述，没有将宅基地使用权退出与一般的宅基地使用权流转在法律关系和权利运行机制上进行区别。

本文认为，农村宅基地使用权退出是指宅基地使用权人将具有一定实体面积的宅基地使用权退还给集体经济组织的法律行为，既包括集体经济组织强制收回，也包括农户与集体经济组织协商一致自愿退出。宅基地使用权退出是原宅基地使用权人对退出的宅基地使用权所承载的权利内容的放弃，但仍然保留其作为农民集体的成员资格。具体而言：（1）宅基地使用权退出是宅基地使用权到宅基地所有权之间的权利变动过程。如果说宅基地使用权产生是从宅基地所有权到宅基地使用权的正向的权利产生的变动过程，那么宅基地使用权退出就是相对而言的反向的权利消灭或权利回归的变动过程。因此，宅基地使用权退出的法律关系主体是宅基地使用权人和宅基地所有权人。（2）宅基地使用权退出的法律行为，既包括宅基地使用权人与宅基地

---

[1] 国务院2016年3月31日批转国家发展改革委《关于2016年深化经济体制改革重点工作意见》的通知（二十九）提出“维护进城落户农民在农村的合法权益，探索土地承包权、宅基地使用权、集体收益分配权依法自愿有偿退出机制”，从维护农民权益的角度对“宅基地使用权退出”进行了确认。

[2] 欧阳安蛟、蔡锋铭、陈立定：《农村宅基地退出机制建立探讨》，《中国土地学》，2009年第10期。

[3] 张秀智，丁锐：《经济欠发达与偏远地区农村地区宅基地退出机制分析：案例研究》，《中国农村观察》，2009年第6期。

[4] 单金海：《对农村宅基地有偿退出机制的构想》，《中国国土资源》，2010年第4期。

所有权人（集体经济组织）协商一致退出；也包括集体经济组织依法单方决定强制收回宅基地。(3)宅基地使用权退出可以区分为有偿退出和无偿退出。在宅基地使用权人自愿协商退出的情况下，有偿亦或无偿退出本质上属于宅基地使用权人自愿决定的范畴，是宅基地使用权的私权属性的体现。而在集体经济组织强制收回宅基地的情况下，如果是非因宅基地使用权人的过错而收回的，应当给予宅基地使用权人相应的补偿。宅基地使用权的有偿退出是宅基地使用权价值属性的表现。（4）宅基地使用权退出的法律后果是宅基地使用权的消灭，其"消灭"的宅基地使用权因所有权的"弹力性"而回归至集体土地所有权之中。这就使得宅基地使用权退出区别于一般性的宅基地使用权流转，实质上是宅基地使用权人对权利的放弃。

三、宅基地所有权主体：集体经济组织成员——集体经济组织双层制度架构

《物权法》在第13章专章规定了宅基使用权，全章区区4条，着墨虽少，但对于肯定宅基地使用权的用益物权属性暨财产权属性具有奠基性意义。在明确宅基地使用权的用益物权属性的基本前提下，宅基地使用权退出就必须是在规范的权利运行路径之内。宅基地使用权退出的直接法律关系主体是宅基地所有权主体和宅基地使用权主体。关于宅基地所有权主体，《宪法》及《物权法》规定虽都明确了宅基地集体所有权，但对于集体所有权的主体、权利结构和运行方式等方面一直未形成统一的认识。

（一）集体经济组织成员是宅基地所有权的实质权利主体

关于农民集体所有权的主体究竟如何确定，一直是我国法学界争论不休的一个问题。《物权法》规定：农民集体所有的不动产和动产，属于本集体成员集体所有。《物权法》出台时，关于集体所有权主体的讨论一时轰轰烈烈，对于这一条款的法律解释也众说纷纭。从文本意义上来看，这条规定确实也为解释留下了空间。"属于本集体成员集体所有"这条规定可以有两种断句理解：第一种理解，属于"本集体成员集体"所有，"成员集体"是集

体所有权的主体；第二种理解，属于“本集体成员”所有，“集体成员”是集体所有权的主体，第二个“集体”只是修饰和界定集体成员行使所有权的方式，必须是以“集体”行动的方式来行使其所有权。本文认为“农民集体”本身是一个对集体所有制予以表述和说明而存在的概念，其内涵性指向或政治制度性表达的含义更具有显性意义。而在法律制度语言框架下，“农民集体”从内涵上来说是一个动态的集合性概念，从外延上来说也不具有一个周延的外在形式，因此不是一个规范的民事主体。因此，本文赞同第二种解释观点，即集体成员是集体所有权的主体。

首先，集体成员与集体具有不可分性。“集体成员”作为自然人个体已经被基本法律制度所认可，具有合法的民事主体地位。但“集体成员”作为“集体所有权”主体与其作为“私人所有权”主体有着严格的区别。从一般意义上说，“集体成员”成为“私人所有权”主体的根本原因在于“集体成员”作为独立的自然人，具有民事主体资格，享有民事权利能力和民事行为能力。而“集体成员”成为“集体所有权”主体的根本原因在于其“成员”的特殊身份。“集体成员”与“集体”本身是一对相辅相成、不可分割的概念组对。“集体”存在是“集体成员”存在的前提，如果“集体”消灭了，那自然也就不存在“成员”之说；反过来说，“集体成员”集合而成了“集体”，使“集体”的存在有一定的实体基础和本质意义。

其次，明确集体成员主体身份能够充分调动农民的积极性。计划经济体制下，人民公社时期，集体经济发展严重受制。根本的原因在于“集体”大锅饭体制下，“成员”之间相互推诿，每一个“成员”都有搭便车的心理，农民个人没有自主自愿努力生产的积极性。同时，因为集体的存在，集体成员更容易产生一种占便宜的心理和趋利避害的行为动机，集体成员都认为集体利益与自己没有直接的关系，个人的利益融入集体中也会被其他成员所瓜分。因此集体成员本身也没有参与集体经济发展、参与集体事务管理、监督集体经济组织或村委会的积极性。明确了集体成员的主体身份，也就顺理成章地赋予了集体成员在集体经济管理中享有平等的民主管理权。激发农民集体成员参与集体经济的民主管理事务中的积极性，激励农民集体成员在其中平等表达自己的意志，并通过民主程序将每个成员的个人意志集合成农民集体共同意志，以推进集体所有权行使和集体资源有效配置。

最后，明确集体成员主体身份，与集体所有权利益诉求与归属相一致。集体由集体成员组成，从本源意义上说，集体的利益与集体成员的利益是一致的。但是集体利益绝不是集体成员个人利益的简单相加。事实上，集体成员个人利益也不存在简单相加的可能。因为每一个集体成员是独立的民事主体，具有独立的利益诉求。他们在农民集体这个框架内结合，有着共同的产权基础和利益基础，但是也不能替代和覆盖其全部利益诉求。换言之，集体成员之间在某些方面可能存在利益的共同点，但在某些方面还可能存在利益的冲突点。因此，集体利益应该说是一种以集体成员个人利益为基础，但又相对独立于集体成员个人利益的一种独立的利益形式。具体到集体利益与每一个集体成员的利益来说存在同一性和异质性之分。但是必须明确的是，虽然集体利益与集体成员的个人利益可能存在异质性，但是并不能借此否定集体利益是以追求、实现和保障集体成员利益为目标的正当性所在。因此，虽然从个案结果上看，集体利益可能有与某些集体成员个人利益不相一致的情况，但从主观诉求和目标定位上看，集体利益必须是与集体成员个人利益相一致的，而且从普遍性的评价结果来看，集体利益也应当是与大部分集体成员的个人利益相一致的。明确集体成员的权利主体身份，通顺了集体成员监督和保护集体利益及其个人利益的路径。比如，《物权法》第 62 条和第 63 条就为集体成员保护其利益的合理路径做出了规定。以第 63 条规定为例，也能分析印证“集体成员是集体所有权的主体”的认识结论。

（二）集体经济组织是宅基地所有权行使和代表权利主体

虽然集体经济组织成员是集体土地所有权的实质主体，但是其所有权的行使必须以“集体”的形式进行。集体经济组织就成为集体成员集体行使土地所有权的载体和权利代表主体。

首先，农民集体经济组织是农民集体经济组织成员集体行使所有权的载体。虽然“集体成员”是“集体所有权”的权利主体，但是因为集体所有权本身区别于私人所有权的特殊性，所以“集体成员”在行使集体所有权时不同于其私人所有权的行使。“集体所有”就是对集体成员行使集体所有权的基本方式的有效规范。集体经济组织就是农民集体成员集体行使所有权利的载体。事实上，农民集体所有权制度从产生之日起，农民集体一直是以农民集体经济组织这一规范的组织形式而存在的。从存在形式意义角度来说，农民集体经济组织就等于农民集体。这一认识与相关立法规定和精神也是一致的。比如，《民法总则》第 55 条规定："农村集体经济组织的成员，依法取得农村土地承包经营权，从事家庭承包经营的，为农村承包经营户。"《农村土地承包法》第 5 条规定："农村集体经济组织成员有权依法承包由本集体经济组织发包的农村土地。"

其次，农民集体经济组织具有独立法人地位，区别于农民集体组织成员。虽然本文认为农民集体经济组织成员是农民集体所有权的主体，但同时也强调农民的所有权主体地位在集体意义上只能是以"集体行使"的形式体现，即农民集体经济组织代表行使。因此，农民集体经济组织行使集体财产权时，作为一个独立的主体，应当严格区分集体经济组织与集体经济组织成员之间分别享有的权益。这也正是农民集体与其成员相区别的表现。这主要体现在两方面：一方面，集体经济组织享有独立的收益权，比如，农业法明确规定国家在征收集体土地时，集体经济组织和农民都享有要求国家补偿的权利；另一方面，集体经济组织不得损害农民个体的合法权益，当集体经济组织的决议损害成员权益时，农民可以向法院申请撤销该决议。

最后，农民集体经济组织具有不同的组织和存在形式。从农民集体经济组织的发展历史可以看出，农民集体经济组织作为农民集体的代表，其在规范存在意义上也是一个概括性的法律界定，具体可以表现为不同的存在形式，比如历史上的经济合作社、经济联合社、经济工商总社等。特别是在现代农村产权制度改革背景下，农民集体所有权的实现形式有了多种探索路径，农民股份经济合作社也是农民集体经济组织的一种新的存在形式。

四、宅基地使用权主体：集体经济组织成员——农户嵌套式制度架构

关于宅基地使用权主体，《物权法》《土地管理法》等规定只明确了"一户一宅"的申请原则。根据相关规定，农村宅基地是按照"一户一宅"的标

准进行申请的，那么申请被批准后是否意味着宅基地使用权主体是"农户"呢？"农户"在我国民事主体法律制度中居于什么样的地位呢？这是宅基地使用权主体制度必须回答的问题。

（一）我国现行法律框架下农户法律地位分析

"集人而成家，集家而成国，集国而成天下。"我国历史上以家庭作为社会基本单位的发展观念深入人心。农村家庭，即"农户"，作为农民生产和生活的主要承载载体，在我国现行的农业生产结构下也具有不可消灭的重要地位。我国现行法律规范对于农户的主体地位和行为规范也有相关规定。《农村土地承包法》在法律层面明确提出了"农户"这一概念。《物权法》[1]虽没有直接出现"农户"字样，但在用益物权一编中明确规定农村集体经济组织实行家庭承包经营为基础、统分结合的双层经营体制，并对农村家庭承包经营土地的权利、期限等做出明确规定。结合《农村土地承包法》的规定来看，《物权法》中所规定的土地承包经营权的主体即为本集体经济组织的农户。《民法总则》延续了原《民法通则》的规定，对现行法律规范体系中的农村承包经营户在民事主体制度中做出了确认性规定。而具体到宅基地[2]使用权，《土地管理法》第62条仅规定，农村村民一户只能拥有一处宅基地。除法律规定外，相关的规范性文件中也有直接涉及"农户"的规定。比如，国务院办公厅《关于深化收入分配制度改革重点工作分工的通知》中明确要完善农村宅基地制度，保障农户宅基地用益物权。

综合对我国现行相关法律法规条文的梳理，本文认为在现行法律规范体系下，对农户表述大体上可以区分为两种情况，一是具体为农村承包经营户；一是直接表述为农户。应对于具体的权利语境来说，农村承包经营户就专指的是已经取得土地承包经营权的农户；而农户则是对享有土地承包经营权和

[1]《农村土地承包法》第15条规定：家庭承包的承包方是本集体经济组织的农户。第41条规定：承包方有稳定的非农职业或者有稳定的收入来源的，经发包方同意，可以将全部或者部分土地承包经营权转让给其他从事农业生产经营的农户，由该农户同发包方确立新的承包关系，原承包方与发包方在该土地上的承包关系即行终止。

[2]《民法总则》第55条规定：农村集体经济组织的成员，依法取得农村土地承包经营权，从事家庭承包经营的，为农村承包经营户。第56条规定：农村承包经营户的债务，以从事农村土地承包经营的农户财产承担；事实上由农户部分成员经营的，以该部分成员的财产承担。

宅基地使用权申请资格或已经取得这两项权利的概括性表述。农户的描述情况和内涵相比农村承包经营户更为丰富。如果从权利变动的过程角度来说，农户指的是一种具有申请土地承包经营权和宅基地使用权的主体资格；而土地承包经营户是具体取得土地承包经营权的主体。如果从权利主体的概括性角度来说，农户是对农村集体经济组织体系下特定权利取得主体的一般性概括，在目前明确的法律规范体系下至少包括土地承包经营户和宅基地使用户；而土地承包经营户则专指取得农村土地承包经营权的农户。

因此，现行法律规定中的“农户”本身不是独立的民事主体，只是一种集体经济组织成员权或基于成员资格取得特定的权利资格的表现形式。“农户”只有具体到特定的权利后才有探讨其是否具有独立的民事主体法律地位的必要性和可能性。

（二）农户不是宅基地使用权主体

具体到宅基地使用权取得中的“一户一宅”规则，其所指的“户”不同于“农村承包经营户”，其亦不应当具有独立的民事主体法律地位。“农村承包经营户”应当具有独立的民事主体地位，而取得宅基地使用权的“户”不应当具有独立的民事主体地位的认识基础在于，土地承包经营权设立的根本目的在于利用农地从事生产经营，对土地的使用具有动态性，而宅基地使用权设立的根本目的在于利用土地建造住房用于居住，对土地的使用具有一定的稳定性。诚如中央政策精神所倡导的，房子是用来住的，不是用来炒的。因此，虽然当前政策趋势开始强调宅基地使用权的财产权属性，强调对宅基地使用权人的财产权益要予以确认和保障，但绝不是支持宅基地使用，如农地使用一般用于经营目的。因此，如果说确认农村承包经营户独立的民事主体地位是为了满足其在农地经营中独立主体身份、理清法律关系的需要的话，那么确认宅基地使用权的“农户”主体地位是完全没有必要的。

宅基地使用权取得之所以是以“户”为单位，主要因为农民是以“家庭”为单位居住生活，而历史上宅基地无偿分配取得的主要目的是为了保障农民的居住需要。正是因为宅基地使用权居住保障的主体功能要求，宅基地使用权在我国既有的制度框架下是一种严格限制流转的静态权利。宅基地使用权作为一项财产性权利应当具有流转权能和收益权能的基本要求，以及对宅基地使用权主体的明确性要求，在制度规则框架下被限制和忽略了。在城市化未充分发展、城乡二元结构相对稳定的时期，农民更多地被限制在农村土地之上，其本身对宅基地的财产价值也未有重视和要求，从农民自身的产权要求角度来说，其也未对宅基地使用权的主体是“户”还是其成员个人提出要求。与经济发展结构密切相关的农村社会结构和农民生活的家庭结构在过去也是相对稳定的，农民作为家庭成员的身份更重于农民作为独立的个体的身份，因此农民个人对于其家庭财产的分析也没有过多的要求。

鉴于上述分析，本文认为不宜以宅基地使用权取得的历史现状为依据确认“农户”为宅基地使用权的权利主体，并且从宅基地使用权承载的历史功能角度来看，所谓的“农户”为宅基地使用权申请主体也不足以成为固定和限制宅基地使用权权利主体确认的法理依据。

（三）集体经济组织成员是初始取得宅基地使用权的主体

无论是历史上强调居住保障性的宅基地使用权还是发展中肯定其收益权能的宅基地使用权，集体经济组织成员都应当是初始取得宅基地使用权的主体。

住房保障权是宅基地最基础的权利属性。在我国户籍制度构造的城乡二元体制下，社会保障体系并未完全惠及农村，而农民又在土地改革运动中被剥夺了土地所有权，改之以宅基地和承包地来替代。因此，宅基地使用权不过是身披私权外衣的社会保障的替代品，充任着社会治理手段的角色，其中所奉行的自然不可能是纯粹的私法逻辑。宅基地的这种保障功能及其对农村社会稳定所发挥的重要作用几乎是宅基地制度设计时的主要政策考量。身份性是宅基地分配的基本前提，只有本集体成员才能无偿地取得宅基地、无期限地使用宅基地，具有浓厚的福利性和公平性。“基于成员权获取的集体共有财产，同因身份权相联系的福利分配相对应。”本集体内部成员平等，每个成员分配宅基地的权利也是平等的，亦即只要是本集体成员，均可公平地要求集体分配宅基地。由此可以在一定程度上解释现行法上“一户一宅”的正当性，这也就成了当下落实“一户一宅”政策的逻辑前提。“一户一宅理念的住房（地基）分配制度亦反映了数十年的社会政策。”

收益权能是改革开放以来随着城镇化的发展不断赋予宅基地使用权的。特别是2007年我国《物权法》上明确将宅基地使用权作为一种他物权加以规定，其财产属性至为明显。也就是说，即使农民分配宅基地是其应享有的福利，但已取得的宅基地使用权当属农民的私人财产，两者并不矛盾。在此制度前提下，集体经济组织成员取得宅基地使用权也是其作为农民集体土地所有权主体实现其土地所有权益的路径。2018年中央一号文件中明确提出的宅基地资格权，即是从政策层面对本文所论述的集体经济组织成员具有取得宅基地使用权资格的确认。

但需要说明的是，集体经济组织成员资格只是初始取得宅基地使用权的资格条件，并非在宅基地使用权流转中限制宅基地使用权继受取得主体的限制条件。在完全放开宅基地使用权流转市场后，那么因继受而取得宅基地使用权的主体则不限于集体经济组织成员。

（四）集体经济组织成员以“户”的形式共同共有宅基地使用权

虽然宅基地使用权的主体应当是集体经济组织成员，但是无论从衔接宅基地使用权制度历史的需要，还是从尊重宅基地使用权实践现状的需要，亦或是从初始取得宅基地使用权的居住保障功能的要求，集体经济组织成员取得宅基地使用权都应当是以“户”的形式取得。取得宅基地使用权后，集体经济组织成员在同一“户”内共同共有宅基地使用权。

共有，通常指两个以上的民事主体对同一项财产共同享有一个所有权，即一物的所有权同时为数人共同享有的法律状态。但共有的法律状态并不仅存在于所有权共有的形式中，对于任何权利均可以形成共有的法律状态。事实上，在城市中，夫妻共同购买住房，即形成了家庭对住房所占的建设用地使用权的共同共有的法律状态。集体经济组织成员的宅基地使用权主要呈现如下法律特征：一方面，以婚姻、血缘关系形成的家庭即“户”之内的集体经济组织成员均为其宅基地使用权主体，即其宅基地使用权的权利主体不是单一的民事主体；另一方面，同一户之内宅基地使用权具有单一性，即在具体到宅基地使用权的行使中，各权利主体必须形成一个整体意志或多数意志加以行使，否则将导致宅基地使用权行使行为无效或效力待定。

五、总结

总结上述关于宅基地使用权退出法律关系的两个基本主体制度的分析，从形式上看，集体经济组织成员在两项权利中出现了主体竞合的情况，即集体经济组织成员既是宅基地所有权的主体，又是宅基地使用权的主体，似存在不合理的问题。但这形式上貌似的不合理，却正是集体经济组织成员权在宅基地使用权退出法律主体制度架构中的核心体现，并且在两主体制度的整体设计中也不会出现同一主体形成自己法律关系的问题。

首先，集体经济组织成员权存在的根基存在于集体土地所有权制度设计中。在集体土地所有权制度设计中，集体经济组织成员虽然是实质的权利主体，但基于集体权利的不可分割性，每一个成员并不能独立、自主地支配全部集体财产，同时也无法将集体财产进行切割以实现其独立的所有权。虽然集体经济组织成员的所有权行使只能以“集体”形式实现，但并不妨碍其作为实质权利主体在集体财产中的权益实现。同时，也正是因为其权利主体地位，在相关的集体土地制度设计中集体经济组织成员具有了天然的“资格”权，并且在集体财产可能实现的切割或分割性权益中，集体经济组织成员具有了天然的主体地位。

其次，宅基地使用权初始取得制度的设计正是集体土地所有权价值实现的一种表现。占有、使用、收益和处分是所有权的四项基本权能。作为任何一项独立的私人所有权，其所有物在所有权人支配下实现其使用价值和价值的过程即所有权的行使过程。但是对于集体土地所有权来说，因所有权主体制度结构的特殊性，集体经济组织成员作为所有权主体无法直观地实现其对集体土地的直接使用，通过宅基地使用权及土地承包经营权的制度设计在制度路径上成为集体经济组织成员直接使用土地,以实现其所有权的一种形式。因此，集体经济组织成员也当然成为初始取得宅基地使用权的主体。

最后，宅基地使用权退出本质上是集体经济组织成员权利实现方式的回归。集体经济组织成员在集体土地之上的所有权益是不可否定的，但权益的实现方式却在集体土地权利制度设计中呈现不同的路径和表现。宅基地使用权的初始取得和退出过程本质上即属于集体经济组织成员在集体土地之上直接居住权益从所有权益中分离独立及回归的过程。